Mustafa Kaplan
Anwalt der Bösen

MUSTAFA KAPLAN

ANWALT DER BÖSEN

Lübckes Todesschütze und Erdoğan –
warum ich Menschen vertrete,
die keiner verteidigen will

PIPER

Mehr über unsere Autorinnen, Autoren und Bücher:
www.piper.de

Dieses Buch berücksichtigt den Stand des Lübcke-Prozesses bis zum Redaktionsschluss am 31. 5. 2022. Eine abschließende Entscheidung des Bundesgerichtshofs stand zum Zeitpunkt der Drucklegung noch aus.

Aus persönlichkeitsrechtlichen Gründen wurden manche Namen in diesem Buch verändert.

Unser Versprechen für mehr Nachhaltigkeit
• Klimaneutrales Produkt
• FSC®-zertifiziertes Papier
• Hergestellt in Europa

FSC www.fsc.org
MIX
Papier | Fördert gute Waldnutzung
FSC® C083411

ISBN 978-3-492-06353-1

Satz: Uhl + Massopust, Aalen
Gesetzt aus der Minion
Litho: Lorenz & Zeller, Inning am Ammersee
Druck und Bindung: CPI books GmbH, Leck
Printed in the EU

*Meiner geliebten Tochter und
meinem geliebten Sohn*

Inhalt

Vorbemerkung 9
Prolog – Verteidiger mit Leib und Seele 11

1 Im Auto nach Almanya 20
2 »Türken stinken« – das Leben mit Vorurteilen 34
3 Vom Umgang mit rassistischen Ressentiments 51
4 Die Angst vor dem ersten Prozess 65
5 Ein Anschlag auf die Seele – die NSU-Mordserie vor Gericht 92
6 Böhmermann gegen Erdoğan 112
7 Mandat im Mordfall Lübcke 121
8 Tödlicher Hass 133
9 Geständnisse zwischen Lüge und Wahrheit 153
10 Zoff mit dem Co-Verteidiger 166
11 Ein neues Geständnis 179
12 Ein DNA-Gutachten und ein Kassenzettel 190
13 Rückschläge 205
14 Der Schuldspruch und ein Angebot 221
15 Das vorletzte Wort 240
16 Der Lübcke-Attentäter in Haft 248

Epilog – Ein Brief an meine Eltern 252
Dank 255

Vorbemerkung

Dieses Buch ist aus der rein subjektiven Sicht des Autors geschrieben. Es ist zwar nicht bewusst einseitig verfasst, aber es erhebt ausdrücklich nicht den Anspruch einer objektiven Schilderung der Ereignisse. Vielmehr beabsichtige ich, die Perspektive des Angeklagten und des ihn verteidigenden Anwalts dem Leser verständlich zu machen. Dies beinhaltet zwangsläufig Annahmen und Thesen zu Tatabläufen, die möglicherweise nicht mit den Mitteln eines (Straf-)Prozesses bewiesen werden können, aber dennoch für die Darstellung dieser Perspektive erforderlich sind.

Prolog
Verteidiger mit Leib und Seele

4. Februar 2020, elf Uhr. Anwaltsparkplatz des Landgerichts Köln. Auf dem Weg zu meinem Auto klingelt das Handy. Die Nummer ist mir nicht bekannt. Neugierig drücke ich auf den grünen Knopf und nehme das Gespräch an.

»Kaplan.« Es dauert eine Weile, bis der Anrufer spricht.

»Rechtsanwalt Hannig aus Dresden«, stellt der Mann sich vor.

Er rufe im Namen von Stephan Ernst an, der seit Juni 2019 im Gefängnis in Kassel einsitze. Stephan Ernst – Rechtsanwalt Hannig – Kassel: Das sagt mir etwas, aber direkt klingelt's noch nicht. Meine Stimme stockt kurz, bevor ich mich nach dem Anliegen meines Anrufers erkundige. Die Antwort erfolgt prompt.

»Es geht um den Regierungspräsidenten von Kassel, Walter Lübcke. Herr Ernst wird verdächtigt, ihn aus rechtsextremistischen Motiven erschossen zu haben.«

Bei dieser Nachricht macht es klick. Plötzlich tauchen all die Medienbeiträge über den Fall vor meinem inneren Auge auf. Anfang Juni 2019 starb Walter Lübcke auf der Terrasse seines Hauses in der Nähe von Kassel durch die Schüsse eines Neonazis. Der mutmaßliche Täter heißt Stephan Ernst.

»Ernst, sagen Sie? Ja, an den Fall kann ich mich erinnern.«

Meine Antwort klingt ein wenig hölzern. Und deshalb setze ich nach:

»Wie kann ich denn helfen?«

Hannig berichtet, dass er der Anwalt von Stephan Ernst sei.

»Der Angeklagte hat mich beauftragt, Ihnen mitzuteilen, dass er Sie als seinen zweiten Strafverteidiger haben will.«

Bis zu meinem Wagen sind es nur noch wenige Meter. Überrascht bleibe ich stehen – und erneut herrscht Stille. Der Anrufer hakt nach.

»Hallo? Sind Sie noch dran?«

Ich sammle mich und frage dann: »Sind Sie sicher, dass Sie die richtige Person angerufen haben?«

Prompt erwidert der Anwalt: »Spreche ich nicht mit dem Strafverteidiger Mustafa Kaplan aus Köln?«

Ich entgegne: »Doch, doch! Weiß denn Herr Ernst … weiß er, dass ich eine türkische Vita habe?«

Hannig entgegnet: »Ja, das weiß er.«

Erneut hake ich nach: »Weiß Herr Ernst, dass er und ich in politischer Hinsicht wahrscheinlich auf völlig unterschiedlichen Planeten unterwegs sind?«

Mein Gesprächspartner antwortet vage: »Mmhh … ich glaube schon.«

Während ich die Autotür öffne, bitte ich den Anrufer um Bedenkzeit und versichere ihm, dass ich ihn später von meinem Büro aus zurückrufen würde.

Nach der Ankunft in der Kanzlei lässt mir der Anruf keine Ruhe. Unentschlossen, ob ich überhaupt in die Justizvollzugsanstalt fahren und ein Anbahnungsgespräch mit Stephan Ernst führen soll, schießen mir gleichwohl schon die ersten Fragen durch den Kopf: Wie würde mein Gespräch mit Ernst verlaufen? Würde ich merken, dass er etwas gegen Ausländer hat? Würde er meine Beratung überhaupt annehmen? Könnte ich mit ihm zusammenarbeiten? Wäre es moralisch und ethisch vertretbar, dass ich als Anwalt der Opfer im Prozess zu den NSU-Morden nun einen Rechtsextremisten verteidige, der aus menschenverachtenden Motiven heraus einen Regierungspräsidenten getötet hat, weil dieser für eine liberale Flüchtlingspolitik votiert hatte? Geht es Ernst nur darum, die Öffentlichkeit zu täuschen, indem er einen türkischstämmigen Anwalt engagiert? Wäre eine solche Prozesstaktik legitim?

Nach längerem Nachdenken entscheide ich, mir die Sache näher anzuschauen. Meine Neugier ist geweckt. Und ich stelle bei der Bundesanwaltschaft den Antrag, mir eine Besuchserlaubnis zu erteilen. Ich habe schon viele Mörder, Vergewaltiger, Drogenhändler und Pädokriminelle verteidigt. Aber einen Neonazi, dem vorgeworfen wird, aus rechtsextremistischen Motiven einen hochrangigen Politiker getötet zu haben, das wäre auch für mich ein Novum.

Mein Name ist Mustafa Kaplan. Von Beruf bin ich Anwalt – ein Organ der Rechtspflege, wie es in der drögen Juristensprache so schön heißt. In diesem Buch beschreibe ich den wohl größtmöglichen Widerspruch, der sich in der Berufswelt ergeben kann – ein Paradoxon, das sich im realen Leben nur sehr selten ergibt: Ein türkischstämmiger Strafverteidiger vertritt vor Gericht Stephan Ernst, den Rechtsextremen, der das Attentat auf den Kasseler Regierungspräsidenten Walter Lübcke verübt hat. Der Fall sorgte bundesweit für Schlagzeilen. »Quotentürke« haben mich manche Kritiker genannt und mir unterstellt, dass ich mich von einem Neonazi vor den Karren habe spannen lassen, um für den Lübcke-Todesschützen ein milderes Urteil zu erwirken.

Dabei bin ich ein Anwalt, der schon immer zwischen unterschiedlichen ideologischen Welten unterwegs war. Mal agierte ich als Nebenklägervertreter im Prozess um die Morde der NSU-Terrorgruppe, mal vertrat ich den türkischen Staatspräsidenten Recep Tayyip Erdoğan gegen den TV-Moderator Jan Böhmermann wegen verbaler Entgleisungen.

Kein Zweifel, ich bin stur – einer, der sich nicht vorschreiben lässt, wen er vertreten darf und wen nicht. Sei es den Junkie, sei es den Roma, der als Dieb aufgefallen ist, sei es einen deutschen Räuber, sei es einen islamistischen Terrorverdächtigen mit arabischen Wurzeln. »Für einen Anwalt gibt es keine Schubladen, sondern nur Mandanten, für die du der letzte Anker bist.« Das Zitat, so heroisch es klingen mag, entspricht voll und ganz meinem Rechtsverständnis.

Der Satz beschreibt einmal mehr, dass ich als Anwalt auch unliebsame Eskalationen nicht scheue, weder mit Richtern noch mit Staatsanwälten oder Medien. Als Jurist eilt mir der Ruf voraus, mitunter auch gerne zu polarisieren. »Ich lasse mir von niemandem das Rückgrat verbiegen.« Ein Credo, dem ich stets gefolgt bin.

Was wurde ich angefeindet, als ich den türkischen Staatspräsidenten Erdoğan vertrat! Noch schlimmer wurde es, als ich, der »Türken-Anwalt«, das Mandat des Neonazis Stephan Ernst übernahm. Davon will ich hier erzählen. Zum ersten Mal gewährt dieses Buch einen intimen Blick hinter die Kulissen des spektakulärsten Staatsschutzprozesses der letzten Jahre.

Darum aber geht es nicht allein: Es war ja nicht einfach, in *Almanya* Fuß zu fassen – in einem Deutschland, das mir anfangs so fremd war wie der Kölner Dom, den ich damals für eine außergewöhnliche, aber schöne Moschee hielt. Zu Beginn dieses Buches werde ich schildern, wie es mir als einem türkischen Zuwandererkind gelang, mich aus armen Verhältnissen hochzuboxen und Strafverteidiger zu werden. Nie habe ich es hingenommen, wenn deutsche Jugendliche mich »stinkender Türke« nannten; ich habe gekämpft mit Fäusten und mit meinem Hirn – je nachdem, was gefragt war. Es war nicht immer einfach, aber ich habe es geschafft.

Obwohl ich kein Deutsch sprach, gelang es mir nach meiner Ankunft in Almanya schnell, im rechtsrheinischen Kölner Stadtteil Mülheim Kontakte zu knüpfen. Der Fußball verband, da war es egal, ob du deutsch oder türkisch gesprochen hast. Immer wieder bin ich rassistischen Ressentiments begegnet. Als streitbarer Geist habe ich mir nichts gefallen lassen und bin stets offensiv dagegen vorgegangen. Im Studium beschimpfte ich im überfüllten Vorlesungssaal mit 900 Studierenden meinen seinerzeit sehr renommierten Juraprofessor wegen einer fremdenfeindlichen Äußerung als »Nazischwein«.

Aus der Sicht anderer Menschen wirke ich vermutlich wie ein Mann voller Gegensätze, wie ein Protagonist zahlreicher Widersprüche. Für mich hingegen ergibt das, was ich mache, einen Sinn. Ich persönlich sehe den sprichwörtlichen roten Faden. Denn tatsächlich geht es mir einzig um »Recht und Gerechtigkeit«. So simpel das auch klingen mag.

Erzählen will ich über meine Gefühlswelt, meine Ängste, Vorbehalte, Zweifel und Gedankengänge, über meine Lebensstrategie bis hin zur Taktik im Gerichtssaal. Schließlich geht es um das schwierige Verhältnis zu einem Mann wie dem Lübcke-Killer, der durch seine rassistische Weltanschauung alles mit Füßen getreten hat, wofür ein Anwalt wie ich steht: Weltoffenheit, die Willkommenskultur für Flüchtlinge, ein soziales Gewissen für die Verlierer im Kapitalismus, das resolute Eintreten gegen den Rechtsextremismus und auch das Recht eines jeden Menschen auf eine engagierte und sachgerechte Verteidigung vor Gericht.

Mit dem schriftlichen Einverständnis meines Mandanten werde ich hier den ganzen Fall noch einmal in wichtigen Punkten aufrollen und beschreiben, wie die Gespräche mit Stephan Ernst im Gefängnis verliefen, wie ich meinen Mandanten beriet, wie es sich auswirkt, Gefühle zu teilen, auch wenn man ideologisch so weit auseinanderliegt wie die Erde und die Sonne.

Während des Verfahrens quälten mich häufig Zweifel; ich empfand auch öfter einen persönlichen Zwiespalt und fürchtete um mein Leben und das meiner Familie.

Darüber hinaus wird dieses Buch Gespräche mit dem Angeklagten enthüllen und das Verhältnis zwischen ihm und mir als Anwalt beleuchten, das nicht immer einfach war. Ich werde auch aufklären, warum Stephan Ernst nach etlichen falschen Geständnissen schließlich ein echtes ablegte. Nach langem Vor und Zurück hatte der Angeklagte letztlich reinen Tisch machen wollen. Zudem schildere ich die schwierigen Tage im Prozess und andererseits auch all die Anfeindungen aus meinem Bekanntenkreis. »Wie kannst du so einen Mann verteidigen? Wieso bist du immer wieder der Anwalt der Bösen?« Diese Vorwürfe schlagen mir immer wieder entgegen. So mancher Freund und manche Freundin brachen den Kontakt zu mir ab. Ehemalige Kommilitonen sprechen nicht mehr mit mir.

»Anwalt der Bösen« – was für eine Übersteigerung! Nun erwarte ich wirklich nicht, dass man mich für meine Fälle abfeiert. Aber muss man in Bezug auf meine Mandanten gleich so große Worte wie »Böse« verwenden? Geht es nicht eine Nummer kleiner? Was genau bedeutet überhaupt »Böse«? Wer legt denn fest, wer »böse« ist? Die berühmtesten Philosophen arbeiten sich seit Jahrhunderten erfolglos an diesem Begriff ab, ohne auf einen gemeinsamen Nenner zu kommen. Es gibt viele unterschiedliche Meinungen und mindestens genauso viele Definitionsversuche. Und wenn selbst Philosophen es nicht schaffen, das Wort »böse« zu erklären, wie soll es dann mir gelingen? Ganz im Ernst, hätte ich genügend Zeit, mich mit solchen Begrifflichkeiten zu beschäftigen, müsste ich mir ernsthaft Sorgen machen, ob ich als Strafverteidiger überhaupt genügend ausgelastet bin.

Die Realität sieht doch so aus: Es kommt ein Anruf, jemand wurde festgenommen. Vorwurf: schwere Straftat, vielleicht ein Verbrechen. Ich muss schnell zum Polizeipräsidium fahren. Hoffentlich hat er sich nicht um Kopf und Kragen geredet. Vielleicht kann ich es schaffen, ihn rauszuholen. Ich muss reagieren. Schnell. Jede Minute in der U-Haft ist eine zu viel. In der Ausnahmesituation beschäftige ich mich doch nicht mit der Frage, ob mein Mandant »böse« ist oder ob ich der »Anwalt der Bösen« bin. So wie mich auch nicht das Paarungsverhalten der grünen Meeresschildkröte, auch *Chelonia mydas* genannt, im Indischen Ozean umtreibt. Was ich damit sagen will: Für mich steht eine Auseinandersetzung mit Begriffen wie »böse« überhaupt nicht auf meiner Agenda. Unabhängig davon würde es aber auch 1. den

Rahmen dieses Buches sprengen, 2. bin ich nur ein Strafverteidiger, und 3. ist es mir tatsächlich völlig gleichgültig, was andere über mich und meine Fälle denken und sagen. Offensichtlich soll aber durch das Wort »böse« die dem Angeklagten vorgeworfene Tat dramatisiert, als besonders verwerflich und monströs dargestellt werden. Dabei gilt doch für alle Bundesbürger eine einfache Formel: Jeder hat ein Recht auf einen Anwalt. Das deutsche Justizsystem sieht einen Anspruch auf angemessenen Rechtsschutz bei Gericht vor. Und das ist gut so. »Ich bin kein Robin Hood, ich mache nur meinen Job.« Der Satz, den ich einer Reporterin der *Süddeutschen Zeitung* im Interview in den Notizblock diktiert habe, bringt meine berufliche Philosophie auf einen einfachen Nenner – ganz gleich, wie ich persönlich über meine Mandanten oder die jeweils zur Verhandlung stehende Tat denke. Jeder Klient darf mit meinem vollen Engagement rechnen.

Die Journalistin Lale Artun von der *Frankfurter Allgemeinen Sonntagszeitung* beschrieb mich als einen Strafverteidiger, »der sich nicht mit Befindlichkeiten aufhält, der nie die Distanz verliert und außer seinem Erfolg als Anwalt keine Agenda verfolgt«. Auch wenn es ein wenig nach Selbstbeweihräucherung klingt, aber ein schöneres Lob kann es für mich nicht geben.

Ich bin Verteidiger mit Leib und Seele. Seit meiner Jugend steige ich auch gerne in den Boxring. Da gibt es Parallelen: den Gegner beobachten – Ablenkungsmanöver starten – ausweichen – stets auf der Hut sein – die Verteidigung nie außer Acht lassen, im Gerichtssaal wie im Ring. Entscheidend ist, unerwartet in die Offensive zu gehen und niemals die Distanz zu verlieren – weder im Prozess noch beim Gegner!

Ich bin Strafverteidiger nicht aus reiner Menschenliebe, sondern weil es das Gesetz so vorsieht. Das ist der Grund, warum sich das deutsche Justizwesen wohltuend von dem vieler Unrechtsstaaten in der Welt abhebt. Auch wenn manches bei der deutschen Justiz im Argen liegen mag, so muss man doch konstatieren: Wenn Menschen Gesetze machen und Recht sprechen, bleibt vieles Stückwerk. Schließlich liegt es in der Natur der Sache. Ein unfehlbarer Justizapparat ist ebenso unwahrscheinlich wie Wasser in der Wüste. Und doch liefert dieser Rechtsstaat sicherlich die beste Performance aller fehlerbehafteten Justizsysteme auf Erden ab.

Am 12. Februar 2020 besuchte ich Stephan Ernst das erste Mal in der Justizvollzugsanstalt in Kassel. Wir unterhielten uns zwei, drei Stunden. Nach dem Gespräch mit dem Beschuldigten nahm ich den Auftrag an. Mir war bewusst, dass die Übernahme des Mandats zumindest für Irritationen sorgen würde. Aber die Wucht der Reaktionen überraschte mich dann doch. Die Anfeindungen nahmen kein Ende. Von Rechtsextremisten wurde ich ebenso beschimpft wie von Linksextremisten. Nationalistische Türken warfen mir »Verrat« an den eigenen Landsleuten vor, und sogar ehemalige Anwälte von NSU-Opfern, die mich noch aus dem langwierigen Prozess in München gegen Beate Zschäpe und vier weitere Personen aus ihrem Umfeld kannten, rückten mich in Artikeln in die Nähe der AfD. Medialen Gegenwind hatte ich zuvor schon mehrmals erlebt, aber dieses Mal erhob sich ein Sturm.

Eine Woche nachdem ich das Mandat angenommen hatte, erschoss der 43-jährige Tobias R. in Hanau neun Menschen mit Migrationshintergrund sowie seine eigene Mutter. Gökhan Gültekin, Sedat Gürbüz, Said Nesar Hashemi, Mercedes Kierpacz, Hamza Kurtović, Vili Viorel Păun, Fatih Saraçoğlu, Ferhat Unvar, Kaloyan Velkov und Gabriele Rathjen sind die Namen der Opfer. Sie waren teilweise im Alter meines Sohnes. Die Zweifel, die zuvor schon an mir genagt hatten, meldeten sich erneut. Das Grübeln setzte erneut ein. Soll ich? Soll ich doch nicht?

Dann fiel mir aber die Geschichte von Claus Bastian wieder ein. Der angehende Rechtsanwalt und Künstler wurde am 9. März 1933 verhaftet und in das Konzentrationslager Dachau verbracht – registriert als Gefangener Nr. 1. Im September 1933 kam Bastian nach schwerer Haftzeit wieder frei. Nach Kriegsende arbeitete er als Rechtsanwalt und vertrat hauptsächlich Verfolgte des NS-Regimes. Im Jahr 1951 verteidigte das einstige NS-Opfer dann vor dem Münchener Schwurgericht Karl Friedrich Wicklmayr, einen ehemaligen SS-Mann, der in Dachau den Kommunisten Joseph Götz erschossen hatte. Bastian erreichte, dass der Angeklagte zu lediglich sechs Jahren Freiheitsstrafe verurteilt wurde.

Dass ausgerechnet der ehemalige KZ-Häftling Bastian den SS-Schergen Wicklmayr in einem Strafverfahren verteidigte, empfanden viele als irritierend. Auf die Frage, weshalb gerade er den einstigen NS-Wachmann vertrete, antwortete Bastian mit einer simplen Feststellung: »Weil ich Rechtsanwalt bin. Und dass ausgerechnet ich Wicklmayr zu verteidigen habe, stellt für mich den Sieg des Rechtsstaats dar!«

Der Mann hat mir aus der Seele gesprochen. Ich bin weit davon entfernt, meine Situation mit der meines schon lange verstorbenen Kollegen zu vergleichen. Aber seine wahre Geschichte führt uns vor Augen, in was für einem fantastischen Rechtsstaat wir leben. Es erinnert uns an einen der Grundpfeiler unserer Demokratie: Jeder Angeklagte, gleichgültig ob ihm kleinste Vergehen oder die allerschlimmsten Verbrechen vorgeworfen werden, hat Anspruch auf bestmögliche Verteidigung. Diesen Anspruch verliert der Angeklagte selbst dann nicht, wenn er den Rechtsstaat verachtet und ihn sogar bekämpft. Punkt.

Am Ende verhängte das Oberlandesgericht Frankfurt am Main über den Hauptangeklagten Stephan Ernst eine lebenslange Freiheitsstrafe mit der Feststellung der besonderen Schwere der Schuld. Die Sicherungsverwahrung tritt nur dann in Kraft, wenn der Verurteilte in der Haft nochmals straffällig werden sollte.

Seither besuche ich den einstigen »Nazikiller«, meinen Klienten, weiterhin im Gefängnis, um zu sehen, welche Fortschritte er macht. Bisher sieht es gut aus. Vor dem Hintergrund bin ich davon überzeugt, dass Stephan Ernst auf einem guten Weg ist, seine rechtsextreme Gesinnung abzulegen. Das wäre mal ein Erfolg, auch wenn seine furchtbare Tat nie in Vergessenheit geraten wird.

1 Im Auto nach Almanya

Der Rückblick auf meine Kindheit fällt mir nicht leicht, denn die Erinnerungen an so manche Erlebnisse wühlen mich auf. Am besten beginne ich meine Geschichte mit einer stetig wiederkehrenden Reise, einem Ritual in den Sommerferien. Da stehe ich dann am Grab meines Großvaters Ahmet, meines *Dede,* und erzähle ihm, wie es mir ergangen ist in Almanya. Wie es ist, in Köln zu leben, am Rhein, in einer zunehmend digitalisierten, sich immer schneller drehenden Welt. Ich schildere ihm meinen Alltag zwischen Büro, Gerichtssaal und Mandantenbesuchen im Gefängnis. Ich erzähle von meiner Tochter, die ich *Nefesim,* »mein Atem«, und meinem Sohn, den ich *Gözüm,* »mein Auge«, nenne. Die Sätze sprudeln nur so aus mir heraus: »Dede, ich versuche, ihnen so viel Liebe zu geben, wie ich sie seinerzeit von dir erfahren habe. Ich weiß, du würdest meine Kinder lieben. Und ich weiß auch, dass du es schaffen würdest, dass sie dich lieben.« Ich erzähle meinem Dede auch von der Trennung von der Mutter meiner Kinder und meiner neuen Beziehung.

Danach komme ich wieder auf die gemeinsam verbrachte Zeit zu sprechen. Und ich beschließe den Besuch am Grab meines Großvaters mit den Worten: »Dede, du fehlst mir.« Das mache ich immer so, wenn ich den Ort meiner frühen Kindheit etwa 30 Kilometer von Antakya im Südosten der Türkei besuche.

Wenn ich am Grab meines Großvaters stehe, werden immer Kindheitserinnerungen wach, Erinnerungen an mein Heimatdorf Akkerpiç – was so viel wie »weiße Lehmziegel« bedeutet – mit seinen staubigen Straßen, über denen im Sommer die Luft flimmerte. Dort habe ich einige meiner glücklichsten Jahre verbracht, in einer großen Lehmhütte mit gestampftem Boden. Da war zunächst die Küche, gefolgt vom Schlafzimmer meiner Großeltern. Im großen Gemeinschaftsraum nächtigten meine Onkel und Tanten, meine beiden älteren Geschwister und ich, der kleine Mustafa. Abends wurden die Matratzen ausgebreitet und am folgenden Morgen wieder aufgerollt und an der Wand geschichtet, um Platz für das tägliche Leben zu schaffen.

Als kleiner Junge entwickelte ich eine ganz besondere Beziehung zu meinem Dede. Stets stand er an meiner Seite. Mein Opa ersetzte mir den Vater, der weitab in der Ferne arbeitete. Er war ein gütiger, verständnisvoller Mann, den sie im Dorf als klugen Ratgeber achteten. Für mich war er mein engster Vertrauter. Zwischen dem Ältesten der Sippe und dem jüngsten Spross entspann sich ein inniges Band der Zuneigung.

Opa Ahmet war ein Hüne von einem Mann mit einem Schnäuzer und einem borstigen Dreitagebart. Wie alle männlichen Bewohner trug mein Dede ein *Şalvar*, eine klassische osmanische Pluderhose, aus meist grauem Baumwollstoff. Oft nahm Großvater mich in den Arm; wenn wir uns länger nicht gesehen hatten, roch er an meinem Kopf, küsste mich und sagte etwas auf Arabisch, was ich aber nicht verstand. Neugierig blickte er auf seinen Liebling herab, wobei er sich auf seinen Gehstock stützte, den er seit einer schweren Beinverletzung in der Jugend immer mit sich führte.

Oft erzählte mein Großvater von den alten Zeiten. Seine erste Frau, eine wunderschöne Tscherkessin, war früh gestorben. Danach zog er seine vier Töchter allein auf, darunter auch meine Mutter Hayat. Das war in jenen Zeiten völlig unüblich, normalerweise heirateten die Witwer bald wieder. Mein Großvater aber ließ sich Zeit. Vielleicht war er nach der hübschen Tscherkessin auch einfach nur wählerisch.

Erst viel später nahm er meine Oma, meine *Nine* Perver, zur Frau, eine streitbare Frau mit spitzer Zunge, die gerne über die Leute im Dorf tratschte. Perver war weitaus jünger als ihr Ehemann. Obwohl meine Großmutter bei Weitem keine Schönheit war und fürchterlich lästern konnte, war sie ein herzensguter Mensch.

In Akkerpiç lernten sich auch meine Eltern kennen und lieben. Mein Opa hat mir die Geschichte erzählt, wie meine Mutter, damals noch als junge Frau, eines Tages auf seinem großen schwarzen Pferd zum Teich ritt, um das Tier zu tränken, und dabei von meinem Vater – wie mein Großvater hieß er Ahmet – beobachtet wurde. Von diesem Moment an schien es um ihn geschehen zu sein. Den damaligen Bräuchen folgend, sprach mein Vater mit seinen Eltern bei meinem Dede vor. Wortreich hielten die Eltern meines Vaters um die Hand seiner Tochter Hayat an, während der Schwiegersohn in spe nur still dabeisitzen durfte. Auf diese Weise wurden in jener Zeit Ehen arrangiert. Es kam nicht infrage, dass Ahmet persönlich um Hayat warb. Da hätte es im Dorf Gerede gegeben. Die Leute hätten sich das Maul zerrissen; Hayats Vater habe offenbar seine Tochter nicht im Griff, hätte es geheißen.

Mein Großvater führte mit Hayat eine ernste Unterredung; er erkundigte sich, wie sie zu dem Freier stehe und ob sie ihn heiraten wolle. Hayat stimmte begeistert zu. Bevor Ahmet seinen Militärdienst ableistete, fand noch die Verlobung statt, und nach seiner Rückkehr feierte das halbe Dorf die Hochzeit meiner Eltern. Schon bald war Hayat schwanger. Das erstgeborene Kind Abdurrahman verstarb wenige Wochen nach der Geburt. Danach kam meine Schwester Raziye auf die Welt. Die zweite Tochter starb ebenfalls im Kindbett, und dann kam mein Bruder Hüseyin. Meine Eltern hatten da bereits beschlossen, Akkerpiç zu verlassen und nach Antakya zu ziehen, wo sie sich ein besseres Leben erhofften. Dort erblickte ich das Licht der Welt.

Mein Vater, der gerade einmal die Grundschule absolviert hatte, verdingte sich in der großen Stadt zunächst als Tagelöhner, als *Amele.* Jeden Morgen bot er auf dem Arbeiterstrich in Antakya seine Dienste an. Mal arbeitete Papa in einer Schreinerei, dann wieder als Lastenträger. Das Geld aber reichte hinten und vorne nicht. Meistens lebten wir von Linsensuppe und Brot. Das Essen war einfach, aber es füllte den Bauch.

1969 folgte mein Vater dem Lockruf der deutschen Wirtschaft; die stetig prosperierende Industrie brauchte neue Arbeitskräfte. Bereits acht Jahre zuvor hatte die Bundesrepublik mit der Türkei ein Abkommen über die Anwerbung von sogenannten Gastarbeitern geschlossen.

Mein Vater ging nach Deutschland, als ich ein Jahr alt war. Manchmal frage ich mich, ob ich an seiner Stelle so mutig gewesen wäre, in ein fremdes Land zu reisen, um Geld zu verdienen. Vielleicht hatte er auch keine andere Wahl; vermutlich trieb ihn die pure Verzweiflung in die Fremde – ohne Frau und Kinder, ohne Bildung, ohne Sprachkenntnisse, ohne irgendetwas. Es war ein Wagnis sondergleichen, das nur jene eingehen, die buchstäblich nichts zu verlieren haben – beseelt von der Hoffnung, irgendwann seiner Familie ein besseres Leben bieten zu können. Lange Zeit konnte ich ihm nicht verzeihen, dass er mich in meiner Kindheit verlassen hatte. Wir verhielten uns wie zwei Fremde zueinander, es fehlte eine emotionale Bindung. Erst als ich selbst Vater wurde, habe ich nach und nach meinen Frieden mit ihm geschlossen.

Als mein Vater nach Deutschland kam, arbeitete er zuerst auf dem Bau, bevor er einen Job beim Autohersteller Ford erhielt. Alle paar Monate schickte Papa Geld nach Hause. Ab und zu legte er einen Brief dazu. Da Mutter nicht lesen konnte, mussten meine älteren Geschwister Raziye und Hüseyin ihr die Nachrichten meines Vaters übermitteln.

Wir lebten weiter in dem heruntergekommenen Mietshaus im ärmlichen Randbezirk von Antakya. Auf der Straße spielten wir Fußball oder mit Glasmurmeln. Drei Jahre später reiste meine Mutter mit meiner jüngsten Schwester Naciye dann ebenfalls nach Deutschland. Mein Vater war zu Besuch gekommen und hatte uns vor seiner Abreise mit kurzen Worten mitgeteilt, dass wir drei älteren Geschwister von nun an bei den Großeltern leben würden. Weitere Erklärungen gab es nicht, das war in jenen Zeiten auch nicht üblich. Mir fiel der Abschied seinerzeit nicht so schwer wie meiner älteren Schwester. Tagelang weinte sie und ließ sich nicht beruhigen, ehe die Zeit half, den Trennungsschmerz zu lindern.

Zwei Jahre verbrachte ich dann in Akkerpiç bei meinen Großeltern. Dort lebte man nicht so üppig wie im idyllischen Dorf Bullerbü der Kinderbuchautorin Astrid Lindgren. Es war ein hartes, arbeitsreiches Auskommen. Mein Großvater brachte die ganze Familie mit seinem Baumwollfeld auf der Amik Ovası, der Amik-Ebene, durch. Bei der Ernte mussten alle mithelfen. Es war eine enorme Plackerei. Wichtig war auch, dass die aufwendigen Bewässerungssysteme immer funktionierten, die allerdings nur sehr salzhaltiges Wasser aus tiefen Zisternen förderten. Darüber hinaus hielten wir einige Kühe, Schafe, Gänse und Enten für den Eigenbedarf.

Als einzige Wasserquelle stand in der Dorfmitte ein Brunnen zur Verfügung. Oft standen dort die Menschen in Schlangen mit ihren Wasserkanistern an, um ihre Wochenration aufzufüllen. Strom gab es genauso wenig wie Wasser aus der Leitung. Die Notdurft wurde auf einem Plumpsklo draußen im Garten verrichtet. Die Dorfstraßen waren nicht asphaltiert; wenn es regnete, verwandelte sich der Untergrund in eine Schlammwüste.

Den kleinsten Kindern wurde bereits eingeschärft, stets den Boden in der näheren Umgebung im Blick zu haben und sich vor Schlangen und anderem unliebsamen Getier zu hüten. Nie werde ich den Moment vergessen, als plötzlich eine anderthalb Meter lange Schlange in unserem Haus entdeckt wurde. Das schwarze Reptil galt als höchst giftig. Mein Großvater, ein gläubiger Muslim, verrichtete gerade sein Gebet, als die Schlange sich ihm von rechts näherte. Ich saß links von ihm und brachte stockstarr vor Angst kein Wort heraus. Da erhob sich mein Großvater ganz ruhig, nahm seinen Gehstock und tötete die Schlange mit gezielten Schlägen auf den Kopf. Danach warf er das Tier in den Garten. Anschließend kniete der alte Mann sich seelenruhig wieder nieder und beendete sein Gebet. Dann erst wendete er sich mir zu, nahm mich an die Hand, um nochmals im Garten nach dem erschlagenen Reptil zu schauen.

»Keine Angst, Junge«, beruhigte er mich fürsorglich.

Das waren gewiss raue Sitten, aber ich wusste sie zu schätzen. Dedes Mut und seine entspannte, unaufgeregte Art, selbst gefährliche Situationen anzugehen, haben mich tief beeindruckt. Stets aufs Neue flößte er mir ein Gefühl der Geborgenheit ein, und ich spürte, dass ich ihm blind vertrauen konnte.

Trotz einiger Entbehrungen genoss ich das Dorfleben. Beinahe jeder Tag hielt ein Abenteuer für mich bereit. Es gab viel zu entdecken, viel zu lernen, und wenn ich abends nach Hause kam, konnte ich meinem Dede viel von meinen jüngsten Erlebnissen erzählen. Ich war ein sechsjähriger Knirps mit Flausen im Kopf; mit den anderen Kindern tollte ich in den Dorfstraßen herum, und oft liefen wir an heißen Sommertagen zu einem kleinen Teich, um uns freudig planschend abzukühlen.

Die einzige Schattenseite war der Lehrer in der Dorfschule – vor ihm hatten alle Kinder Angst. Wer nicht spurte, bekam Schläge mit dem Lineal auf die Finger. Häufig setzte es Ohrfeigen, wenn wir seine Fragen nicht beantworten konnten. Wenn er schlechte Laune hatte, machte er sich einen Spaß daraus, uns mit einer besonders grausamen Prügelstrafe zu quälen. Dann mussten wir die Hände falten und vor ihm hochhalten. Und schon sauste sein Lineal auf die empfindlichen Fingerspitzen herunter. Ein rasender Schmerz durchfuhr mich wie ein Stromstoß, und jedes Mal liefen mir die Tränen übers Gesicht.

Ohnehin hatte der Lehrer mich ganz besonders auf dem Kieker, denn ich war der einzige Sohn eines *Almancı* im Dorf – der Sohn von Eltern, die nach Almanya gegangen waren, um gutes Geld zu verdienen. Harte Mark statt inflationärer Lira. Raus aus der Not, der allgegenwärtigen Armut. In der Türkei aber hielt sich lange Jahre das Klischee: Die Gastarbeiter putzen in Deutschland die Klos und machen in der Türkei einen auf reichen Mann.

Ansonsten genoss ich aber das Dorfleben mit allen kleinen Abenteuern, die es bot – auch wenn die Verhältnisse sehr ärmlich waren. Von dem sadistischen Lehrer abgesehen, übte niemand Druck auf mich aus, am wenigsten mein Dede. Obwohl tiefgläubig, ließ er die anderen nach ihrer Fasson leben. Wir mussten nicht in die Koranschule oder in die Moschee und auch nicht fünfmal am Tag beten. Mein Opa verfolgte eine äußerst liberale Linie. Wenn die Gebetszeit nahte, dann folgte Dedes eingespieltes Ritual. Ich habe es geliebt, ihm dabei zuzusehen: Er zog sich zurück, ging in sich, sprach die Worte »*Bismillah ir-rahman, ir-rahim* – im Namen Allahs, des Gnädigen, des Barmherzigen«, wusch seine Hände, seinen Mund und seine Nase, sein Gesicht, seine Unterarme, seinen Kopf, seine Ohren und schließlich seine Füße. In dieser Reihenfolge, nicht anders. Dann ging er ins Haus und vollzog sein Gebet. Später nahm er wieder glücklich und entspannt im Kreis der Familie Platz, ohne viel Aufhebens davon zu machen. Nie hat er versucht, andere zu missionieren oder zum Gebet zu zwingen.

»Junge«, hat er mir einmal gesagt, »wenn ich bete, dann habe ich das Gefühl, direkten Kontakt zu Allah zu haben. Es fühlt sich gut an. Lass niemals zu, dass sich jemand zwischen dich und Allah stellt.«

Die Frauen im Dorf trugen alle Kopftücher, aber eher aus praktischen Gründen, um die Haare während der schweren Landarbeit sauber zu halten. Das war aber auch alles.

An meine Eltern habe ich in jener Zeit kaum einen Gedanken verschwendet. Die waren ja so weit weg, in einem Land, das für mich so weit entfernt war wie Australien. Jedes Jahr im Sommer fuhr dann mein Vater mit seinem Auto vor, und meine Mutter strahlte, als sie mich in den Arm nahm. Ich wusste dann nicht so recht, wie mir geschah. Außer einem Brief alle paar Monate hatte ich keinen Kontakt zu meinen Eltern. Sie waren mir schlichtweg fremd geworden – besonders mein Vater, der vollmundig von Deutschland und Köln schwärmte, von all jenen unbegrenzten Möglichkeiten, dem Luxus in den Häusern. Fließendes Wasser strömte da aus den Hähnen; Elektrizität, Gas und Benzin waren eine Selbstverständlichkeit. In Deutschland musste niemand am Brunnen um Wasser anstehen. Wer die Toilette aufsuchte, benutzte Klopapier und nicht Wasser aus dem Eimer. Straßenbahnen und Busse brachten die Menschen ins Stadtzentrum mit seinen sauberen Straßen und Hochhäusern. Fast jeder Deutsche besaß ein Auto. Den Erzählungen meines Vaters zufolge lebten in seinem Viertel in Mülheim eine Menge türkischer Gastarbeiter. Es war eine regelrechte Community. Dort hatte sich ein Stück türkische Lebensart in fremden Landen etabliert.

Wenn meine Eltern mir, dem kleinen Mustafa, von Deutschland vorschwärmten, dann träumte ich immer von einem großen roten Bus. Ja, ich dachte, dieses Land da irgendwo im Westen sei ein großer roter Bus. Warum, weiß ich auch nicht; vielleicht lag es daran, dass die Eltern mich und meine älteren Geschwister mit Geschenken überhäuften. Mit Bluejeans, die es im Dorf natürlich nicht gab. So eine Hose zu tragen war toll. Damit machte ich bei den Gleichaltrigen im Dorf mächtig Eindruck.

Einmal fuhren meine Eltern, meine Großeltern und ich mit dem neuen Auto meines Vaters von Akkerpiç nach Antakya. Vater fuhr wieder einmal viel zu schnell. Mit knapp 100 Stundenkilometern raste er über eine enge, kurvenreiche und schlecht asphaltierte Landstraße. Nine Perver bekam Angst und sagte: »Ahmet, du fährst so schnell … Ich kann nicht mal die Bäume am Straßenrand mitzählen!«

Mein Dede und meine Eltern kriegten sich vor Lachen kaum

ein. Denn meine Nine hatte nicht einen Tag die Schulbank gedrückt. Sie konnte weder lesen noch schreiben und auch nicht rechnen und zählen. Sie hätte die Bäume auch dann nicht zählen können, wenn Vater im Schneckentempo gefahren wäre. Oma aber ging es nur darum, deutlich zu machen, dass Vater einfach zu schnell fuhr.

Ich brauchte immer einige Tage, um meinen Eltern näherzukommen, und wenn sie dann wieder nach Deutschland zurückfuhren, begann für mich wieder das richtige Leben mit Opa im Mittelpunkt.

In jener Zeit war die politische Lage in der Türkei äußerst fragil. Ständig wechselten die Mehrheiten und die Ministerpräsidenten. Linke wie rechtsextremistische Gruppierungen verübten Anschläge. Das Militär zog im Hintergrund die Strippen, ohne zu putschen. Necmettin Erbakan gründete die erste islamistische Partei, die Nationale Heilspartei (MSP), die Mitte der 1970er-Jahre großen Einfluss auf die türkische Politik ausübte. 1974 besetzten türkische Truppen den Norden Zyperns; der östliche Mittelmeerraum stand am Rand eines Krieges.

Der einfache Bürger hielt sich damals besser mit politischen Aktionen oder Äußerungen zurück. Es war die Zeit, als mein Großvater seine Söhne Abdullah und Mustafa dazu anhielt, die Finger von der Politik zu lassen.

»Das gibt nur Ärger«, mahnte er immer wieder.

Naturgemäß hatte ich in meinem Alter mit Politik nichts am Hut. Abends kamen die älteren Männer im Dorf zu meinem Dede, um seine Meinung zur aktuellen politischen Lage einzuholen. Im Haus meines Opas gab es damals keine Tische und Stühle. Und so saßen die Männer in trauter Runde im Schneidersitz auf bunten Bodenkissen, sogenannten *Minder,* die meine Oma Perver und ihre Töchter, meine Tanten Hatice und Meryem, selbst genäht hatten, und tranken Tee. Ich kuschelte mich an meinen Dede, legte meinen Kopf auf seinen Schoß, beobachtete das wunderschöne Sternenmeer am Himmel und lauschte interessiert dem Gespräch der Männer, verstand aber nichts. Müde vom langen Tag, fielen mir irgendwann die Augen zu, und ich schlief auf dem Schoß von Dede ein. Zu jener Zeit hatte ich nachts einen immer wiederkehrenden Traum von einem kleinen süßen Affen, der in einer Art Miniraumschiff mit offenem Verdeck, unfachmännisch zusammengezimmert aus alten Holzlatten, im Weltraum flog und mit seinen Fingerspitzen die Sterne berührte. Bei jeder Berührung entstanden bezaubernde Klänge. Ich hatte das Gefühl, dass ich mitfliegen würde. So echt fühlte sich der Traum an. Am nächsten Morgen, als ich ganz profan auf der Bodenmatratze wieder aufwachte, wusste ich genau, dass es nur ein Traum gewesen war. Aber ich fühlte mich dennoch sehr glücklich, weil es ein so schöner Traum war. Heute noch sage ich meinen Kindern augenzwinkernd, wenn sie schlafen gehen, dass ich ihnen mit kleinen Affen eine schöne Reise zu den Sternen wünsche.

An einem Sommertag im Jahr 1976 änderte sich alles in meinem Leben. Erneut weilten meine Eltern zu Besuch. Großvater nahm mich damals behutsam beiseite. Er wirkte sehr ernst und schaute mich lange an.

»Deine Eltern fahren nächste Woche zurück nach Deutschland, und ich wünsche mir, dass du mit ihnen gehst.«

Tränen standen ihm in den Augen, als er mich an sich drückte. Ungläubig schüttelte ich den Kopf und wurde unfassbar wütend.

»Nein, kommt nicht infrage, ich bleibe bei dir!«, schrie ich voller Verzweiflung.

Meine Gedanken rasten: Warum sollte ich meine Großeltern und das Dorf verlassen? Was sollte ich denn dort in dem fremden Land, bei diesen Leuten – meinen Eltern –, die mich alleingelassen hatten?

Sanft hob Dede meinen Kopf.

»Nein, das geht nicht, es sind doch deine Eltern. Und keine Sorge, wir sehen uns jedes Jahr wieder.«

So ging es tagelang. Vehement weigerte ich mich mitzufahren. Immer wieder redete mein Großvater auf mich ein, es doch zu tun. Mit meinen Eltern sprach ich über das Thema nicht. Bockig, wie ich mit acht Jahren war, durfte nur mein Opa mit mir über das heikle Thema reden.

»Wenn die mich mitnehmen wollen, dann haue ich ab!«

Die Drohung eines kleinen Jungen – mehr nicht. Ich meinte es jedoch bitterernst.

Warum? Wieso? Weshalb sollte ich das Dorf und meinen Dede verlassen? Ich konnte es nicht fassen, die Gründe nicht verstehen. Insgeheim schmiedete ich bereits Pläne, um mich aus dem Staub zu machen und in dem fünf Kilometer entfernten Ort Kumlu unterzutauchen. Vielleicht müsste ich dort auf der Straße schlafen und von Almosen leben. Vielleicht würde ich verhungern und sterben. Aber das war mir gleich. Sollten meine Eltern doch sehen, was sie davon hatten, mich nach Almanya mitnehmen zu wollen. Blind vor Wut, gab ich meiner Familie die Schuld an dem ganzen Schlamassel.

Letztlich lief ich zwar nicht weg, aber schon damals tat ich mich schwer damit, gegen meinen Willen handeln zu müssen. Zeit meines Lebens war ich nie ein willfähriger Kommandoempfänger. Die Androhung von Zwang löst bei mir bis heute vehementen Widerstand aus.

Und so verhielt es sich zunächst auch in dieser Situation, doch mein engster Vertrauter, mein bester Freund und Ersatzvater, redete immer wieder mit Engelszungen auf mich ein.

»Schau mal, wir sehen uns ganz oft wieder. Es gab so schöne Momente, und jetzt solltest du deinen Eltern folgen. Früher oder später werdet ihr zueinanderfinden. Das wird dir guttun, glaube es mir.«

Dabei versagte ihm fast die Stimme.

An diesem Punkt muss ich im Rückblick nun erst mal tief durchatmen. Bis heute wühlen mich diese Ereignisse extrem auf. Da war er, der Mann, der mir immer half, mich anleitete, mich behütete, in dessen Nähe ich mich stets geborgen fühlte. Er war meine Leitfigur. Und nun sollte ich meinen Dede verlassen und mit Menschen, die mir fremd waren, in eine völlig unbekannte Welt reisen.

Irgendwann gab ich meinen Widerstand auf. Mit meiner Mutter sprach ich dann über die Zukunft in Köln. Natürlich schilderte sie mir die neue Heimat in leuchtenden Farben. Neue Freunde, tolle Schule, ein Fahrrad – das klang verlockend.

Lebewohl wäre ein viel zu kleines Wort, um jenen Moment zu beschreiben, als wir Ende Juli im Ford Kombi meines Vaters abreisten. Beim Abschied von meiner Nine Perver und den Verwandten ging es noch einigermaßen, aber bei meinem Dede brachen alle Dämme. Ich wollte den großen Mann gar nicht loslassen. Es gab viele Küsse und Umarmungen.

»*Allahaısmarladık,* ich vertraue dich Allah an«, raunte mir mein Großvater ins Ohr.

Er roch an meinem Kopf, fuhr mir mit seiner Hand durch die Haare, küsste mich auf die Wangen und sagte dabei wieder etwas auf Arabisch. Ich kann kein Arabisch, den Sinn seiner Abschiedsworte kenne ich daher bis heute nicht. Aber es war auch egal. Ein Tränenschleier legte sich über meine Augen, kaum fand ich den Weg zum Auto. Als mein Vater den Motor startete, versuchte ich noch mal zurückzuschauen, doch das ganze Gepäck und die türkischen Lebensmittel, die es in Deutschland nicht gab und die sich nun im Heck hinter mir auftürmten, verdeckten mir den Blick. Ich konnte meinen Dede nicht mehr sehen.

Die Fahrt nach Köln geriet zu einer Mordstortur. Nachts versuchten wir, zu viert im Wagen zu übernachten. Nach dreieinhalb Tagen erreichten wir schließlich unsere Wohnung. Die Rixdorfer Straße im rechtsrheinischen Mülheim zählte nicht gerade zu den Kölner Vorzeigeadressen. Es war eher ein sozialer Brennpunkt. Eintönige Mietshäuser reihten sich aneinander, und keine Spur von einem roten Bus. Ehrlich gesagt, war ich total enttäuscht, als wir dort ankamen. Viel Beton, kein Grün, triste Wohngebäude. Und unfreundliche Menschen, die anders als in meinem Dorf grußlos an einem vorbeigingen. Schwere Probleme bereitete mir anfangs die Schule. Ich verstand kein Deutsch, sodass ich mich im Klassenzimmer und auch in meinem Viertel kaum zurechtfand. Da musste ich mich halt durchboxen.

Das Kölner Wahrzeichen, den Dom, habe ich erst nach einigen Jahren gesehen. Als die großen schwarzen Türme vor mir aufragten, schoss mir zuerst ein ketzerischer Gedanke durch den Kopf: Ey, superschöne, große Moschee!

Die ersten Jahre freute ich mich total auf die Sommerferien, dann ging es zurück nach Antakya und ins Dorf zu meinem Dede. Während der wenigen Tage dort fühlte ich mich wie zu Hause, so als wäre ich nie weg gewesen. Die Gespräche mit meinem Großvater und all die Verwandten wiederzusehen, das war etwas anderes als die Rheinmetropole Köln mit ihren meist kalten, abweisenden Facetten.

Als ich 15 Jahre alt war, erreichte mich die Nachricht vom Tod meines Großvaters. Seitdem besuche ich jeden Sommer sein Grab in meinem Dorf Akkerpiç. Gebete sind nicht meine Stärke; mich richten eher die gemeinsamen Erlebnisse auf, die ich mir dann wieder in Erinnerung rufe. So etwa, als ich mit Opas altem Gewehr das Schießen üben durfte. Oder als er mir beibrachte, aus alten Fahrradschläuchen und Ästen eine Steinschleuder zu basteln, um damit Spatzen zu jagen, sie mit einem Messer auszunehmen und danach über dem Feuer zu grillen – für mich damals eine ganz besondere Leckerei. Mein Opa hat mir auch beigebracht, wie man einen Granatapfel aufschneidet, ohne viel Sauerei zu veranstalten. Oder wie man im Winter mit einem im offenen Feuer erhitzten Messer die Löcher in den Gummistiefeln flickt. Okay, ich gebe zu, dass ich heutzutage kaum noch Gelegenheit finde, diese Methode anzuwenden. Aber all diese Fertigkeiten erinnern mich daran, wie eng wir beide verbunden waren, mein Großvater und ich.

Zehn Minuten – länger schaffe ich es nicht, an seinem Grab zu verweilen. Mir fällt dann eine Passage eines Gedichts des türkischen Lyrikers Orhan Veli ein:

»*Ölüm Allah'ın emri, ayrılık olmasaydı* – Der Tod ist unausweichlich, wenn nur die Trennung nicht wäre.«

Dann muss ich gehen. Am Ende folgen meist einfache Worte, kein hochtrabendes Gewäsch.

»Dede, ich liebe dich und vermisse dich unendlich.«

2 »Türken stinken« – das Leben mit Vorurteilen

Nichts war einfach, kein Stück! Vor allem nicht für einen achtjährigen türkischen Jungen, der kein Deutsch verstand und sich in Köln wie ein Fremder fühlte. Geplagt von Heimweh, enttäuscht von der neuen Umgebung, versuchte ich, mich irgendwie zurechtzufinden. Die Erdgeschosswohnung in der Rixdorfer Straße war recht klein – Küche, Wohnzimmer, Schlafzimmer, Bad, aber ohne Wanne und Dusche. Alles sehr beengt. Gebadet wurde in einem großen Zuber in der Küche. Dort schüttete meine Mutter literweise kaltes und warmes Wasser hinein.

Das ganze Ambiente gefiel mir überhaupt nicht. Trotzig motzte ich herum.

»Ich will wieder zurück ins Dorf zu Opa.«

Mein Vater kümmerte sich wenig um mein Befinden. Er verstand überhaupt nicht, was in mir vorging. Dies war der Beginn einer äußerst schwierigen Beziehung zwischen mir und ihm. Häufig krachte es im Hause Kaplan. Je älter ich wurde, desto mehr nahmen die Differenzen zu. Mein Vater trat sehr autoritär auf und verhielt sich mir gegenüber äußerst distanziert. Ganz anders als mein Opa zeigte er sich wenig einfühlsam und eher lieblos; die Wünsche und Ängste seiner Kinder registrierte er kaum.

Keine Diskussionen, keine Debatte. Der Hausherr bestimmte das Geschehen nach seinem Gutdünken. Da gab es keinen Widerspruch. Andernfalls wurde es schnell laut. Dann brüllte Vater mich an.

»Du bleibst hier!« Punkt.

Standardspruch: »Gib Ruhe, sonst knallt es!«

Mitunter setzte es Ohrfeigen. Die Schläge aber bestärkten mich nur in meinem Aufbegehren. Ich war der Einzige in der Familie, der aufmuckte, der sagte, was er dachte. Ich war der Rebell. Von Familienfrieden konnte kaum die Rede sein.

Klar, mein Vater hatte es nicht einfach. Im Dreischichtensystem am Fließband stehen, das war ein harter Job. Wenn er erschöpft nach Hause kam, musste Ruhe herrschen. Vater wollte entspannen, die Kinder durften keinen Lärm veranstalten. Ich kann mich noch gut an die angespannte Stimmung erinnern, wenn unser Ernährer heimkam. Grabesstille setzte ein – es sei denn, der kleine Mustafa motzte herum oder hatte wieder mal etwas angestellt.

In jenen Zeiten gehörte es zum Familienleben dazu, dass meine Mutter häufig damit drohte, meinem Vater zu berichten, wenn ich keine Ruhe geben würde. Eine Art Tribunal baute sich dann vor mir auf: Eingeschüchtert stand ich in der Küche vor meinem Erzeuger, während er, auf einem Stuhl sitzend, mich ernst musterte. Und schon schoss Vater die erste Frage ab wie ein Pfeil.

»Wie konnte das passieren?«

Stotternd versuchte ich zu erklären. Doch es half alles nichts. Ständig stellte er Fragen, unterbrach mich, hakte unerbittlich nach. Häufig waren es Fragen, die ich nicht beantworten konnte. An seinem Blick erkannte ich, dass ihm meine Darstellung nicht reichte. Neben Schlägen erfolgte eine viel schlimmere Strafe: Tagelang sprach er nicht mehr mit mir. Und meine Mutter fühlte sich hin- und hergerissen. Einerseits glaubte sie, als Ehefrau hinter ihrem Mann stehen zu müssen, andererseits war sie unsere Mutter und liebte ihre Kinder.

Eine schwierige Zeit war das damals, vor allem in der Grundschule. Ohne Deutsch zu verstehen, einige Monate lang, bis ich so halbwegs dem Unterricht folgen konnte.

Den ersten Schultag werde ich nie vergessen. Da stand ich nun, der einzige türkische Erstklässler. Ich war still, sehr still. Die anderen hatten eine Schultüte, ich nicht. Misstrauische Blicke verfolgten mich. Es war unangenehm, und ich fühlte mich ständig beobachtet.

Mülheim war bereits damals schon ein Problemstadtteil. Wer nicht früh lernte, sich durchzuboxen, wurde schnell zu einem Opfer und kam unter die Räder. Prügeleien auf dem Schulhof gehörten zum Alltag, und mitten drin der Mustafa, der keinem Streit aus dem Wege ging.

Da war beispielsweise ein Mitschüler namens Karl. Eines Tages baute er sich direkt vor mir auf, und bis heute weiß ich nicht, was er mir zubrüllte, bevor er mir ins Gesicht schlug. Den Angriff sollte er allerdings bereuen. Umgehend haute ich ihm die Faust auf die Nase, und er wich perplex zurück. Danach war Ruhe in der Schule.

Anfangs hatte ich nur wenig verstanden, aber schließlich hatte ich es dann doch geschafft. Der Erfolg stellte sich bald ein. Schnell freundete ich mich mit Olaf an, dem Sohn des Hausmeisters meiner Grundschule. In jeder freien Minute kickten wir auf dem Schulhof oder in der Turnhalle. Da machte es auch nichts, dass ich zunächst kein Deutsch sprechen konnte. Wir unterhielten uns mit Händen und Füßen. Olaf zeigte mir eine ganz andere Welt als jene, die ich bis dahin kannte. Sein Vater war ein äußerst fürsorglicher Mann. Er war so ganz anders als mein Vater. In der Schule waren wir bald eine verschworene Clique von fünf Jungs. In der Pause kickten wir mit Tennisbällen. Nachmittags spielten wir ebenfalls auf dem Schulhof. Beim Cowboy-und-Indianer-Spiel verletzte Olaf mich mal mit einem Pfeil im Gesicht. Das Geschoss verfehlte mein Auge nur um Zentimeter. Sein Vater schimpfte seinen Sohn zwar aus, aber zu meiner Überraschung hob er nicht seine Hand.

»Bist du verrückt, Olaf? Weißt du, dass ein Auge eine Million Mark kostet?«

Boah, eine Million Mark für ein Auge! Macht bei zwei verletzten Augen zwei Millionen Mark, ging es mir durch den Kopf. Der Satz beeindruckte mich mehr als die Schmerzen durch den Pfeilschuss, denn zu Hause bekam ich nur Vorwürfe zu hören. Mein Vater schimpfte mich aus. Das Einzige, was er wissen wollte, war, warum ich bei solch gefährlichen Spielen mitmachte. Weiter nichts. Keine Frage, wie ich mich fühlte, ob es noch wehtue; kaum Empathie oder erkennbare Sorge um mein Befinden.

Ganz gleich. Mit Olaf als Freund verblasste langsam, aber sicher der Wunsch, ins Dorf meines Opas zurückzukehren. Ich war nun ein echtes Straßenkind. Wann immer wir konnten, trieben wir uns draußen herum.

In der Schule lief es mäßig. Nur in Mathe und Sport kam ich gut zurecht, der Rest fiel eher durchwachsen aus. Mit dem Schönschreiben und den Diktaten hatte ich es nicht so. Meine Lehrerin zeigte viel Geduld und Verständnis. Stets gab sie mir das Gefühl, dass ich es packen würde.

Meine Eltern nahmen kaum Anteil an meinen Fortschritten. In der Schule musste ich halt zurechtkommen. Diese Sichtweise beruhte wohl darauf, dass mein Vater und insbesondere meine Mutter nur über eine geringe Bildung verfügten. Die Schule hatte bei ihnen nicht den Stellenwert, der ihr eigentlich zukam.

Beim Erlernen der deutschen Sprache half mir die freitägliche Slapstickreihe *Dick & Doof* mit Oliver Hardy und Stan Laurel mehr als so manche Deutschstunde. Es gab damals weder Aufbauunterricht noch eine Einführungsklasse. Mitschwimmen oder untergehen. Eine einfache Devise, der ich mich ohne großes Murren fügte. Bereits in der zweiten Klasse konnte ich auf dem Sommerfest ein kurzes deutsches Gedicht von Mira Lobe aufsagen. *Deutsch ist schwer. Das kann ich beweisen, bitte sehr!* … Fortan ging es steil bergauf. Und zwar so gut, dass ich auf die neue Gesamtschule in Köln-Höhenhaus wechseln durfte.

Es war neues Terrain – ein gigantischer Betonbau, der an eine Fabrik erinnerte. Etwa 1500 Schüler wurden dort unterrichtet. Es gab riesige Turnhallen, die man teilen konnte. Ein Novum. Da brauchte ich einige Wochen, um mich räumlich zu orientieren. Für mich war es ein großes Glück, dass mein Freund Olaf mit mir dieselbe Klasse besuchte, somit fühlte ich mich nicht allein gelassen in dieser monströsen Lehrstätte.

Im Unterricht duzten die Lehrer sich mit den Schülern. Das war mir völlig neu und ungewohnt. An einem der ersten Elternabende erlitt mein Vater nahezu einen Schock, als er das Lehrpersonal sah: die Lehrer mit langen Haaren und Vollbart, die Lehrerinnen in aller Regel ungeschminkt und in Jeans. Mein Vater war fassungslos.

»Die müssen mal zum Friseur, die müssen sich mal richtig waschen!«

Für ihn waren das ungepflegte Hippies, keine Pädagogen. In seinen Augen gehörte sich ein derartiges Aussehen nicht für einen Lehrer. Danach war diese Geschichte für ihn gestorben. Er hielt sich völlig aus meinen Schulangelegenheiten heraus. Meine Mutter übernahm.

Währenddessen drehte sich die Welt weiter. Ende 1979 überfiel die Sowjetunion Afghanistan, die Westmächte antworteten mit einem Olympiaboykott. Das Wettrüsten in Ost und West ging weiter. In der Türkei putschte das Militär, und Tausende wurden inhaftiert. In Deutschland verlor der CSU-Chef Franz Josef Strauß krachend die Bundestagswahl gegen SPD-Kanzler Helmut Schmidt. Und die Familie Kaplan bezog eine größere Wohnung der städtischen GAG in Köln-Stammheim. Das Kinderzimmer teilten wir uns zu viert. Das neue Heim verfügte allerdings über eine Badewanne. Auch wenn unsere neue Wohnung nichts mit dem roten Bus aus meinen kindlichen Träumen zu tun hatte, so war dies dennoch der totale Luxus für uns. Da fühlten wir uns wie im Schlaraffenland.

Wir waren eine der wenigen türkischen Familien im Viertel.

Im Gegensatz zu heute konnte man damals im gesamten Stadtteil die türkischen Familien an einer Hand abzählen. Somit galten wir damals eher als Exoten unter den deutschen Nachbarn. Die Reaktionen fielen denn auch eher verhalten aus. Das Miteinander verlief zwar freundlich, allerdings ohne engere Kontakte.

Zwei Jahre später bat ich meine Eltern, mich im Fußballverein TuS Stammheim anzumelden. Mein Vater aber weigerte sich zunächst, den Monatsbeitrag von zehn Mark zu zahlen. »Rausgeschmissenes Geld«, lautete sein Urteil, »völlig unnötig.« Doch ich gab nicht auf, blieb dran und nervte beim Abendessen immer wieder mit meinem sehnlichsten Wunsch. Bis meine Mutter ein Einsehen hatte und mich anmeldete. Anfangs durfte Vater aber nichts davon wissen. Erst nach ungefähr sechs Monaten fand er heraus, dass ich mich an sein Verbot nicht gehalten hatte. Zu meiner Überraschung unternahm er nichts. Allerdings kam er auch nicht, um mich spielen zu sehen.

Was für eine geile Zeit. Fußball. Aschenplatz. C-Jugend. Training. Spiele jeden Samstag oder Sonntag. Meine Anfänge als Linksaußen ließen jedoch zu wünschen übrig. Schnell auf den Beinen, ausgestattet mit einer Pferdelunge, konnte ich den Flügel rauf- und runterflitzen. Nur bei Technik und Torschuss haperte vieles, sodass mein Trainer mich zum linken Verteidiger umschulte. Diese Aufgabe lag mir weitaus besser. Den Gegner niederkämpfen, um ihm den Ball abzuluchsen und schnell weiterzupassen, damit die anderen etwas Sinnvolles daraus machten – darin ging ich auf.

Ich war seinerzeit der einzige türkische Spieler in meiner Mannschaft, in Mülheim und Höhenhaus standen weitaus mehr Landsleute in der Elf. Ressentiments habe ich auf dem Platz nie erlebt, auch wenn manchmal hart eingestiegen wurde, blieb alles fair. Wenn der Gegner mich ausgespielt hatte, hielt ich ihn häufig fest – so wie manche beinharten italienischen Verteidiger. Entweder durfte der Gegner vorbei oder der Ball, aber unter keinen Umständen Gegner und Ball gemeinsam. Da war ich in meinem Element.

Die Schule, die Clique – das war meine Welt. Zu Hause hielt ich mich eher selten auf. So schwierig sich meine Beziehung zu meinen Eltern gestaltete, so gemischt fiel das Verhältnis zu meinen Geschwistern aus. Mit meinem älteren Bruder Hüseyin verband mich lange Zeit kein sonderlich inniges Band. Das lag vielleicht auch daran, dass er lange nach mir als Letzter nach Deutschland gekommen war. Eine gewisse Fremdheit herrschte zwischen uns, eine spürbare Distanz. Wir gingen damals nicht wie Brüder miteinander um, sondern eher wie gute Bekannte.

Ganz anders verhielt es sich mit meiner sieben Jahre älteren Schwester Raziye. Sie stand mir sehr nahe und war meine Vertraute. In den Tagen, als wir ohne unsere Eltern bei den Großeltern in der Türkei lebten, hatte meine Schwester die Rolle einer kleinen Ersatzmutter eingenommen. Sie war auch Augenzeugin meiner Beschneidung.

Nie werde ich diesen Tag vergessen. Die Eltern kamen aus Almanya im Sommerurlaub angefahren. In Antakya hatte die Familie eigens einen Saal gebucht. Zahlreiche Verwandte und Nachbarn verköstigten sich mit Essen und Süßigkeiten. Eine Kapelle spielte. Dann wurde es ernst. Mein Bruder und ich sollten in einem Aufwasch die Prozedur über uns ergehen lassen. Der Beschneider trat auf uns zu. Männer hielten uns fest. Der Akt dauerte keine Sekunde – ruckzuck floss das Blut. Es war eine Tortur. Wie wild schrie ich meine Schmerzen heraus. Drum herum aber feierten die Gäste den Akt. »Damit wirst du ein richtiger Junge sein und später ein richtiger Mann werden«, hieß es.

Die Beschneidung, auf Türkisch *Sünnet,* ist in den meisten islamischen Rechtsschulen für alle männlichen Muslime eine Pflicht. Im türkischen Islam ist die Beschneidung ein traditionelles Ritual, und nahezu alle türkischen Männer sind beschnitten. Mit diesem Brauch drücken sie ihre Zugehörigkeit zum Islam aus und werden der Vorbildfunktion des Propheten Mohammed gerecht, der gemäß Überlieferung ohne Vorhaut geboren wurde.

Nachdem dieses Ritual bei mir vollzogen worden war, dauerte es Wochen, bis die Wunde verheilt war.

In dieser Zeit stand mir meine Schwester bei, nachdem meine Eltern schon wieder zum Arbeiten nach Deutschland abgereist waren. Später in Köln versuchte sie dann, zwischen mir und meinem Vater auszugleichen. Oft verteidigte sie mich, warb für mehr Verständnis. Merkwürdigerweise hörte der ansonsten so strenge Hausherr auf seine älteste Tochter. Die beiden pflegten eine ganz besondere Beziehung. Vielleicht lag es auch daran, dass die Kinder, die vor und nach ihr auf die Welt kamen, jeweils kurz nach ihrer Geburt verstorben waren. Meine ältere Schwester war als Überlebende zwischen zwei früh verstorbenen Geschwistern in den Augen meines Vaters offenbar etwas Besonderes. Bei ihr war er empfänglich für Kritik, selbst wenn es um sein eigenes Verhalten ging. Da schien er plötzlich offen zu sein für ihre Argumentation. Bei uns Jungs verhielt es sich völlig anders. Wenn ich etwas sagte, reagierte Vater häufig unwirsch; er wurde pampig und wischte meine Einwände einfach mit einer Handbewegung weg.

Jeden Sommer fuhren wir während der Ferien in die Türkei. Auf der Hinfahrt schwärmte mein Vater immer in höchsten Tönen von unserem Heimatland. Die Euphorie legte sich meist nach kurzer Zeit, wenn mal wieder der Strom ausfiel oder für einige Stunden kein Leitungswasser verfügbar war. Schnell änderte sich dann seine Meinung. Mein Vater begann zu schimpfen und prangerte die Rückständigkeit des Landes an. Die Türkei werde sich nie weiterentwickeln, zürnte er dann. Bei ihm gab es nur Schwarz oder Weiß. Grautöne – alles zwischen den Extremen – kannte er nicht.

Mit großem Hallo wurden wir empfangen, als wir mit unserem alten Ford Taunus und Jahre später dem Ford Granada in Akkerpiç bei meinen Großeltern vorfuhren. Das tolle Auto und die Kleidung meiner Eltern ließen die große, weite Welt erahnen. Und nicht zu vergessen all die Geschenke für die Verwandtschaft. Für die Frauen gab es Röcke, Blusen und selbstredend Kosmetikartikel. Besonders begehrt waren die großen Nivea-Dosen. Die weiblichen Verwandten schmierten ihre Hände und Gesichter mit der weißen Creme aus Almanya ein, um eine sanftere Haut zu bekommen. Obwohl Nivea auch damals schon in der Türkei erhältlich war, musste es unbedingt die aus Deutschland sein. Ohne rot zu werden, behaupteten meine Tanten, die türkische Nivea-Creme habe eine fürchterliche Nebenwirkung – Bartwuchs bei Frauen! Nur so viel: Es ist richtig, dass manche meiner weiblichen Verwandten im Gesicht nicht gänzlich unbehaart waren. Aber ich habe nie geglaubt, dass ihr Bartwuchs mit der andersartigen Zusammensetzung der in der Türkei erhältlichen Nivea-Creme zusammenhing.

Die Jungs und Männer bekamen Jeans, T-Shirts oder Hemden. Ware von C & A, nicht sehr teuer, aber seinerzeit im türkischen Hinterland eine Offenbarung. Meine Eltern zahlten alles. Auf diese Weise wuchs das Ansehen.

»Guck mal, die haben es zu etwas gebracht«, hieß es dann.

Der Neid auf die eingedeutschten Türken wich einem gewissen Respekt, ungeachtet aller Klischees, die ihnen in der Heimat entgegenschlugen.

Mit Urlauben im eigentlichen Sinn hatten diese Reisen anfangs nichts zu tun. Am Strand liegen, schwimmen gehen, die Sonne genießen – das war alles kein Thema. Wir fuhren damals kreuz und quer durch den Südosten der Türkei, um die zahlreichen Mitglieder unserer Sippe aufzusuchen, bei denen wir gewissermaßen herumgereicht wurden.

Die Sternstunden unseres Heimaturlaubs waren für mich die Begegnungen mit meinem Opa. Neugierig und mit großen Augen lauschte er meinen Geschichten aus Köln, von den riesigen Schulen, dem Rhein, von den gut 150 Meter hohen Türmen des Kölner Doms. Mein Dede wollte das alles nicht glauben.

»Ich nehme dich mal nach Köln mit, dann kannst du dir das anschauen.«

Dazu sagte er nichts. Lächelnd fuhr er mir immer wieder

durch die Haare. Mein Großvater hat es nie an den Rhein geschafft.

Zurück in Köln, schlüpfte ich dann wieder in mein Leben als Deutschtürke. Nach und nach stießen neue Freunde zu unserer Clique an der Gesamtschule. Und es ergaben sich erste Tändeleien mit Mädchen aus unserer Klasse. Für uns pubertierende Teenager verhießen Annäherungen an das andere Geschlecht das große Abenteuer. Im Gegensatz zu anderen Jungs waren wir in der Clique etwas reifer. Uns fehlte die Scheu, die Schülerinnen anzusprechen, und ich hatte nie Angst davor, mich mit Mädchen zu unterhalten oder mit ihnen spazieren zu gehen.

Bei einer Klassenfahrt in der Eifel verbrachten wir einige Tage in einem kleinen Hüttendorf. Dort kam es zu ersten Küssen auf den Betten im Schlafraum der Jungen. Die Lehrer ließen uns bis zu einem gewissen Grad gewähren. Viele von ihnen gehörten der 68er-Bewegung an. Die Zeiten der Prüderie waren längst dem Drang nach freier Liebe und einem liberalen Verständnis von Sexualität gewichen.

Demgegenüber lebten meine Eltern in einer völlig anderen Welt. Als ich nach Hause kam, erzählte ich nichts von meinen ersten amourösen Erlebnissen. Über Sex redete man daheim nicht. Weder meine Mutter noch mein Vater hatten mich aufgeklärt. Als im Biologieunterricht das Thema Sexualkunde anstand, hatte ich Probleme damit. Sexuelle Aufklärung fand damals in der Regel im Freundeskreis statt. Und wie sehr bewunderte ich meine argentinischen Freunde Diego, Carlos und Julian. Ihre Familie war in den 1970er-Jahren vor dem Terror der Militärjunta nach Europa geflohen. Es war einem glücklichen Zufall zu verdanken, dass sich die Familie bei ihrer Flucht für Köln entschieden hatte. Vater Carlos verdiente sich damals als Teilzeitkünstler ein paar Pesos als Maler dazu. Seine letzte Arbeit war ein Gemälde des Kölner Doms gewesen. Als das argentinische Militär dann putschte und die Entscheidung fiel, Hals über Kopf das Land zu verlassen, schaute Vater Carlos sein aktuelles Gemälde des Kölner Doms an und sagte: »Köln. Wir gehen nach Köln.« Dort herrschte bei ihnen zu Hause ein freier Geist, kein stockkonservativer Mief wie in unserer Familie. Da gab es keinen Patriarchen, der seine Kinder gängelte.

Mit dem Vater der drei Jungen konnte ich viel offener über Sexualität reden als mit meinen Eltern. Ich ging bei der Familie meiner argentinischen Freunde ein und aus und war quasi der vierte Sohn. In ihrem Kreis fühlte ich mich wohl, geborgen und verstanden. Dort konnte ich offen über sexuelle Erfahrungen und andere teils auch sehr intime Dinge reden. Neidvoll verfolgte ich das liebevolle Miteinander zwischen dem Vater Carlos und seinen Söhnen. Ein solches Verhältnis war mir zuvor fremd gewesen, denn daheim stieß ich eher auf Ablehnung. Dort herrschte ein kühler, emotionsloser Ton, der keinen Widerspruch, keine Debatte zuließ. Dazu gesellte sich bei meinen Eltern ein archaisches Weltbild aus dem türkischen Hinterland, das so gar nichts mit der politischen Moderne am Rhein gemein hatte.

Stundenlang habe ich gelauscht, wenn Diegos Vater und dessen Frau Gladys über Politik und Zeitgeschichte referierten. Die Eltern meines Freundes kannten sich aus und waren über die aktuellen Krisen in der Welt informiert. Mit ihnen habe ich das erste Mal über die politischen Probleme in der Türkei diskutiert. Was wusste denn ein 13-jähriger Teenager wie ich vom Militärputsch in Ankara? Was steckte dahinter? Welche Auswirkungen hatte die Machtergreifung der Armee für das Volk? Wer kämpfte da gegen wen? Wieso all dieser Terror auf den Straßen, der schließlich durch die Soldaten beendet wurde? Warum mussten so viele Politiker ins Gefängnis?

All diese Fragen konnten meine Eltern nicht beantworten, und sie wollten es auch gar nicht. Zu Hause, in Stammheim, wurden solche Themen nicht angerissen. Da herrschte lähmendes Schweigen. Es gab nur ein Ziel: Man wollte sich etwas aufbauen. Für politische oder historische Analysen blieb kein Platz. Wie auch? Meine Mutter konnte kaum lesen und schreiben. Und mein Vater, der am Fließband schuftete, kommentierte das Eingreifen des Militärs mit den lapidaren Worten: »Endlich herrscht Ruhe. Endlich nimmt jemand die Zügel in die Hand.« Warum? Wieso sollte nun alles besser werden? Darauf gab es keine Antworten.

Meinen Vater kümmerte es wenig, dass die Streitkräfte gerade die Demokratie weggefegt und viele führende Politiker eingesperrt hatten. Völlig obrigkeitshörig begrüßte er den Putsch. Obwohl ich durch Diegos Vater eine weitaus tiefer gehende Sicht der Vorgänge in der Türkei kennengelernt hatte, sagte ich nichts dazu. Es hätte ohnehin nichts genützt.

Beeinflusst durch die häufigen Besuche bei Diegos Familie, begann ich, mich zunehmend zu politisieren. Hinzu kam, dass wir in dem Schuljahr intensiv die NS-Zeit durchnahmen. Hitlers Aufstieg, das Dritte Reich, der Zweite Weltkrieg, all die von den Deutschen begangenen Gräuel, der Holocaust – diese Themen fesselten mich ungemein. In den Projektwochen sammelte ich Kurzgeschichten und Gedichte. Meine Arbeitsgruppe fertigte Plakate über die Verfolgung der Juden an. In einer Collage trugen wir Texte zusammen, und es gab Aufführungen. In dieser Phase habe ich viel gelesen. Obwohl in der Türkei geboren, ließ mich das größte Verbrechen in der europäischen Geschichte nicht los.

In der Zeit spielte es keine Rolle, ob du Türke oder Deutscher warst. Ich habe mir die Frage auch nicht gestellt. Die anderen Jungs akzeptierten mich, so wie ich war, fern von jeglichem fremdenfeindlichen Dünkel. Mit 13, 14 Jahren aber änderte sich da etwas. Ingo, ein neuer Schüler, kam in unsere Klasse. Während wir Jungs die Mädchen anhimmelten und Sport trieben, interessierte er sich für Waffen, das Militär und den Krieg. Eines Tages im Deutschunterricht hörte ich hinter mir ein gehässiges Geflüster. »Türken stinken! Türken stinken! Türken stinken!« Das war Ingo. Ich schaute ihn an; er grinste frech zurück, während er weiterätzte – stets denselben Spruch auf den Lippen. Da stand ich mitten im Unterricht auf, holte aus und donnerte ihm eine. Ingo war völlig perplex und reagierte nicht. Dafür stellte mich meine Lehrerin zur Rede.

»Mustafa, bis du verrückt geworden? Was soll das?«

Plötzlich sollte ich erklären, was schwer zu erklären war. Es war das erste Mal, dass mich jemand rassistisch angefeindet hatte. So etwas ging doch gar nicht. Mit Tränen in den Augen schilderte ich Helga, meiner Lehrerin, die Geschehnisse. Ein fruchtloser Versuch. Sie wollte mein Handeln einfach nicht verstehen, sondern ermahnte mich lediglich, dass Gewalt keine Lösung sei. Gewalt – keine Lösung? Den Quatsch konnte ich damals nicht verstehen. Da hatte mich jemand zutiefst fremdenfeindlich beleidigt, und die Reaktion ging gegen null. Wie ungerecht! Was für ein Mist, dachte ich mir. Da wirst du auf miese Art heruntergemacht, und niemand hilft dir.

Pause. Zwei Klassenkameradinnen redeten mir gut zu. Meine türkischen Kumpels aus den Parallelklassen klopften mir anerkennend auf die Schulter.

»Gut, dass du dem Arsch eins auf die Nuss gegeben hast!«

Helga, meine Lehrerin, blieb auch nach ihren mahnenden Worten meine Lieblingslehrerin, auch wenn Ingo, der Türkenhasser, nie für seine Hetze zur Rechenschaft gezogen wurde.

Geschenkt! Zu der Zeit lernte ich im Schwimmverein einen witzigen Typen kennen, Murat. Über ihn geriet ich in eine schräge Truppe. Türkische Jungs aus dem Rechtsrheinischen kamen im Jugendtreff Don-Bosco-Club zusammen. Die älteren Jugendlichen gründeten die türkische Gang *Peppies*. Es war eine große Gruppe mit bis zu 80 Mitgliedern, und fortan trieb ich mich mit den Jungs herum.

Aus dem netten, hilfsbereiten Mustafa wurde nun ein Kleinkrimineller. Zu Dutzenden fuhren wir in die City und mischten andere Jugendbanden auf. Wir zettelten häufig Schlägereien in Diskotheken oder im linksrheinischen Eisstadion an. Bambule war angesagt. Zum einen machten wir dort Mädchen an, und wenn dies zu Ärger führte und ihre männlichen Begleiter sich einschalteten, schlugen wir uns mit ihnen. Oft ging es nur darum, die deutschen *Kartoffelfressen* zu klatschen. Mitunter zogen wir durch die Schildergasse, die Einkaufsmeile in der City. Einer unserer Anführer verpasste dann jedem entgegenkommenden jungen Deutschen eine Ohrfeige. »Was guckst du?« Auf die kurze Frage folgte direkt der Schlag. Da wurde nicht lange diskutiert.

Nicht dass ich die Deutschen hasste, im Gegenteil. Aber damals herrschte eine Gruppendynamik. Wir waren Asoziale, und wir benahmen uns auch so. Natürlich handelte es sich um Rassismus in reinster Form, aber das kümmerte uns nicht. Wir wollten es den *Almanlar* zurückzahlen. Die älteren Macker in unserer Truppe kolportierten ein entsprechendes Feindbild: Das waren die deutschen Jüngelchen, die es meist besser hatten als wir. Viele aus unserer Gang kamen aus armen Verhältnissen, ihre Eltern übernahmen in Deutschland die schlecht bezahlten Drecksjobs. Kaum einer der Peppies besuchte eine höhere Schule oder strebte gar das Abitur an. Viele von ihnen gingen keiner Arbeit nach. Etliche landeten später im Knast oder verfielen der Drogensucht. Es waren Jungs von der Straße, die sich stark fühlten, wenn sie den blonden Hans oder Severin vermöbelten. In der Gruppe musste man sich nichts gefallen lassen, zeitweilig verspürte ich ein Gefühl, als könnte mir keiner etwas. In der Gang warst du stark, mutig – jeder stand für den anderen ein. Besonders im rheinischen Karneval ließen wir es richtig krachen. Da stürmte unsere Gang ganze Lokale, klaute etwa Geld, die heiß begehrten Bomber- oder die noch teureren Rewell-Jacken, die damals bei Jugendgang-Mitgliedern beliebt waren. Jugendliche abzuziehen gehörte ebenfalls zum Repertoire.

Brenzlig wurde es bei Messerstechereien. Nur zu gut erinnere ich mich an eine Situation, als uns am Ausgang des Eisstadions Mitglieder einer türkischen Jugendgang aus Köln-Chorweiler abpassten. Erst gaben wir Fersengeld, doch die Typen holten uns ein und umzingelten uns. Messer blitzten in ihren Händen auf.

Erst als sich herausstellte, zu welcher Gruppe wir gehörten, beruhigte sich die Lage. Man kannte sich, und so zogen die Angreifer wieder ab.

Wir drehten auch krumme Dinger. Mit 16 stand ich Schmiere, wenn die anderen Autos knackten, um Radios zu klauen und auf dem Schwarzmarkt zu verscherbeln. Mir ging es nicht so sehr um die Kohle, vielmehr reizte der Kick, das Abenteuer, der nächtliche Thrill. Zum Glück hat mich die Polizei nie erwischt. Heute, als Anwalt, bin ich sehr froh darüber, dass ich nach anderthalb Jahren aus der Gang ausgestiegen bin, denn sonst wäre ich sicherlich wie etliche andere Mitglieder in der Gosse gelandet.

In jener Zeit trieb ich mich nächtelang herum, sehr zum Missfallen meiner Eltern. Doch all ihre Verbote, die wütenden Tiraden und Vorhaltungen meines Vaters stießen bei mir auf taube Ohren. Längst zog ich mein eigenes Ding durch.

Der Entschluss, den Peppies den Rücken zu kehren, erfolgte von heute auf morgen. Ich musste da nicht lange überlegen. Irgendwann wurde mir klar, dass diese Aggressionen, die Gewalt, das Klatschen harmloser Menschen nicht richtig sein konnten. Da bedurfte es keiner großen Überlegungen. Mein Bauchgefühl sagte mir einfach, dass diese Art zu leben nicht gut enden würde. Fortan hielt ich mich von den Peppies fern und besuchte wieder regelmäßig den Unterricht.

Nach der zehnten Klasse wechselte ich auf das Wirtschaftsgymnasium. Da musste ich richtig ranklotzen, um durchzukommen. Am Ende hatte ich es geschafft. Als Einziger aus meiner Familie hielt ich das Abiturzeugnis in den Händen. Die Resonanz zu Hause blieb allerdings verhalten. Meine Eltern haben seinerzeit gar nicht erfasst, was ihr Sohn da geleistet hatte: vom türkischen Jungen ohne Sprachkenntnisse zum Absolventen eines deutschen Wirtschaftsgymnasiums. Weder mein Vater noch meine Mutter konnten ermessen, dass mir dieser Abschluss ungeheure Berufschancen eröffnete. Mir stand beinahe jedes Studium offen. Das war meinen Eltern aber nicht klar. Wie sollte es auch? Niemand hatte ihnen gesagt, wie das deutsche Bildungssystem funktioniert. Und auf ihren renitenten Sohn gaben sie keinen Pfifferling. Der machte ja ohnehin, was er wollte. Seit Jahren ließ er sich nichts mehr sagen. Universität? Was hieß das schon? Wieder lernen, Klausuren schreiben, wieder um Noten feilschen. Wann aber verdiente der Junge endlich mal Geld? In der Türkei ging man mit 19 Jahren längst arbeiten, doch der werte Herr Sohn wollte sich nun noch einmal ein paar Jahre weiterbilden. So lautete das vorwurfsvolle Familiencredo. Meine Eltern verstanden anfangs gar nicht, was mich antrieb. Deshalb beließ ich es dabei, meinen weiteren beruflichen Weg allein zu planen.

Meinem Vater gefiel diese Eigensinnigkeit überhaupt nicht. Wenn ich bei ihm wohnen würde, hätte ich das zu tun, was er sage. Solche Drohungen fruchteten bei mir nicht. Als Vater merkte, dass er mit seinen Mahnungen nicht durchkam, behandelte er mich wie einen nur Geduldeten. Während der letzten zwei Jahre, die ich dann noch in der elterlichen Wohnung lebte, sprach er kein Wort mehr mit mir. Wenn man gemeinsam am Essenstisch saß, sah er einfach durch mich hindurch.

Das kümmerte mich jedoch nicht mehr, denn ein neuer Lebensabschnitt nahm seinen Lauf. Intensiv loteten wir im Freundeskreis das für uns jeweils richtige Studienfach aus. Eigentlich interessierte mich der Studiengang Journalismus, aber dafür hätte ich nach Dortmund ziehen müssen. Das war für mich keine Option. Ich wollte Köln nicht verlassen. Längst hatte mich die Stadt für sich eingenommen; mittlerweile war es meine Stadt, meine Liebe.

Mein Kumpel Diego überredete mich zum Jurastudium.

»Weißt du, Mustafa, da kann man dann beispielsweise als Menschenrechtsanwalt arbeiten«, sagte er. Menschenrechtsanwalt, das hörte sich in meinen Ohren großartig an. Schließlich waren wir damals beseelt von der Idee, mit unserem Leben etwas Gutes für die Gesellschaft zu bewirken. Der Gedanke, für die Unterdrückten dieser Erde zu kämpfen, hatte seinen Reiz.

Politisch drifteten wir in die ganz linke Ecke. Diego & Co. hatten sich seinerzeit der Jugendorganisation der DKP angeschlossen. Die Freunde waren ganz begeistert von der sozialistischen Idee. Nicht die BRD, sondern die DDR war aus ihrer Sicht das Maß aller Dinge. Und so überredeten sie mich, den unerfahrenen Mustafa Kaplan, sich die Dinge vor Ort anzusehen. Wir fuhren in ein Sommercamp der DDR-Jugendorganisation FDJ an den Scharmützelsee.

Tagsüber langweilten uns dort Parteikader mit endlosen Diskussionen über den Imperialismus und die Weltrevolution. Besonders radikal führten sich jene Wessi-Kommunisten auf, die am Bahnhof D-Mark schwarz gegen Ostmark umtauschten. Da erhielten sie das Sechsfache des offiziellen Kurses. Mit dem Geld machten sie im Camp auf dicke Hose. Bei den politischen Diskussionen gaben sie hingegen die strammen Kommunisten.

Zweimal reiste ich dorthin. Doch ich muss gestehen, dass ich weniger für den Arbeiter- und Bauernstaat fieberte, sondern weit eher für die hübschen FDJ-Mädchen. Disco-Abende, nette amouröse Abenteuer am Lagerfeuer – das war meine Welt. Der Kommunismus konnte mir gestohlen bleiben.

3 Vom Umgang mit rassistischen Ressentiments

Köln im Herbst 1989: Etwa 900 neue Studenten begannen ihr erstes Semester in Jura. Vielleicht 30 von ihnen stammten aus der Türkei. Darunter Mustafa Kaplan, gebürtig aus Antakya. Anfangs fühlte ich mich an der Universität irgendwie fehl am Platz. Die meisten Kommilitonen kamen aus gutem Hause, oft arbeiteten ihre Eltern selbst als Anwälte oder Steuerberater. Viele Erstsemesterstudenten stolzierten bereits mit schniekem Sakko und Halstuch über den Campus. Für mich war das Studium an der größten Hochschule in Nordrhein-Westfalen ein Kulturschock. Diese Leute, dieser Aufzug – so etwas kannte ich bisher nicht. Mitunter beschlich mich das Gefühl, dass da die Jugendorganisation der CDU, die Junge Union, unterwegs war. Feine Popper – und mittendrin das Gastarbeiterkind. Der Vater Fabrikarbeiter, die Mutter Putzfrau – konnte es einen deutlicheren Gegensatz geben? Für mich nicht. Deshalb behagte mir anfangs die ganze Atmosphäre an der Fakultät nur wenig.

Wenn man dann mitbekam, wie »Daddy« seiner Tochter für den ersten bestandenen Test eine Reise nach New York versprach, sträubten sich mir die Nackenhaare. Für eine läppische Klausur spendierte der Alte so einen teuren Trip? Das wollte mir nicht in den Kopf. Was für eine Verschwendung! Unterschwellig ließen manche Kommilitonen unsereins spüren, dass man ein Außenseiter war. Nur zu gut erinnere ich mich an ein Déjà-vu der unliebsamen Art: Es muss in den ersten Tagen gewesen sein. Nach einer Einführungsveranstaltung kam ich mit einem jener Schniegelfuzzis ins Gespräch. Sein Vater, ein Anwalt, wollte, dass sein Sohn nach dem Studium in die Kanzlei eintrat. Wir plauderten. Er erzählte von seiner Familie, ich von meiner. Überrascht räusperte sich mein Gegenüber.

»Das ist ja sehr ungewöhnlich, dass jemand wie du Jura studiert. Ich finde das echt toll, dass du dich in unseren Gefilden bewegst.«

Klar hatte er es nur gut gemeint, aber dieser Satz hörte sich in meinen Ohren so an, als würde mir da einer von oben herab gönnerhaft auf die Schultern klopfen. Hier war ich wieder der Exot, der Außenseiter. Entsprechend unwirsch fiel meine Reaktion aus.

»Wenn du meinst.«

Kumpels wurden wir jedenfalls nicht mehr.

Dafür lief es in anderen Bereichen besser. Ich hatte eine wunderbare neue Freundin. Sie war sieben Jahre älter als ich, ein zauberhaftes Mädchen mit einer eigenen Bude nahe der Kölner Innenstadt. Im Gegensatz zu ihr lebte ich immer noch in der elterlichen Wohnung in Köln-Stammheim. Weit entfernt von der Uni, weit weg von der City, den Clubs, Kneipen und Bars – dort, wo das Leben vibrierte und die Musik spielte, dort, wo Party angesagt war, bis der Arzt kam.

Meine Eltern verbaten sich, dass ich eine meiner Liebschaften mit nach Hause brachte. Vor der Heirat schickte sich kein Bettgeflüster. Den aufgeklärten Studiosus Kaplan erinnerten solche Sittenbilder an längst vergangene Zeiten, aber daran war nichts zu ändern. Also versuchte ich es auch gar nicht erst.

In jener Zeit eskalierte das ohnehin angespannte Verhältnis zu meinen Eltern. Schon lange trauten sie mir und meinem Werdegang nicht über den Weg. Bei meiner Mutter schwang stets die

Angst mit, dass ich auf die schiefe Bahn geraten könnte. Argwöhnisch beäugten die beiden meinen Freundeskreis. Die Begegnungen mit der Familie meines Kumpels Diego, all die linksorientierte Politisiererei, der ewige Widerspruch – all dies irritierte meine Eltern. Natürlich merkten sie auch, dass ich mit Frauen zusammen war, ein Umstand, der ihnen überhaupt nicht gefiel. Mit 19 Jahren stand für mich fest, dass ich aus diesem spießigen Muff endlich rausmusste. Es war Zeit, zu gehen und endlich ein eigenes Leben anzufangen. Frei von jeglichen Ansagen, Kommandos oder Ermahnungen.

Bereits im ersten Semester fand ich eine Bleibe am Wiener Platz. Nichts Großes, aber für mich groß genug. Als ich den Mietvertrag unterschrieb, war mir klar, dass das zu Hause Ärger geben würde. Einige Tage schob ich es vor mir her, meinen Eltern reinen Wein einzuschenken. Immer wieder wälzte ich die Gedanken hin und her, wie ich es ihnen am besten beibringen sollte. Aber es nützte ja nichts, die Sache hinauszuschieben, in zwei Monaten wollte ich meine erste Bude beziehen.

An einem Nachmittag im Frühjahr 1990 ließ ich dann die Katze aus dem Sack. Meine Eltern saßen in der Küche. Ihre Mienen verfinsterten sich zusehends.

Mein Vater brüllte: »Aus dir wird nie etwas! Du respektierst deine Eltern nicht und legst keinen Wert auf unsere Meinung. Du machst immer nur dein Ding. Du bist nicht mehr mein Sohn! Wundere dich nicht, wenn du am Ende auf der Straße landest. Du verlässt heute noch die Wohnung!«

Erbost stand er auf und verließ den Raum. Es war ihm ganz egal, wo ich in der Zwischenzeit unterkommen würde, ehe meine neue Unterkunft bezugsfertig würde. Meiner Mutter standen die Tränen in den Augen. Dennoch hielt sie eisern zu meinem Vater.

»Ich bin total enttäuscht von dir, Mustafa! Warum hast du den Mietvertrag unterschrieben?«

Das war's, mehr kam da nicht. Dass ich studierte, kümmerte meine Eltern wenig. Sie trauten es mir schlichtweg nicht zu, mich selbst zu finanzieren. Die Studiengebühren, der Lebensunterhalt, die Miete, der Strom – alles das Kuckuckswolkenheim eines Heranwachsenden ohne Sinn und Verstand.

Diskussionen führten zu nichts. Also nahm ich meinen großen olivgrünen Seesack, packte meine Habseligkeiten ein und zog von dannen. Im Flur rief ich ihnen nur noch zu, dass ich nun gehen würde – und weg war ich. Schweren Herzens fuhr ich mit der Straßenbahn über die Brücke ins Linksrheinische zu meiner Freundin, um dort die zwei Monate zu überbrücken, ehe mir meine eigene Wohnung in Mülheim offenstand.

Klar war ich traurig. Wer wäre das nicht gewesen? Von den eigenen Eltern abgelehnt, das mag keine Tochter, kein Sohn. Zugleich aber freute ich mich über diese Zäsur. Etwas Neues begann. Es war ein wichtiger Augenblick in meinem Leben, der etwas mit mir machen würde. Was genau, wusste ich noch nicht. Mit 19 Jahren nimmt man Abenteuer gerne an, ohne nachzudenken. Allerdings führte mein Alleingang dazu, dass der Kontakt zu meinen Eltern zwei Jahre lang völlig abbrach.

Anfangs war mir das egal. Zunächst einmal musste ich einen Job finden. Die Suche führte zu meinem großen Glück schnell zum Erfolg. In der Psychiatrischen Klinik in Köln-Merheim suchten sie einen Pflegehelfer. Das war zwar ein stressiger Job, der auch Nachtschichten mit sich brachte, aber er war für damalige Verhältnisse gut bezahlt. Mit 1300 Mark pro Monat konnte ich leicht mit den Anwaltssprösslingen an der Fakultät mithalten.

Fortan entwickelte ich einen genauen Zeitplan: Vier Tage in der Woche Uni und lernen, ein Tag Sport, die restlichen zwei Tage entfielen allein auf die Arbeit in der Psychiatrie. Mitunter schleppte ich mich nach einer durchwachten Nacht noch zu den Vorlesungen. Danach legte ich mich ein paar Stunden hin, um dann wieder zu pauken oder den Nachtdienst anzutreten. Das war kein Zuckerschlecken.

Ich arbeitete auf der Station 14, in der geschlossenen Psychiatrie. Die Patienten dort verhielten sich äußerst speziell. Als meine

Chefin mich herumführte und zum ersten Mal die dicken Holztüren aufschloss, dachte ich nicht an ein Krankenhaus, sondern an ein Gefängnis. Die Patienten flößten mir zunächst Angst ein. Viele waren bis oben hin vollgestopft mit Psychopharmaka. Die Medikamente veränderten ihre Gesichtsmuskulatur, bei vielen erschlaffte eine Wange und hing herunter. Große Augen, langsame Bewegungen – manche sahen aus wie Zombies. Ich brauchte einige Wochen, um damit zurechtzukommen. Der Job sah das Waschen von Patienten genauso vor wie die Essensverteilung und die Medikamentenausgabe.

Mitunter gelangten auch heikle Fälle auf die Station. Da war ein ungeheuerlicher Riese von einem Mann, der wurde immer mal wieder eingeliefert. Die Pfleger fixierten ihn nachts am Bett. Wenn wir nach ihm sahen, geschah dies nur mit mehreren Kollegen. Eines Nachts erwachte der Patient aus dem Schlaf. Fragend schaute er mich an.

»Was will denn der Türke hier?«

Als der Mann keine Antwort erhielt, begann er, an seinen Fesseln zu ruckeln.

»Macht mich los«, brüllte der Goliath, »sonst schlage ich alles kaputt!«

Natürlich machten wir ihn nicht los, sondern verabreichten ihm Beruhigungsspritzen, die ihn in den Dämmerschlaf versetzten.

Mit dem Jurastudium hatte ich meine Profession gefunden. Das Fach lag mir. Im ersten Semester avancierte Professor Hans-Joachim Hirsch zu meinem Vorbild, ein Spezialist für Strafrecht, dessen Vorträge mich fesselten. Der Mann konnte sehr plastisch erklären. Komplexe Sachverhalte erläuterte er anhand von Fällen. Zu ihm passte keine dröge Paragrafenreiterei. Häufig referierte er Fälle frisch aus der juristischen Praxis. Mich beeindruckte Hirsch als Rhetoriker – spritzig und mit viel Esprit. Kurzum: Ich habe ihn verehrt.

Eines Tages drückte mir in der Universität jemand einen Zettel in die Hand. Es handelte sich um die Einladung einer studentischen Verbindung zu einem abendlichen Vortrag meines so geschätzten Professors in ihrem Haus. Anfang des ersten Semesters hatte ich keine Ahnung von der politischen Ausrichtung solcher Korporationen. Ich wusste nichts von der Geschichte dieser Verbindungen, die sich alle zu den Prinzipien der Urburschenschaft von 1815 und deren Forderung nach einem einigen Deutschen Reich bekennen. Viele von ihnen sind, ausgehend von ihrer traditionellen deutschnationalen Ausrichtung, immer weiter in ultrarechtes Fahrwasser abgedriftet. Aber davon hatte ich nicht die geringste Ahnung, auch nicht vom Säbelrasseln bei »schlagenden Verbindungen« und vom Schmiss, den manche Burschenschaftler bei einem Fechtwettkampf davontrugen.

Mich interessierte in erster Linie der Vortrag meines Lieblingsdozenten. Also ging ich zu dieser Veranstaltung. Junge Männer – in Uniform, mit Studentenmützen und Schärpen als Burschenschaftler erkennbar – empfingen die Besucher am Eingang des schönen Altbaus. Die Veranstaltung fand im Konferenzraum statt. Das Publikum: ein Mädchen, ein Türke und 15 deutsche Studenten. Ich war ein wenig enttäuscht, denn der Professor bot nichts Neues. Sein Vortrag entsprach weitgehend der Einführungsvorlesung.

Nach einer Stunde endete der Vortrag. Die Veranstalter reichten Getränke und Häppchen. Ich brauchte mich nicht lange umzuschauen, um den wahren Zweck der Einladung zu erraten: Die Burschenschaftler wollten neue Mitglieder ködern. In Gesprächen mit den Neuankömmlingen boten sie Unterkünfte an. Wenn man der Verbindung beitrete, könne man einen finanzstarken Paten bekommen. Die Einzigen, die nicht angesprochen wurden, waren das Mädchen und ich, der Türke Mustafa Kaplan.

Es war nicht das einzige rassistische Ressentiment, das ich an meiner Kölner Alma Mater erlebte. Nie werde ich den Eklat an einem Tag im zweiten Semester vergessen. Ich saß in der Vorlesung des von mir so bewunderten Professors Hirsch. Der Hörsaal war proppenvoll. Wieder ging es um einen bestimmten Strafrechtsfall. Plötzlich landete mitten während der Vorlesung ein Papierflieger vor den Füßen des Professors. Hirsch stockte, betrachtete amüsiert das Fluggerät, um dann den Studentenstreich mit einer flapsigen Bemerkung zu parieren.

»Na denn, ist ja nicht so schlimm, die türkischen Putzfrauen werden den Hörsaal nach der Vorlesung ohnehin säubern.«

Wie bitte, was war denn mit dem los? Mit dieser Bemerkung hatte er bei mir einen ganz sensiblen Nerv getroffen – als hätte mich ein Leberhaken ausgeknockt. Ich war zutiefst betroffen; anfängliche Enttäuschung wich immer mehr der Wut. War das wirklich derselbe Hochschullehrer, den ich so sehr respektierte? Wie kam dieser Mensch überhaupt dazu, so verächtlich über türkische Putzfrauen zu reden? Was bildete sich dieser Kerl eigentlich ein? Meine Mutter hatte jahrelang in deutschen Haushalten geputzt, um uns durchzubringen – was war daran falsch?

Unbändiger Zorn stieg in mir auf. Ich musste raus. Sofort. Ich erhob mich, verließ hastig meinen Platz und schlängelte mich an etlichen Kommilitonen vorbei zum Ausgang. Alle Blicke folgten mir. Auf dem Weg zur Hörsaaltür musste ich vorne am Professor vorbei. Mit gesenkten Augen sagte ich mir: Geh weiter, Mustafa. Geh einfach weiter, bleib nicht stehen.

Professor Hirsch hatte eine Pause eingelegt und verfolgte meinen Abgang. Als ich kaum zwei Meter vor ihm angekommen war, konnte ich dann doch nicht anders und stellte unseren Lehrmeister spontan zur Rede. Mit bebender Stimme wandte ich mich an ihn.

»Warum haben Sie das über die türkischen Putzfrauen gesagt?«

Hirsch reagierte völlig perplex.

»Was erlauben Sie sich, hier meine Vorlesung zu stören?«

So eine lahme Reaktion brachte mich noch mehr zum Kochen.

»Sie sind ein Nazischwein!«, platzte es aus mir heraus.

Diese Bemerkung sorgte für großes Raunen im Hörsaal. Mit

hochrotem Kopf wandte ich mich ab, lief hinaus und knallte die Tür hinter mir zu.

»Sie sind ja geisteskrank!«, rief Hirsch mir noch nach, doch diese Worte kümmerten mich nicht mehr.

Erst draußen auf dem Gang sank mein Puls wieder auf Normalmaß. Dort wurde mir erst bewusst, was gerade geschehen war. Ich war komplett fertig. Immerhin hatte ich gerade einen meiner Professoren, der mich durch alle Klausuren rasseln lassen konnte, als Nazischwein beschimpft. Dieser Eklat konnte das Ende meiner äußerst kurzen Jurakarriere bedeuten. Schon hatte ich die drohende Relegation vor Augen und hörte andererseits die selbstgefälligen Sprüche meiner Eltern.

»Siehste, Mustafa, wir haben doch recht behalten. Du taugst nichts! Du schaffst es nicht!«

Als sich der rote Nebel vor meinen Augen lichtete, begann ich, mich selbst für meine harsche Schimpfkanonade zu schelten: Mensch, Mustafa, hast du sie noch alle? Musste das wirklich sein?

Die Zweifel verflogen allerdings schnell, als mich etwa 50 Vorlesungsteilnehmer auf dem Campus abfingen und mich wieder aufbauten. Auch sie hatten unter Protest die Vorlesung verlassen, weil der fremdenfeindliche Spruch unseres Professors völlig unakzeptabel war. Mich berührte der Zuspruch, denn das waren keine türkischen, sondern alles deutsche Kommilitonen. Dieser Umstand bestärkte mich darin, doch richtig reagiert zu haben. Daraufhin zogen wir zum Dekan der Fakultät. Unsere Beschwerde wurde zur Kenntnis genommen, gefolgt von der Zusage, man werde mit Professor Hirsch die Angelegenheit erörtern.

Im Anschluss daran kamen zwei Studenten auf mich zu und berichteten über den Ausgang der Vorlesung. Am Ende habe unser Hochschullehrer eingeräumt, dass die ganze Sache wohl »dumm gelaufen« sei. Und die Kommilitonen sollten mir doch ausrichten, dass er sich mit mir unterhalten wolle. Ich solle doch bitte in seine Sprechstunde kommen.

So machte sich eine ganze Gruppe auf zum Professor in das Kriminalwissenschaftliche Institut. Hirsch begrüßte uns an der Eingangstür und bat darum, dass sich bitte alle mal beruhigen sollten.

»Ich möchte mich mit dem jungen Mann allein unterhalten.«

Wir beide gingen dann in sein Büro, und umgehend begann Hirsch, sich zu erklären. Offen räumte der Strafrechtler ein, dass seine Äußerung despektierlich und völlig falsch gewesen sei.

»Ich habe weder Vorbehalte gegen Türken noch gegen andere Ausländer«, betonte er leicht zerknirscht. »Das war einfach blöd formuliert. Dafür entschuldige ich mich. Das werde ich in der nächsten Vorlesung auch noch mal klarstellen.«

Professor Hirsch hielt Wort, und das hat mich sehr beeindruckt. Ehrlich gesagt, überraschte mich diese Wendung der Dinge. Ich habe ihm das abgenommen. Da hatte sich jemand im Eifer des Gefechts verbal vergaloppiert, einfach mal einen Satz rausgehauen, ohne nachzudenken. Für mich war das Anlass genug, mich ebenfalls für meine Entgleisung mit dem »Nazischwein« zu entschuldigen. Nach einer Stunde standen wir auf und gaben uns die Hand. Die Sache war erledigt.

Nichtsdestotrotz trieb mich einige Semester die Sorge um, dass ich mir mit meiner Aktion den Unmut meiner Professoren zugezogen haben könnte. Immerhin war mein Ausfall längere Zeit ein Hauptthema an der juristischen Fakultät und auch darüber hinaus. Aber nichts dergleichen geschah.

Nach dem Eklat im Hörsaal engagierte ich mich in der politischen Arbeit gegen rassistische Ressentiments. Bereits als Student habe ich mir daher eins geschworen: Mustafa Kaplan, wenn du irgendwann als Anwalt arbeitest, schaust du nie auf die Hautfarbe oder Herkunft deines Mandanten.

Ein weiteres historisches Ereignis sollte mich politisch sehr prägen: der Zweite Golfkrieg. Im August 1990 hatte der damalige irakische Diktator Saddam Hussein das ölreiche Emirat Kuwait überfallen und annektiert. Anfang 1991 griff dann eine von den

USA angeführte Allianz mit dem Ziel der Befreiung des Golfstaates militärisch ein, und kurz darauf wurde im Lauf der Operation »Desert Storm« die irakische Armee zerschlagen. US-Luftstreitkräfte bombardierten unablässig die irakische Hauptstadt Bagdad. Insgesamt sollen 200 000 irakische Soldaten in dem Krieg ums Leben gekommen sein. Ein unabhängiges internationales Komitee zur Untersuchung von Kriegsverbrechen, einberufen vom ehemaligen Justizminister der USA, Ramsey Clark, und 22 Vertretern aus 18 Staaten, kam später zu dem Schluss, dass die USA in 19 Punkten gegen internationales Recht verstoßen hatten – etwa mit dem Einsatz verbotener Massenvernichtungswaffen und uranhaltiger Geschosse.

In diese unruhigen Zeiten fiel der Kölner Straßenkarneval. Wer aber wollte unter diesen Voraussetzungen feiern? Schunkeln angesichts der furchtbaren Bilder aus dem Kriegsgebiet verbot sich von selbst. Der »jecke Fasteleer« fiel aus; selbst der Rosenmontagszug, das Allerheiligste der Kölner, wurde abgesagt. Stattdessen versammelten sich Tausende von Kriegsgegnern zu einer großen Demonstration auf der Domplatte, darunter auch unsere linke Studentengruppe.

Oben auf der Bühne wechselten sich Redner mit Musikern ab. Die Stimmung wirkte elektrisierend. Es packte mich so sehr, dass ich meinem Freund Diego zuraunte:

»Hey, ich gehe jetzt auf die Bühne und werde etwas sagen.«

Verständnislos sah mich mein Kumpel an.

»Was willste denn da machen?«

»Na ja, ich sage, ich bin der Mustafa von der Kölner Uni und dass ich den Golfkrieg scheiße finde.«

Diego grinste zweifelnd.

»Die lassen dich doch nie da hoch.«

Aber ich ließ mich nicht beirren.

»Schauen wir mal.«

Wer so eine dicke Lippe riskierte, musste auch liefern. Also habe ich mich zur Bühne vorgewühlt und bin da rauf. Oben fragte mich dann einer der Organisatoren, wer ich denn sei. Um keine Antwort verlegen, schlug ich meinem Gegenüber klatschend auf die Schultern.

»Ich bin der Mustafa, Jurastudent aus Köln, der auch seine Meinung kundtun möchte.«

Man ließ mich durch. 15 Minuten habe ich über US-Präsident Bush Senior & Co. gewettert. Das Thema Krieg wühlte mich sehr auf.

Ich begann zu schreiben, gegen den Krieg, gegen den alltäglichen Hass, gegen das Unverständnis im menschlichen Miteinander. Für eine Antikriegsveranstaltung in der Aula entwarf ich ein Zwei-Personen-Theaterstück. Es handelte von zwei Soldaten, die sich feindlich gegenüberstehen. Der eine tötet den anderen und findet in dessen Taschen einen Brief an die Familie. Er liest den Brief und erkennt, dass der getötete »Feind« genauso ein Mensch war wie er selbst.

Damit nahm eine veritable Theaterkarriere ihren Lauf. Neben dem Studium verfasste ich Skripte für politische Theaterstücke. Anderthalb Jahre zogen wir mit der Aufführung von *Alma-Ata Unna* durch die Republik – ein Dreipersonenstück. Ich spielte Cengiz, einen türkischstämmigen Tankstellenbetreiber. Der Inhalt kam ziemlich gefühlsschwer daher: gebrochene Charaktere, Heimat, Rechtsextremismus und Liebe. Das Honorar konnte sich sehen lassen. 100 Mark pro Auftritt sprangen heraus; das reichte, um mein Studium und alles andere zu finanzieren. Nach ungefähr 50 Aufführungen hatte ich aber genug von dem Leben als schauspielernder Vagabund, der nebenbei Jura studierte.

Zuvor jedoch musste ich einen Nachfolger für meine Rolle finden. Schließlich kam das Stück sehr gut an. Der Produzent wollte mich daher nur dann gehen lassen, wenn ich adäquaten Ersatz fand. Mein Freund Fatih Çevikkollu war genau der Richtige; er hatte zwar null Schauspielerfahrung, allerdings lieferte er eine tolle Performance als Rapper auf der Bühne.

»Fatih, du schaffst das. Ich bin mir da sicher. Probiere es wenigstens aus«, beschwor ich ihn.

Nach längerem Zureden nahm er das Angebot an. Fatih spielte bei dem Stück dann noch mehrere Jahre lang mit. Das Theater gefiel ihm so sehr, dass er danach auf die Schauspielschule ging und seit Jahren erfolgreich als Comedian arbeitet. Erst kürzlich sagte Fatih zu mir lächelnd: »Du allein bist schuld, dass ich auf der Bühne stehe!« Ich bin ein großer Fan von ihm.

Schon während des Studiums zeigten sich meine Stärken: Meine Wissenslücken konnte ich gut verbergen, und dies gepaart mit dem Mut zum kursorischen Lernen. Die Balance zwischen Job und Studium funktionierte. Dazu gehörte aber auch ein gehöriges Maß an Disziplin. Schließlich wollte ich es ja auch meinen Eltern beweisen. Die sollten merken, dass der verlorene Sohn trotz aller Unkenrufe die Hürden meistern würde. Unter keinen Umständen sollten sie recht behalten. Dieser Gedanke trieb mich an.

Bis zum vierten Semester hatte ich keinerlei Kontakt zu meinen Eltern. Einzig meine ältere Schwester besuchte mich zuweilen in meinem Appartement. Sie war es auch, die das Eis zwischen mir und meinen Eltern schmelzen ließ und ein Essen im Familienkreis arrangierte. Der Abend verlief anfangs äußerst zäh. Meine Mutter nahm mich sofort in den Arm, mein Vater hingegen begegnete mir kühl und distanziert. Mit der Zeit lockerte sich das angespannte Verhältnis zumindest ein bisschen. Allerdings zweifelten meine Eltern bis zum Ende an meinem Erfolg, obwohl ich alle Hürden meisterte.

Neben dem Studium begann ich, als freier Journalist für den WDR-Hörfunk zu arbeiten. Meine Beiträge beschäftigten sich vor allem mit Diskriminierung, Rechtsextremismus und rechtlichen Fragen. Als Teil meines Referendariats absolvierte ich 1994 bei der Bundestagsfraktion der Grünen im Bundestag in Bonn ein sechswöchiges Praktikum. Dort lernte ich den gerade in den Bundestag gewählten ersten türkischstämmigen Abgeordneten Cem Özdemir kennen.

Danach nahm ich sein Angebot an, zweimal die Woche in seinem Bundestagsbüro zu arbeiten. Dort lernte ich alle führenden Politiker der Grünen persönlich kennen. Allerdings merkte ich schnell, dass die politische Arbeit mir nicht wirklich lag, so spannend die Zeit im Bundestag damals auch war. Zu viele Sitzungen bis in die Nacht, zu viele Schützengräben, zu viele Meinungen, zu viel Burn-out, zu wenig Ertrag.

Daher entschied ich mich für den Anwaltsberuf. Ich wollte ein Selfmade-Jurist werden, ohne nach der Pfeife eines Vorgesetzten tanzen zu müssen. Streiten für den Mandanten, für die gerechte Sache, für das Recht. Tja, so blauäugig stellte ich mir anfangs die Juristenwelt vor. Dass die Realität mitunter eine ganz andere ist, wollte mir damals nicht in den Sinn.

Auf das Erste folgte das Zweite Staatsexamen – plötzlich hatte ich es geschafft. Das war meine Art von *German Dream.*

Nach dem bestandenen Zweiten Staatsexamen war klar, dass ich mit Diego am Abend feiern ginge. Er wohnte damals mit seiner Mutter in einer Zweizimmerwohnung in der Altstadt. Als ich ihn von zu Hause abholte, waren auch seine Mutter und seine Tante da. Die Tante konnte kaum Deutsch. Die arme Frau hatte optisch ausgerechnet eine große Ähnlichkeit mit dem französischen Kultkomiker Louis de Funès. Diego erklärte ihr auf Spanisch den Grund für unsere Feierabsicht. Sie schaute mich an und sagte kurz und knapp: »*El Turco!*« Der Türke!

Sie kriegten sich vor Lachen kaum ein. Erst später erfuhr ich, dass dies eine Anspielung auf den ehemaligen argentinischen Präsidenten Carlos Menem war. Weil Menems Familie Anfang des 20. Jahrhunderts aus dem damals zum Osmanischen Reich gehörenden Syrien nach Argentinien ausgewandert war, nannte man ihn El Turco. Und weil auch Menem Jura-Absolvent war, nannte Diegos Tante mich ebenfalls El Turco. Seit dieser Zeit nennt mich Diegos Familie scherzhaft nur noch El Turco.

Als ich meinem Vater davon berichtete, dass ich nun Volljurist war, schien ihm die Bedeutung immer noch nicht klar zu sein.

»Was heißt das jetzt? Bist du jetzt Anwalt?«, fragte er ungläubig.

Ich nickte.

Nun war ich ein Avukat in Almanya. Ein Studierter mit Abschluss, der erste in der Familie. Mein Vater legte mir eine Hand auf die Schulter. Es war das erste Mal, dass er sich zu einer solch herzlichen Geste hinreißen ließ. Stolz lächelnd, sagte er nur ein Wort: »*Aferin.*« Das heißt: »Gut gemacht!« Und ab diesem Moment vollzog er eine 180-Grad-Wendung. Vergessen waren all der Streit, die Dispute und Beschimpfungen. Unsere Beziehung wurde beinahe täglich enger, und heute ist er für mich der Papa, den ich mir immer gewünscht hatte. »Früher oder später werdet ihr zueinanderfinden«, hatte mir Dede zwanzig Jahre zuvor prophezeit. Er sollte recht behalten.

4 Die Angst vor dem ersten Prozess

Nun war ich plötzlich Anwalt. Das Studentenleben, das mir sicher auch noch eine gewisse Form von Welpenschutz gewährt hatte, war abgeschlossen. Aber ich wurde nun beileibe noch nicht mit den Härten der Anwaltstätigkeit konfrontiert, denn zunächst schloss sich das Referendariat an, mit den Stationen beim Gericht, bei der Staatsanwaltschaft, bei der Verwaltung sowie bei einem Strafverteidiger.

Eine zweite wesentliche Veränderung betraf mein Privatleben. Seit mehreren Jahren war ich bereits mit einer türkischen Kommilitonin befreundet, und 1997 sollten wir schließlich heiraten. Mit unseren Hochzeitsplänen wandelten wir zwischen zwei Welten. Meine Eltern stellten sich eine traditionelle Heirat vor, und obwohl meine zukünftigen Schwiegereltern westlicher eingestellt waren, bestanden auch sie darauf, mich und meine Familie gemeinsam kennenzulernen, bevor sie der Hochzeit zustimmten. Das gefiel mir überhaupt nicht, denn ein Stück weit fühlte ich mich entmündigt. Immerhin lebte ich schon seit mehreren Jahren nicht mehr bei meinen Eltern. Am liebsten hätte ich ohne den Familientross im Schlepptau meinen künftigen Schwiegereltern die Aufwartung gemacht. Aber es war ihr dringlicher Wunsch, und ich gab nach, um unnötigen Ärger zu vermeiden. Ansonsten aber beschritten wir unseren eigenen Weg. Folglich ließen wir uns nicht nach islamischem Ritus trauen, sondern gemäß den deutschen bürgerlichen Konventionen auf dem Standesamt. In ähnlicher Weise zelebrierten wir auch unsere Hochzeitsfeier. Am Ende gab es eine tolle Party mit vielen Freunden von der Uni. Wir tanzten und tranken mächtig – da ging echt die Luzie ab. Unsere Eltern wirkten auf dem Fest irgendwie verloren.

Bald darauf hieß es Abschied nehmen von unserer Lehrstätte. Nach dem bestandenen Zweiten Staatsexamen drängten wir Jura-Absolventen Ende der 1990er-Jahre in einen Anwaltsmarkt, der bereits völlig gesättigt war. Weit mehr als 100 000 Anwälte buhlten um Mandanten. Neulich habe ich gelesen, dass die Zahl aktuell bei weit über 150 000 liegt.

Wochenlang trieb mich die Frage um: In welche Richtung orientierst du dich jetzt? Ich wollte weder in den Staatsdienst noch in die Verwaltung. Ich bewarb mich auch bei keiner Anwaltskanzlei. Ich muss dazusagen, dass meine Noten nicht wirklich überragend ausgefallen waren.

Ein Ziel war natürlich klar formuliert: Ich wollte von meinem Beruf leben können, gut leben können. Aber niemand hatte uns an der Uni oder im Referendariat einen Leitfaden an die Hand gegeben, wie man ein guter Anwalt wird. Wie führt man Gespräche mit Mandanten? Was machst du, wenn jemand dich beauftragt? Wie gehst du mit ihm oder ihr um? Welche Taktik verfolgt man im Prozess und zu welchem Zeitpunkt? Konflikt oder Schmusekurs? Geständnis, Widerspruch oder Schweigen?

Mir war klar, dass ich – zumal als Einzelkämpfer – alle Probleme selbst lösen musste; bestenfalls würde mir eine Bürogemeinschaft helfen, das Wagnis ein wenig abzufedern. Meine Frau, die bereits mit einer Freundin in Köln-Mülheim ihre eigene Kanzlei leitete, hatte noch einen Raum in ihrem Büro frei – ein acht Quadratmeter großes Durchgangszimmer. Hier sollte also meine Anwaltskarriere beginnen. Nicht in einer jener wohlsituierten großen Kanzleien mit weiträumigem Empfang, teuren Teppichen und nobel ausgestatteten Konferenzräumen. Wir haben damals recht spartanisch angefangen. Schreibtisch und Stuhl kamen von Ikea; und ich musste mir natürlich auch einen Anzug anschaffen. Die Robe bezog ich noch über einen Branchendienst, aber mir fehlten die üblichen weißen Hemden und Krawatten fürs Gericht. Die besorgte ich mir im größeren Paket bei einem Textildiscounter. Mein Aufzug konnte sich natürlich nicht mit den Maßanzügen mancher Kollegen messen. Bei der Büroausstattung musste zunächst ein alter PC mit Drucker reichen. Visitenkarten und Briefkopf hatte ich selbst entworfen – dementsprechend schlimm sahen sie auch aus.

Anfangs machte ich mir weit mehr Sorgen über meine berufliche Zukunft, als ich es offen zugeben wollte. Damals gab es noch nicht so viele türkischstämmige Anwälte in Köln. Zunächst verfolgte ich notgedrungen die Trial-and-Error-Methode: Lerne durch die Praxis, lautete die Devise. Bei den ersten Gesprächen mit Mandanten habe ich mich zunächst recht schwergetan. Mein Gehabe schwankte mitunter zwischen forschem Auftreten und scheuer Zurückhaltung. Mir fehlte die Routine, um sehr unterschiedlichen Erwartungen hinsichtlich meiner Rechtsberatung gerecht werden zu können. Manchmal stimmte die Chemie sofort, und in anderen Fällen gelang es mir kaum, eine Verbindung zu meinem Mandanten aufzubauen. Und dann gab es viele Punkte, die mich damals sehr verunsicherten: Wird der Mandant merken, dass ich ein Anfänger bin? Wird er mich dennoch beauftragen? Natürlich stellten sich auch pekuniäre Fragen: Wie viel Vorschuss war angemessen? Sollte ich 50 Mark oder 500 Mark verlangen?

Kurzum: Der geborene Anwalt war ich keinesfalls. Der Gerichtssaal hatte nichts von einem Hörsaal. Dort gab es keine Noten, es wurde Recht gesprochen – und wenn es gut lief, zugunsten des Mandanten. Lief es nicht so gut, ging der Fall verloren.

Und ich musste mich erklären, nicht nur gegenüber dem Mandanten. Schlimmer noch: Ich hinterfragte mich kritischer, als ich anfangs im Prozess so manchen Zeugen in die Mangel nehmen konnte. Nicht immer gelang es mir, meine hochgesteckten Erwartungen an mich selbst auch zu erfüllen. Wie sollte ich auch, als Frischling im ersten Anwaltsjahr, der mit einem Fuß noch in der juristischen Fakultät steckte? Anfangs übernahm ich wirklich jeden Auftrag. Es ging querbeet durch das Rechtsanwaltshandbuch, von Mietauseinandersetzungen über Asyl- und Aufenthaltsverfahren bis hin zu Strafprozessen.

Mit Schrecken erinnere ich mich an meine ersten Auftritte vor Gericht. Anfangs beschritt ich bei jedem Termin juristisches Neuland und war extrem verunsichert. Da waren vor allem die Mandanten, die sich auf meine Kompetenz verließen, auf meinen Rat, meine anwaltlichen Künste, die sich anfangs mangels Erfahrung sicher als sehr bescheiden erwiesen. Nicht auszudenken, wenn ich aufgrund mangelnder Erfahrung meine Klienten enttäuschten sollte!

Trotz aller anfänglichen Zweifel boxte ich mich mit der Zeit durch. Dabei bezahlte ich viel Lehrgeld. Nie werde ich meinen ersten Zivilprozess vor dem Amtsgericht Leverkusen vergessen. Bei einem Nachbarschaftsstreit hatte mein Mandant Prügel bezogen. Sein Gegner hatte ihm die Nase gebrochen und einen Zahn ausgeschlagen. Im Strafverfahren bereits verurteilt, sollte der Täter nun Schmerzensgeld zahlen. Es gab nur ein Problem: Wie hoch sollte die Entschädigung ausfallen? Da konnte ich nur raten. Völlig ahnungslos klagte ich 1000 Mark ein. Die Summe kam aus dem Bauch heraus; meiner Einschätzung nach handelte es sich dabei um einen veritablen Betrag.

Zum Gerichtstermin nahm ich die S-Bahn nach Leverkusen. Während der Zug sich meinem Ziel näherte, fiel mir siedend heiß ein, dass ich ja noch meine weiße Krawatte binden musste. Das Erscheinen vor Gericht ohne das Ding wäre ein No-Go gewesen. Allerdings wusste ich nicht, wie man das Teil um den Hals drapierte. Hilfe suchend schaute ich mich um. Da begegnete mir der Blick einer älteren Dame.

»Wären Sie so freundlich, mir zu helfen?«, fragte ich etwas verzweifelt und deutete auf den Schlips in meiner Hand.

Die Frau lachte.

»Natürlich, kein Problem«, lautete ihre prompte Antwort, bevor sie dann die ersten Anweisungen erteilte. »Ziehen Sie mal das Sakko aus, das Hemd bitte zuknöpfen und den Kragen hochstellen!«

Flugs ging sie ans Werk. Während sie mir die Krawatte band, stieg mir die Röte ins Gesicht. Ich kam mir vor wie ein kleiner Schuljunge. Umso überschwänglicher fiel mein Dank aus. Die Frau hatte mich vor einem Fauxpas sondergleichen bewahrt.

Meine Nervosität steigerte sich. Es war mein erster Prozess, jetzt also sollte es gelten. Als ich zum ersten Mal die Robe anzog, beschlich mich ein ungutes Gefühl. Irgendwie fühlte ich mich fehl am Platz. Das Gewand schien mir vier Nummern zu groß, einfach ungewohnt. Gedankenkaskaden schossen mir durch den Kopf, während ich auf der Toilette kurz vor Prozessstart in den Spiegel schaute: Was nun? Bin ich das wirklich? Passt dieser Aufzug zu mir? Ich hatte das Gefühl, eher einen Anwalt zu spielen, als tatsächlich einer zu sein. Einerlei, Augen auf und durch! Mit diesen Zweifeln betrat ich dann den Gerichtssaal.

Vorne saß ein erfahrener Richter, auf der anderen Seite nahm ein älterer Kollege seinen Platz ein – der juristische Jungspund komplettierte das rheinische Trifolium. Gleich zu Beginn bekam ich schon mein Fett weg. Die mündliche Anhörung begann direkt mit einer Standpauke; mit strengem Blick wandte sich der Richter mir zu.

»Wieso haben Sie denn angesichts der massiven Verletzungen Ihres Mandanten ein derartig geringes Schmerzensgeld eingefordert? Kennen Sie die üblichen Tarife nicht?«

Der Rüffel saß. Perplex schaute ich den Richter an. Zum Glück musste mein Klient nicht zum Termin erscheinen; andernfalls hätte auch er gemerkt, dass ich mich wie ein Nichtschwimmer mitten im Meer verhielt. Aus den Augenwinkeln bemerkte ich, dass der gegnerische Rechtsanwalt inzwischen seine Arme verschränkt hatte und mich abschätzig musterte. Was für ein Anfänger, dachte er sich vermutlich. Achselzuckend blickte ich den Richter an. Mehr als ein »Ähm, vielleicht wollen Sie einen anderen Vorschlag machen?« kam nicht. Die anwaltliche Gegenseite lächelte amüsiert. Das war's. Letztlich einigten wir uns auf 3000 Mark Schadenersatz. Ein tolles Ergebnis. Mein Mandant feierte mich wie einen Helden, weil ich beim Gerichtstermin noch mehr Kohle herausgeholt hatte. Wohlweislich verschwieg ich ihm, dass dies allein auf das Wohlwollen des Richters und des gegnerischen Anwalts zurückzuführen war und nicht auf meine besonderen Verdienste.

Fortan ging es bergauf. Mundpropaganda tat ihr Übriges. Bald sprach sich herum, dass eine türkische Anwaltskanzlei neu eröffnet hatte und dass da ein Anwalt war, der sich um seine Landsleute kümmerte. Mülheim avancierte zum Hotspot türkischer Zuwanderer.

Und dann tauchten die ersten Leute aus meiner alten Jugendgang auf. Einige ehemalige Mitglieder der Peppies-Clique waren bereits aufgrund verschiedenster Delikte mit dem Gesetz in Konflikt geraten. Schnell wurde mir bewusst, dass ich nicht zum Allrounder taugte. So viele unterschiedliche Rechtsfelder mit so vielen unterschiedlichen Paragrafen und Kautelen überforderten mich. Heute ein Arbeitsrechtsfall hier, morgen ein Raub da – ständig beschlich mich der Eindruck, dass ich nur an der Oberfläche kratzte. Da der prozessuale Bogen überspannt wurde, fand ich mein Ziel nicht. Durch die überbordende Bandbreite der Juristerei fiel es mir schwer, in die Tiefen der einzelnen Materie einzusteigen, zumal mich die teils langwierigen Zivilprozesse mit all ihren Schriftsätzen hin und her anödeten.

Daher beschloss ich schon sehr früh, dass ich nicht als Wald-und-Wiesen-Anwalt enden wollte. Folglich musste ich mich spezialisieren. Für mich kam da nur das Strafrecht infrage. Der Bereich machte mir am meisten Spaß, da fühlte ich mich am besten aufgehoben – auch aufgrund meiner persönlichen Vita, denn es fiel mir nicht schwer, mich in die Gefühlswelt der Delinquenten hineinzuversetzen. Im Strafrecht konnte ich am meisten gewinnen. Es gab Gut und Böse. Hopp oder top. Hast du Ärger mit der Polizei, mit der Staatsanwaltschaft? Sitzt du im Knast? Dann gibt es nur einen, der dir aus der Patsche helfen kann. Das ist dein Strafverteidiger. Klingt sicherlich wie ein trivialer Werbespruch, trifft aber letztlich zu.

Mich reizte das Milieu. Einmal Unterwelt und wieder zurück, immer wieder aufs Neue. Viele Fälle gewährten Einblicke in einen teils unfassbaren Orbit von Gewalt, Niedertracht und krimineller Energie. Mitunter entwickelte sich der Fall aber auch ganz anders. Das Blatt wendete sich, der vermeintliche Gangster entpuppte sich als Unschuldslamm. Die Beweislage fiel in sich zusammen. Übrig blieb ein Torso, ein Wirrwarr widersprüchlicher Zeugenaussagen. Und nichts ist schöner für unsereinen, als wenn am Ende des Verfahrens ein Freispruch steht – zumindest aber ein weitaus milderes Urteil als vorher gedacht.

Da lebte noch eine Spur meines Traums vom Menschenrechtsanwalt auf, vom Streiter für die einen oder anderen, die womöglich zu Unrecht verfolgt wurden. Mich faszinierten die realen Kriminalfälle. Etliche waren weitaus spannender als der sonntägliche *Tatort* – wobei hierzu, ehrlich gesagt, nicht viel gehört.

Zugleich hatte ich es mit einer ganz speziellen Klientel zu tun, mit einem nicht alltäglichen Spektrum menschlicher Abgründe. Auch wenn sich vieles abnutzte oder häufig wiederholte, fesselt mich bis heute ein Mord mehr als ein millionenschwerer Erbstreit. Ich will wissen, wie meine angeschuldigten Mandanten ticken; ich will ihr Motiv ergründen, mich reinfuchsen in den Fall, um womöglich am Ende im Prozess mehr aufzuklären als im Vorfeld die Schlaumeier von der Polizei und der Staatsanwaltschaft.

In meinem Job ist es wichtig, keine Berührungsängste zu zeigen, auch wenn die Delinquenten äußerst gefährlich wirken. Wer die Sache unvoreingenommen angeht – und sei sie noch so schlimm –, schlägt den richtigen Kurs ein. Der Blick aufs Detail ist eminent wichtig, akribische Aktenkenntnis ohnehin. Stets begleitet von den Fragen: Wo kann ich angreifen? Was ist rauszuholen? Muss ich etwa kleinlaut die Waffen strecken?

Meine Entscheidung für die Strafverteidigung haben mir meine ehemaligen Peppies-Kumpels erleichtert. Bald kursierte im Rechtsrheinischen die Kunde, dass da einer von ihnen Rechtsanwalt geworden sei. Ein Ex-Gangster firmierte nun als echter Strafverteidiger. Wow, das klang krass.

Für Leute, die ohnehin allen Organen der Justiz ablehnend gegenüberstanden, war dieser Umstand Vertrauensvorschuss genug. Die Kunden gaben sich die Klinke in die Hand.

»Hey, Peppie, schön, dich wiederzusehen, hast du Lust, unser Anwalt zu werden?«

Der Spruch war typisch für jene Zeit. Das Auftragsbuch listete zahlreiche Strafparagrafen auf: Zuhälterei, Drogenhandel, Steuerhinterziehung, Raub, Erpressung, Körperverletzung, Widerstand gegen Vollstreckungsbeamte, unerlaubter Waffenbesitz …

Mein erster Fall aus der Peppies-Clique hatte es in sich. Eine Messerstecherei in der Keupstraße in Köln-Mülheim. Mein Mandant hatte seinem Gegner in einer Kneipe den Bauch aufgeschlitzt. Aus der Untersuchungshaft heraus schrieb er mir einen Brief, in dem er mich bat, ihn zu verteidigen. »Wir kennen uns doch«, endete das Schreiben. Mein erster großer Strafrechtsfall bahnte sich an.

Es war Ende der 1990er-Jahre. Das Amtsenthebungsverfahren gegen Bill Clinton endete erfolglos. Bundesfinanzminister Oskar Lafontaine, damals noch SPD-Mitglied, trat wegen der Kursänderung der Bundesregierung verärgert zurück und trat später in die PDS ein, aus der sich die Linkspartei entwickelte. Meine Heimatstadt Köln richtete den Doppelgipfel der großen Industriestaaten aus. Die Rheinmetropole lebte wochenlang in einem Ausnahmezustand, weil sich alle wichtigen Politiker der führenden Wirtschaftsnationen dieser Welt einfanden. Für mich war all das aber reiner Polittrubel, ich hatte keinen Blick dafür. Mich interessierte einzig, wie ich den aktuellen Fall anging.

Letztendlich kam mir der Zufall zu Hilfe. Bei den weiteren Ermittlungen tauchten entlastende Videoaufnahmen auf. Demnach hatte sich die Auseinandersetzung auf die Straße verlagert. Die Kameras zeigten, dass mein Mandant erst dann sein Messer zückte, als sein Widersacher ihn mit einem Schlagstock angegriffen hatte. Ein Akt der Notwehr schien wahrscheinlich. Zunächst einmal hob das Gericht bei meinem Mandanten die U-Haft auf. Allein das war ein Riesenerfolg und sprach sich in der Szene schnell herum.

Natürlich freute ich mich, auch wenn da viel Glück mit reinspielte. Aber ich hatte wirklich etwas geschafft. Der Mann kam frei. Plötzlich fühlte ich mich groß wie ein Riese, der es allen gezeigt hatte. Dank meiner Verteidigung kam ein Mensch frei. Ein berauschendes Glücksgefühl machte sich breit. Mit einem dicken Grinsen nahm ich den Gerichtsbeschluss zur Kenntnis. Vielleicht war ich ja doch nicht so mies, wie der Amtsrichter in Leverkusen mir seinerzeit im Schadenersatzprozess unterstellt hatte. Die positive Nachricht schmeichelte meinem Selbstwertgefühl ungemein. Nichts beflügelt mehr als Erfolg. Und so war es hier auch.

Von da an gab es kein Zurück mehr. Es war nun klar, dass ich meine Berufung gefunden hatte: Strafverteidigung und nichts anderes. Mein erster Totschlagfall verlief im Ergebnis besser als erwartet. Auch wenn die Staatsanwaltschaft nach dem ersten Freispruch in die Berufung ging und es einige Jahre dauerte, stellte das Landgericht am Ende die Unschuld meines Mandanten fest.

Mein Erfolg kursierte im Milieu. Die Kunden rannten mir bald die Bude ein. Dennoch musste ich noch vieles lernen. Eine

Maxime lautete: Respektiere das Gericht, die Staatsanwaltschaft, die Zeugen – damit sie dich auch respektieren! Ein weiterer Grundsatz: Stelle keine heiklen Fragen an Zeugen, wenn du nicht weißt, was sie antworten könnten. Stets schwingt die Gefahr mit, dass der Angeklagte noch schwerer belastet wird. Wichtig schien mir auch folgende Erkenntnis zu sein: Nie hyperaktiv werden! Veranstalte keine ineffiziente Betriebsamkeit. Nimm die Deckung hoch. Greife nur dann an, wenn du glaubst, über entsprechende Munition zu verfügen. Besetzungsrügen, Befangenheits- oder Beweisanträge, die keinen sachlichen Hintergrund haben, sondern nur als juristische Nebelkerzen dienen, um beispielsweise das Verfahren in die Länge zu ziehen, sollten nicht inflationär zum Einsatz kommen. Richter lassen sich nur ungern auf der Nase herumtanzen.

Aber wehe, wenn das Gericht mir einen Grund liefert, einen Befangenheitsantrag zu stellen! Wehe, wenn etwa die Strafkammer mich bei meiner Befragung der Zeugen unterbricht! Wehe, wenn sich die Richter mir oder meinem Mandanten gegenüber respektlos verhalten! Wehe, wenn ich merke, dass das Gericht mit meinem Mandanten einen »kurzen Prozess« machen möchte! Es ist doch klar: Sowohl ich als auch die Richter haben bereits vorher eine Vorstellung, wie die Verhandlung verlaufen sollte. Wenn deren Plan mit meinem Plan übereinstimmt, dann haben wir kein Problem. Wenn aber der Plan des Richters zu meinem Plan im Widerspruch steht, dann gilt die Aussage des ehemaligen Schwergewichtsweltmeisters Mike Tyson: »Everyone has a plan, until they get punched in the face!« (»Jeder hat einen Plan, bis er eins auf die Fresse bekommt!«) Wenn also das Gericht dich und deinen Mandanten nicht respektiert, dann heißt es: Feuer frei! Sie sollen noch lange an diesen Tag denken. Wenn mir das Gericht eine Steilvorlage für einen Befangenheitsantrag liefert, lasse ich mich nicht lange drum bitten. Was muss, das muss!

Wichtig ist, dass man als Verteidiger von Anfang an Stärke zeigt. Machen wir uns nichts vor: Oft hat der Richter, der die

Anklage im Zwischenverfahren zugelassen hat, sich in dem Fall bereits eine Meinung gebildet. Der Staatsanwalt steht als Ankläger ohnehin nicht auf meiner Seite. Und dann kommt Mustafa Kaplan, der Verteidiger, quasi als Störenfried daher. Da muss man selbstbewusst auftreten, darf sich kein X für ein U vormachen lassen. Der Richter soll ruhig merken, dass er mit mir nicht so einfach Schlitten fahren kann. Andernfalls würde ich auf verlorenem Posten stehen.

Im Umkehrschluss heißt es aber auch, nicht auf Teufel komm raus den juristischen Krawallo herauszukehren. Um einen Begriff aus dem Motorrennsport zu bemühen: Der Verteidiger darf nicht überpacen, nicht übertouren. Ein fein geführtes Florett sticht im Gerichtssaal besser als ein grobmotorisch geschwungenes Schwert. Und so musste ich lernen, mich zu bremsen. Oft habe ich mir erfahrene Kollegen mit ins Boot geholt. Von ihnen habe ich mir viel abgeguckt und war für jeden Rat offen, um die Dinge cleverer anzupacken. Wer immer den *Lonesome Cowboy* auf der Verteidigerbank abgibt, verliert schneller, als er denkt.

Gerade zu Beginn meiner Karriere brauchte ich zuweilen Hilfe. In jener Zeit wurde ein großes Drogenverfahren an mich herangetragen. Ein aus der Türkei kommender Lkw-Fahrer war mit 30 Kilogramm Heroin aufgegriffen worden. Die Beweislast schien erdrückend. Den Stoff hatten die Strafverfolger bei einer Fahrzeugkontrolle in einem Versteck gefunden. Bei dieser Menge standen sechs bis acht Jahre Gefängnis im Raum. Vielleicht sogar noch mehr.

Für mich war das Neuland. Wohlweislich hatte ich mir einen erfahrenen Kollegen mit ins Boot geholt. An einem Schuldspruch führte kein Weg vorbei. Mein Mitverteidiger aber schlug eine kluge Prozesstaktik vor: »Was wäre denn, wenn wir den Tatbestand auf Beihilfe zum Drogenhandel herunterbekämen?« Eine brillante Idee, durchfuhr es mich. Zwar beteuerte der Brummifahrer stets, er habe nichts von der Heroinladung gewusst. Aber in der Ermittlungsakte gab es auch seine eigenen Angaben bei der Festnahme gegenüber den Ermittlern, die den Schluss zuließen, dass er von der illegalen Ladung gewusst haben könnte. Oder lag womöglich nur ein Übersetzungsfehler vor? Denn der Mandant konnte kein Deutsch und die Ermittler kein Türkisch. Jedenfalls bot sich uns dadurch die Chance, die Sache ein wenig herunterzukochen. Mit meiner mangelnden Erfahrung wäre ich damals nie auf den Gedanken gekommen, auf Beihilfe zu verteidigen. Unsere Strategie führte zum Erfolg. Mit viereinhalb Jahren Haft war der Lkw-Fahrer wahrlich gut bedient.

Keine Frage, das Anwaltsdasein besteht vor allen Dingen aus Learning by Doing. Nicht nur detaillierte Aktenkenntnis spielt eine Rolle. Es muss immer klar sein: Welcher Zeuge hat wann was ausgesagt? Wo gibt es Widersprüche? An welcher Stelle lohnt es sich nachzufassen? Mitunter werden in der Anklage Behauptungen angeführt, die von keinem Beweis gedeckt sind. Da wundert man sich mitunter, wie das Gericht solch eine Anklage überhaupt zulassen kann.

Ebenso entscheidend ist das Gespräch mit dem Mandanten über die Verteidigungsstrategie, über den Plan für die Hauptverhandlung. Der Klient soll verstehen, warum man die Sache so angeht und nicht anders. Und: Er muss damit einverstanden sein. Andernfalls entstehen Konflikte, und das Ganze läuft aus dem Ruder.

Oft bin ich nach einer langen Hauptverhandlung ziemlich erschöpft – als hätte ich gerade mehrere Runden Sparring absolviert. Immerhin geht es hier um Menschen, in der Hauptverhandlung spielt die Musik. Der Strafverteidiger ist der akribische Beobachter, er muss stets aufnehmen, was der Zeuge sagt, was der Staatsanwalt meint, wie der Richter reagiert. Manchmal kommt es mir so vor, als müsste man eine Kamera mit zehn unterschiedlichen Objektiven bedienen. Wenn ich nicht aufpasse und unverzüglich strafprozessual einschreite, kann es zu spät sein. Besonders sensibel reagiere ich, wenn Richter oder andere Prozessbeteiligte versuchen, auf meine Verteidigung oder den Angeklagten neben mir Einfluss zu nehmen. Dann wird es auch mal laut, mitunter auch aggressiv, denn so etwas geht gar nicht – zumal der Mandant sehr genau beobachtet, ob ich mir auf der Nase herumtanzen lasse oder nicht. Ein schwacher Auftritt mindert das Vertrauen, dann hat man als Anwalt verloren. Dies erschwert das Mandatsverhältnis. Das gilt auch für den Fall, dass ein Kuschelkurs mit dem Gericht angesagt ist, weil es andernfalls nur noch schlimmer für den Angeschuldigten werden kann. Mal musst du dealen, mal soll es Kontra geben, mal musst du einen Kompromiss eingehen und mal auf eine Konfliktstrategie setzen. Das hängt vom jeweiligen Fall ab, vom Spielraum, den die Beweiskette zulässt, oder vom Findungsreichtum des Verteidigers.

Im Laufe der Jahre sind so manche strafrechtliche Kniffe zur Routine geworden, an die ich in meiner Lehrzeit keinen Gedanken verschwendet hätte. Wenn ich an meine ersten Auftritte auf der Verteidigerbank zurückdenke und sie mit dem aktuellen Repertoire meiner Verteidigungsstrategien vergleiche, liegen Welten dazwischen. Während ich früher manchmal gezögert habe, gehe ich inzwischen keinem strafprozessualen Konflikt aus dem Weg. Nach wie vor macht es mir ungeheuren Spaß, mitunter die Rampensau zu geben. Das liegt auch nicht jedem, dem Gericht nebst Anklägern in scharfem Ton zu widersprechen – einfach mal auf den Putz zu hauen, um den eigenen gegenteiligen Ansichten und Analysen Gehör zu verschaffen.

Allerdings sollte man bei solchen Gelegenheiten Gefühle, etwa Wut oder Ärger, ausblenden. Zu sehr besteht die Gefahr, sich zu verplappern oder einen Spruch herauszuhauen, der dem Mandanten eher schadet. Und so habe ich auch gelernt, kontrolliert laut zu werden. Wenn mein Gegenüber die Tonlage forciert, hebe ich ebenfalls meinen Stimmpegel.

Zugleich gilt es, den Mandanten zu beruhigen. Wenn's laut wird und das Gericht sich ungnädig zeigt, dann muss der Angeklagte wissen, dass deshalb sein Fall nicht automatisch den Bach runtergehen wird. Da heißt es, die Ruhe zu bewahren. Für den

Angeschuldigten ist das nicht immer einfach, vor allem dann nicht, wenn es um Sexual- oder Tötungsdelikte geht.

Als Verteidiger brauche ich die nötige Beinfreiheit, um zum rechten Zeitpunkt Kontra geben zu können. Für mich ist die gerichtliche Auseinandersetzung gegessen, wenn die Sitzung zu Ende geht. Dann sollte wieder Frieden unter den Prozessparteien einkehren. Das ist wie beim Boxen; nach dem Kampf geben sich die Kontrahenten wieder die Hand. Und dann ist es gut. Allerdings erlebe ich leider häufiger das Gegenteil. Richter oder Staatsanwälte reagieren beleidigt, strafen einen tagelang mit Missachtung auf dem Gerichtsflur ab. Aber ich könnte nicht behaupten, dass ich wegen vergrätzter Richter oder Staatsanwälte schlaflose Nächte bekommen hätte.

Freunde haben mich schon oft gefragt, ob es mich denn gar nicht interessiere, ob mein Mandant unschuldig sei oder nicht. Meine Antwort wird kaum einen Juristen erstaunen: Für mich als Anwalt spielt es keine Rolle, ob der Angeklagte die Tat begangen hat. Das ist irrelevant. Mitunter macht man sich im Vorfeld des Prozesses Gedanken darüber. Aber davon hängt nicht ab, ob ich das Mandat übernehme.

Inzwischen bin ich mehr als 20 Jahre als Advokat tätig. Bis heute gilt es, je nach Fall zu entscheiden, welche Strategie fruchtet. Was nutzt da ein Konflikt, wenn die Beweislage eindeutig ist? Da hilft es auch wenig, einen Befangenheitsantrag nach dem anderen zu stellen oder in einem Vergewaltigungsverfahren ein weiteres Glaubwürdigkeitsgutachten bezüglich der Anzeigenerstatterin einzufordern und am Ende das Opfer im Zeugenstand unnötig mit peinlichen Fragen zum Geschehen zu quälen. Der Verteidiger mag sich vor Gericht prächtig produziert haben, allerdings einzig auf Kosten seines Mandanten, der dann im Urteil ein volles Pfund abbekommt. Natürlich kann es auch genau umgekehrt sein, das hängt aber auch vom Kampfeswillen des Angeklagten ab.

Für etliche Mandanten stellt ein Strafprozess eine große Belastung dar. Da sind einige dabei, die am liebsten bereits nach zehn Minuten aus dem Gerichtssaal flüchten würden. Pein, Scham, Angst – ganz gleich, welche Gefühle sie umtreiben, viele wünschen sich nur eines: dass es ja schnell zu Ende gehen mag.

Manchmal denke ich bloß: Mensch, wenn du ein paar Tage durchhältst, bekommen wir möglicherweise unsere Chance. Wenn der Klient aber trotz allen Zuredens auf einem schnellen Abschluss nebst Geständnis besteht, dann ist es so. Dann machen wir es genau so, und ich bin dann zufrieden. Einen Freispruch auf Teufel komm raus – gegen den Willen des Mandanten – anzupeilen, das gibt es bei mir nicht, denn dazu braucht es die Rückendeckung des Klienten.

Gewiss birgt das Leben in der Strafprozess-Arena einige Tücken und Fallen: Manche Mandanten lügen ihren Verteidiger auch dann noch dreist weiter an, wenn sie wissen, dass ihre Angaben mit den Akten überhaupt nicht übereinstimmen. In solchen Fällen gebe ich den Ankläger, mache Vorhaltungen und gehe sie konfrontativ an.

Nur zu gut erinnere ich mich an jenen älteren türkischen Mann, der beschuldigt wurde, seine Stiefschwiegertochter ins Auto gelockt, gefesselt und sie anschließend gewürgt zu haben. Als er sein Opfer offenbar tot wähnte, habe er Gas gegeben. Im letzten Moment sei es der jungen Frau gelungen, aus dem fahrenden Auto herauszuspringen.

Von Anfang an beteuerte der Tatverdächtige allerdings seine Unschuld. Beinahe gebetsmühlenartig fabulierte er über ein Familienkomplott seiner Frau, seines Stiefsohnes und der Anzeigenerstatterin. Zum Tatzeitpunkt wollte der Beschuldigte in einem Café im Erftkreis gewesen sein und sich ein Fußballspiel aus der türkischen *Süper Lig* angeschaut haben. Es gebe Zeugen dafür, so seine Darstellung.

Zunächst schenkte ich seinen Ausführungen Glauben. Ein Blick in die Ermittlungsakte weckte jedoch massive Zweifel. So hatten die Ermittler im Auto des Tatverdächtigen einzelne Haare der jungen Frau gefunden. Zugleich fanden sich weitere belastende Spuren: Unter anderem wurde die Handtasche des Opfers in dem Wagen des Mandanten aufgefunden. Auf dem Rücksitz des Wagens wurden auch Urinspuren der Geschädigten sichergestellt. Auweia, dachte ich mir, die Frau hat um ihr Leben gekämpft und vor lauter Angst in die Hose gemacht. Die Nachforschungen im besagten Café verliefen für meinen Mandanten ebenfalls desaströs. Ein Bekannter des Beschuldigten berichtete, dass mein Mandant erst kurz vor Ende des Spiels aufgetaucht sei. Insofern war sein Alibi geplatzt.

Mit der Akte in der Hand hielt ich ihm dann bei einem Gesprächstermin im Gefängnis all die Ungereimtheiten seiner Aussage vor.

»Schauen Sie mal, die gefundenen Beweise passen nicht zu Ihrer Aussage. Haare, DNA-Spuren, Urin, die Tasche, die Zeugenaussage aus dem Café. All dies widerspricht Ihren Angaben. Das sieht nicht gut für Sie aus.«

Meine Vorhaltungen verfingen nicht. Der Mann behauptete weiterhin, dass er nichts getan habe, sondern einer Familienintrige zum Opfer gefallen sei. Die Würgegeschichte sei frei erfunden, um ihn aus dem Weg zu räumen.

Tja, was machst du da als Anwalt? Offenbar wollte mir jemand hanebüchene Märchen als Wahrheit verkaufen. Der Mann begriff gar nicht, dass die objektiven Beweise ihn hundertprozentig überführten. Gleich mehrfach wies ich ihn darauf hin, dass seine Geschichte erlogen war.

»Ich glaube Ihnen nicht, was Sie mir erzählen. Und wenn dem so ist, kann ich Sie so nicht zu Ihrer Zufriedenheit verteidigen, denn ein Freispruch kommt hier nicht infrage.«

Meine Erklärung prallte an ihm ab wie an einer Gummiwand. Steif und fest blieb er bei seiner Aussage. Deshalb griff ich zur Notbremse. Umgehend bat ich den Vorsitzenden der Kölner Schwurgerichtskammer, mich vom Mandat zu entpflichten. Der aber ließ sich nicht erweichen. Er lehnte den Antrag ab. Ungern entlassen Richter Verteidiger aus ihrem Mandat, denn das könnte den Prozessbeginn hinauszögern, solange sich kein Ersatz findet.

Für mich wurde es nun ungleich schwieriger. Der Prozessverlauf erinnerte an einen wilden Ritt auf der Rasierklinge. Beinahe jeder Zeuge, der in der Hauptverhandlung auftrat, brachte meinen Mandanten der Haftzelle einen Schritt näher. Eine Aussage fiel belastender aus als die andere. Mit Engelszungen versuchte ich, auf den Angeklagten einzureden, endlich reinen Tisch zu machen, sodass wir womöglich eine mildere Strafe anstreben könnten. Nichts ging. Ein sturer Bock wäre diplomatischer gewesen als dieser Klient. Hartnäckig beharrte er auf seiner Version der Geschehnisse.

Ich steckte in einer Zwickmühle. Entgegen meiner Überzeugung nur auf Freispruch zu plädieren, hätte gegen alles verstoßen, woran ich glaubte. Außerdem hätte ich mich bei der Beweislage der Lächerlichkeit preisgegeben. Nach längerer Überlegung ersann ich einen Ausweg: Zu Beginn meines Plädoyers beantragte ich, wie von meinem Mandanten gewünscht, einen Freispruch, die restlichen 45 Minuten konzentrierte ich mich auf das Für und Wider der Beweisaufnahme und hob schließlich zum entscheidenden Satz an.

»Für den höchst unwahrscheinlichen Fall, dass die Strafkammer meine Ausführungen und Argumente anders wertet und den Angaben der Zeugen folgt, stelle ich den Antrag, nicht auf versuchten Totschlag, sondern auf gefährliche Körperverletzung anzuerkennen.«

Zufrieden nickte mir der Angeklagte zu, als ich wieder neben ihm Platz nahm. Er hatte gar nicht gemerkt, dass ich meiner Auffassung treu geblieben war.

Zwar hatte ich anfangs entgegen meiner Überzeugung auf Freispruch plädiert. Insofern konnte er mir nicht vorwerfen, ihn verraten zu haben. Zugleich aber hatte ich an meinen Ansichten festgehalten, die sich denn auch bewahrheiteten. Das Schwurgericht verurteilte den Stiefschwiegervater wegen versuchten Totschlags zu sieben Jahren und drei Monaten. Hätte er auf mich gehört, wäre es sicher besser ausgegangen. Aber er wollte nicht. Selbst schuld!

Für mich erwies sich meine Herkunft immer mehr als Vorteil. Viele türkische Kunden kamen zu mir, weil ich, wie sie betonten, einer von ihnen war – und das zahlte sich aus. Ressentiments bei Richtern oder Staatsanwälten habe ich nie erlebt. Nur die blöden Bemerkungen zweier Kollegen werde ich nicht vergessen. Der erste Witz war noch harmlos. Der Anwalt meinte, er habe mitbekommen, dass es nun mehrere türkischstämmige Anwälte gebe.

»Jetzt rotten sie sich zusammen«, frotzelte er und lachte schallend.

Mein ernster Blick und meine gerunzelte Stirn ließen ihn verstummen.

»Was meinen Sie damit?«, wollte ich wissen.

Schnell wurde ihm klar, was er für einen gequirlten Mist erzählt hatte. Umgehend legte er mir die Hand auf die Schulter und entschuldigte sich für seine »blöde Bemerkung«.

Die andere Äußerung war wirklich sehr schäbig. Ein Opferanwalt wollte mich offenbar mit der Frage vorführen, ob Metin Kaplan, der einstige »Kalif von Köln«, mein Verwandter sei. Der Kollege kam sich wahrscheinlich ungeheuer witzig vor, denn er untermalte seine provokante Frage mit einem breiten Grinsen. Augenzwinkernd schaute er in Richtung der zahlreich anwesenden Zuschauer, die amüsiert schienen.

Dazu muss man wissen, dass der Kölner Islamist in den 1990er-Jahren als Anführer einer extremistischen Gruppierung zu den größten Staatsfeinden der Bundesrepublik zählte. Nach seiner Verurteilung wegen eines Mordaufrufs gegen einen getöteten Rivalen in Berlin wurde er in seine türkische Heimat abgeschoben. Dort saß er wegen eines angeblich geplanten Terroranschlags mehr als zwölf Jahre hinter Gittern, ehe ein Gericht ihn im Wiederaufnahmeverfahren von den Vorwürfen freisprach.

Die provozierende Frage des Kollegen beantwortete ich mit einem ernsten Gesichtsausdruck.

»Ja, das ist mein Onkel, aber er möchte seit Jahren keinen Kontakt mehr zu mir. Ich bin ihm zu radikal«, entgegnete ich.

Stille. Mein Gegenüber schaute konsterniert zu mir herüber, ich setzte ein Pokerface auf und ließ ihn noch eine Weile zappeln.

»Nein, Spaß beiseite«, löste ich die Situation dann schließlich auf. »Aber doofe Fragen verlangen nach doofen Antworten.«

Natürlich hatte ich nichts mit dem Kalifen von Köln zu tun. Wäre ja noch schöner.

Langsam, aber sicher kannte ich mich im Strafrecht immer besser aus und konnte meine anwaltlichen Strategien besser konzipieren. Ich hatte mich gewissermaßen mit der Klaviatur vertraut gemacht und begann, meine ersten Etüden zu spielen. Manchmal gelang mir das Crescendo eines Konzerts, und am Ende des letzten Satzes kam mein Mandant frei.

So geschehen bei Mehmet P. Seine in Istanbul lebende Schwester hatte mich kontaktiert und gebeten, ihren Bruder aus dem Gefängnis zu holen. Ein schwieriger Fall. Mehmet saß bereits einige Zeit in U-Haft, als ich das Mandat übernahm.

Der Kfz-Mechaniker hatte nach einem Streit mit einem Kollegen und seinem Chef durch die Tür seiner Stuttgarter Wohnung auf die beiden geschossen. Der Chef wurde durch ein Projektil getroffen und verletzt. Auslöser war ein Streit wegen des Gehalts. Mehmet hatte nur unregelmäßig Lohn von seinem Arbeitgeber erhalten. Deshalb hatte er beschlossen, nicht mehr zur Arbeit zu erscheinen. Anrufe seines Chefs ignorierte der Handwerker. Wutentbrannt suchte der Chef der Werkstatt in Begleitung eines Angestellten Mehmet P. zu Hause auf. Ein Wort gab das andere, ehe der Firmeninhaber, ein Kampfsportler, dem renitenten Mechaniker zwei Zähne ausschlug. Blutverschmiert gelang es dem Opfer, die beiden rauszuwerfen, die sich allerdings nicht so leicht verscheuchen ließen und im Treppenhaus stehen blieben. Geräusche an der Tür versetzten Mehmet in Panik. Da er fürchtete, dass die Schläger erneut in seine Wohnung eindringen könnten, griff er zur Pistole und schoss durch die Wohnungstür.

Auf meinen Antrag hin fertigte ein ballistischer Sachverständiger ein Gutachten an. Dieser Schachzug sollte letztlich zum Erfolg führen. Der Experte kam zu dem Schluss, dass Mehmet nicht gezielt eine Person verletzen oder gar töten wollte. Durch die Tür habe das Projektil an Geschossenergie verloren, sodass keine Lebensgefahr für Chef und Kollegen bestanden habe. Einschränkend wies er allerdings darauf hin, das Opfer hätte dennoch sterben können, wäre das Geschoss ihm ins Auge eingedrungen.

In erster Instanz verhängte das Landgericht Stuttgart wegen versuchten Totschlags und gefährlicher Körperverletzung vier Jahre Freiheitsstrafe. Mehmet schien zunächst zufrieden zu sein und wollte den Schuldspruch schon annehmen. Doch ich redete ihm gut zu, denn das Ganze behagte mir nicht. Ich war der Meinung, dass mein Mandant ohne Tötungsvorsatz gehandelt hatte. Somit fragte ich ihn, ob er mit mir das harte Programm durchziehen wolle. Mein Vorschlag lief darauf hinaus, in Karlsruhe beim Bundesgerichtshof (BGH) Revision gegen das Urteil einzulegen. Mehmet dachte kurz nach, bevor er zustimmte. Unser Begehren hatte Erfolg. Der BGH hob den Schuldspruch auf. Karlsruhe stützte sich dabei auf die Ergebnisse des ballistischen Sachverständigen.

Der Fall wurde zurückverwiesen nach Stuttgart, eine andere Strafkammer erkannte in zweiter Runde ebenfalls auf versuchten Totschlag, allerdings verringerten die Richter das Strafmaß um sechs Monate. Erneut riefen wir den BGH an, und der gab uns wieder recht. Ferner hob der Karlsruher Senat den Haftbefehl gegen Mehmet auf, sodass er am selben Tag das Gefängnis verlassen durfte.

Im dritten Durchgang beim Landgericht Stuttgart einigten sich die Verfahrensbeteiligten auf einen tragbaren Kompromiss; das Gericht befand auf gefährliche Körperverletzung. Die zweijährige U-Haft wurde mit der verhängten Strafe verrechnet. Mehmet hatte nichts mehr zu befürchten, er war nun ein freier Mann. Was für ein Erfolg! Mit stolzgeschwellter Brust verließ ich den

Gerichtssaal. Das Durchhaltevermögen meines Klienten hatte uns den Sieg davontragen lassen. Und das ausgerechnet in Süddeutschland. Gerade den Richtern in Stuttgart und München eilt nämlich der Ruf voraus, härter zu urteilen als im Westen der Bundesrepublik oder in Berlin. Allerdings zeichnet sich in jüngster Zeit diesbezüglich ein Wandel ab. Mildere Urteile scheinen nun auch bei der einst so liberalen rheinischen Justiz nicht mehr durchweg gängig zu sein. Mitunter hat man den Eindruck, dass gerade die jüngeren Richter und Richterinnen eher dem süddeutschen Modell folgen wollen.

Dabei geht es aus meiner Sicht nicht darum, dass die Gerichte scharf urteilen oder nicht. Für mich ist ein guter Richter derjenige, der ein transparentes Verfahren führt, der nicht hinter meinem Rücken mit der Staatsanwaltschaft mauschelt oder sich bereits zu Prozessbeginn erkennbar voreingenommen zeigt. Zugleich erwarte ich einen fairen Umgang mit den Verteidigern. Wenn sich da einer aufplustert und versucht, die Anwaltsseite kleinzumachen, hat er in meinen Augen verloren.

Dies geschieht vor allem, wenn die Justiz sich zu sehr auf psychiatrische und psychologische Gutachter verlässt. Mahmut A. ist so ein Fall. Wie so oft bei Sexualdelikten stand vor der Kölner Strafkammer auch in seiner Sache Aussage gegen Aussage.

Der Angeklagte lernte über Social Media eine Frau kennen. Man traf sich, fand zueinander und landete im Bett. Nachdem sich beide dann wieder getrennt hatten, verständigte die Frau über ihre Freundin die Polizei. Mahmut sollte sie vergewaltigt haben, lautete der Vorwurf. Selbst die Ermittler hegten erhebliche Zweifel an der Aussage. Mahmut wurde festgenommen, kam aber nach wenigen Stunden aufgrund widersprüchlicher Angaben der Anzeigenerstatterin wieder frei.

Die Ermittlungen liefen allerdings weiter. Die Staatsanwaltschaft beauftragte eine Aussagepsychologin mit der Befragung des mutmaßlichen Opfers. Die Gutachterin kam zu dem Ergebnis, dass die Angaben der Frau glaubhaft waren. Es folgte das

Übliche: Anklage, Prozess. Für mich war klar: Wenn mir nichts Cleveres einfallen sollte, standen meinem Mandanten einige Jahre Gefängnishaft bevor.

An diesem Punkt beschreiten wir ein problematisches Feld. Gerade psychiatrische Gutachter nehmen inzwischen enormen Einfluss auf das Strafverfahren. Zunehmend spezialisieren sich große Institute auf den Bereich forensische Psychiatrie. Allerdings kungeln diese Einrichtungen allzu gern mit der Staatsanwaltschaft, um Aufträge zu organisieren. Häufig beauftragt die Anklagebehörde bereits im Ermittlungsverfahren psychiatrische Sachverständige, um den Beschuldigten auf seine Schuldfähigkeit zu untersuchen oder die Glaubwürdigkeit von Zeugen und Opfern zu beurteilen. Die Institute hängen allzu häufig am finanziellen Tropf der Justiz. Im Umkehrschluss bedeutet dies mitunter, dass die eingeholten Gutachten häufig nur einseitig die Anklageschrift stützen. Schließlich will man nicht von der Auftragskette abgekoppelt werden, wenn man den Tatverdächtigen in ein allzu günstiges Licht rückt.

Bei Mahmut fügte es sich glücklicherweise so, dass wir auf einen sehr erfahrenen Vorsitzenden beim Kölner Landgericht trafen. An jedem Sitzungstag war spürbar, dass er sich noch keine abschließende Meinung gebildet hatte. Ein Hoffnungsschimmer, der sich bald zum Wetterleuchten ausweitete, denn im Zeugenstand verstrickte sich das vermeintliche Opfer zusehends in Widersprüche. Der WhatsApp-Verkehr mit ihrer Freundin während der Zusammenkunft mit meinem Mandanten legte nahe, dass die Frau gelogen hatte: »Ich bin total aufgeregt. Bin jetzt im Badezimmer, mache mich gerade frisch. Scheint echt ein netter Kerl zu sein.« Vehement stritt sie den Chatverkehr ab. Die Mobilfunkdaten hingegen bewiesen genau das Gegenteil.

Dann wurde es richtig peinlich: Steif und fest behauptete die Zeugin, noch Jungfrau gewesen zu sein, als mein Mandant sie angeblich missbraucht hatte. Wir prüften diese Aussage nach. Es stellte sich heraus, dass die Frau vor dem vermeintlichen sexuellen Übergriff bereits Beziehungen mit zwei anderen Männern unterhalten hatte. Uns gelang es, ihren ersten Freund ausfindig zu machen. Sein Auftritt wendete den Prozessverlauf komplett.

»Ich habe schon viele Erfahrungen mit Frauen gehabt, aber die hat nie genug bekommen«, sagte er im Zeugenstand aus.

Der Satz haute voll ins Kontor. Nach dieser Aussage erschien das angebliche Opfer nie mehr in der Hauptverhandlung. Notgedrungen musste die Aussagepsychologin ihr Gutachten revidieren. Auf neuem Kurs folgerte die Sachverständige, dass eine »bewusste Falschaussage nicht ausgeschlossen werden kann«. Mahmut wurde freigesprochen.

Vorsätzlich lügen ist das eine. Aber Zeugen, die sich irren und deshalb unbewusst die Unwahrheit sagen, sind die weitaus schwierigeren Fälle. Nun sind unsere Augen und Ohren nicht mit einer Kamera und einem Mikrofon zu vergleichen. Unsere Sinnesorgane sind viel komplexer und zudem mit unserem Gehirn verknüpft. Und unser Gehirn wiederum füllt die Lücken in unseren Wahrnehmungen selbstständig auf, ohne dass wir es merken. Dieser Vorgang hat Auswirkungen auf unsere Erinnerungen. Jedes Mal, wenn wir eine Erinnerung von Neuem abrufen, wird die originäre Erinnerung verfälscht und neu abgespeichert – auch das merken wir nicht. Wir unterliegen also nach jeder verfälschten und neu abgespeicherten Erinnerung dem Irrglauben, dass wir uns absolut richtig erinnern.

Julia Shaw beschreibt das in ihrem Buch *Das trügerische Gedächtnis* sehr gut:

»Wir alle sind anfällig für die gleichen Arten von Erinnerungstäuschungen und überschätzen die Sicherheit unserer Erinnerungen. Und wir müssen anerkennen, dass allzu große Selbstgewissheit in Bezug auf unsere Erinnerungen nicht angebracht ist. Für mich ist diese Selbstgewissheit vielmehr oft ein Warnsignal. Achtung, diese Person ist sich vielleicht nicht ausreichend über ihre Wahrnehmungsverzerrungen im Klaren. Achtung, diese Person weiß vielleicht nichts von Erinnerungstäuschungen und Erinnerungs-

schwächen« (Julia Shaw, Das trügerische Gedächtnis – Wie unser Gehirn Erinnerungen fälscht, S. 180).

Ein Beispiel aus einem aktuellen Fall: Eine Zeugin sagte im Ermittlungsverfahren aus, dass sie mit ihrem Freund auf der Straße neben dem Auto gestanden und eine Kleinigkeit gegessen habe. In ihrem Rücken habe sie Hilfeschreie aus einem Lokal gehört. Aufgeschreckt habe sie sich daraufhin umgedreht und zwei, drei Männer an der Eingangstür vor dem Lokal gesehen. Zeitgleich habe sie dann ein Klappern an der Tür und einen weiteren Hilfeschrei gehört.

Was macht das Gehirn der Zeugin, die zufällig die oben beschriebene Situation wahrnimmt? Es verknüpft die einzelnen realen akustischen (Hilfeschreie und Türklappern) und optischen Wahrnehmungen (zwei, drei Männer an der Tür) zu einem »Gesamtergebnis«. Und so glaubt die Zeugin nun fest, dass das um Hilfe schreiende Opfer aus dem Laden herauswollte, die Männer aber die Tür von außen zuhielten und so die Flucht des Opfers vor seinen Peinigern drinnen verhinderten.

Durch kleinteiliges Nachfragen in der Hauptverhandlung konnte ich dann aber herausarbeiten, dass vielmehr Mann Nummer 1 von draußen in den Laden stürmen wollte, um das Opfer weiter anzugreifen, und Mann Nummer 2 – mein Mandant – ihn durch Zuhalten der Tür daran gehindert hat. Für meinen Mandanten war dieser Punkt enorm wichtig, weil dadurch Klarheit darüber verschafft werden konnte, dass er das Opfer zwar am Anfang geschlagen, dann aber beschützt hatte. Der größte Feind der Wahrheit ist eben nicht die Lüge, sondern der Irrtum. Deshalb mache ich der Zeugin überhaupt keine Vorwürfe, ihr Gehirn hat ihr offensichtlich einen Streich gespielt.

Die berühmte US-amerikanische Psychologin Elizabeth F. Loftus, die sich mit der Glaubhaftigkeit von Zeugenaussagen beschäftigt, hat einmal gesagt: »Unser Gedächtnis arbeitet ein bisschen wie Wikipedia: Sie können es aufrufen und es verändern, aber andere können das auch.«

Bis heute machen türkische Mitbürger die Hälfte meiner Mandanten aus. Viele von ihnen suchen mich auf, weil sie denken: Du bist einer von uns. Das ist ein Vorteil. Mundpropaganda sowie das Plus, Türkisch zu sprechen, schaffen mehr Vertrauen. Natürlich weiß ich um die althergebrachten kulturellen Sitten – auch wenn ich sie nicht immer gutheiße.

Ein Paradebeispiel stellt die häusliche Gewalt dar. Leider kommt es noch immer häufig vor, dass türkische Männer ihre Frauen oder Töchter wegen angeblich unsittlichen Verhaltens schlagen. Sobald sie sich vor der Justiz verantworten müssen, tun sie sich schwer, einen deutschen Anwalt aufzusuchen. Und zwar einzig aus Furcht, dass dieser den Tatvorwurf missbilligen könnte. Nach meinen Erfahrungen ist die Gewalt gegen Frauen in türkischen Communitys hierzulande nach wie vor ein großes Problem. Gerade in konservativen Familien herrscht noch ein antiquiertes Frauenbild. Ich denke, dass die Dunkelziffer noch recht hoch ist. Vor dem Hintergrund scheinen türkischstämmige Männer zu glauben, es sei leichter, den Übergriff einem türkischen Landsmann zu beichten als einem deutschen Kollegen. Wohlgemerkt: Ich bringe überhaupt kein Verständnis für solche Gewalttaten auf, aber auch diese Menschen verdienen einen Anwalt.

Genauso wie der Vorstand der Islamischen Gemeinschaft Millî Görüş (IGMG), den ich mit einigen Kollegen in einem aufsehenerregenden Prozess vor dem Kölner Landgericht vertreten habe. Laut Verfassungsschutz wurde die Vereinigung von dem muslimisch-konservativen Necmettin Erbakan gegründet. Die auf 15 000 Mitglieder geschätzte Organisation verfolgt demnach innerhalb und außerhalb der Türkei politische Ziele. Der IGMG gehe es unter anderem darum, die westliche Zivilisation durch eine islamisch orientierte Gesellschaft zu ersetzen. Ob der Verfassungsschutz mit diesen Analysen richtigliegt oder nicht, war mir als Strafverteidiger gleichgültig. Als Privatperson aber zählt für mich die westliche Demokratie zu den besten Errungenschaften seit Menschengedenken.

Die Vorwürfe der Staatsanwaltschaft Köln gegen die damaligen Vorstandsmitglieder der IGMG fielen jedenfalls massiv aus: Es ging unter anderem um Betrug und Steuerhinterziehung in Höhe von mindestens 15 Millionen Euro. Zu Beginn standen drei Anklagen auf der Agenda, von denen zuletzt nur zwei zugelassen wurden. Für den Prozess hatte ich dann eine schlagkräftige Anwaltstruppe aus erfahrenen Verteidigern zusammengeführt. Fortan schmolzen die Vorwürfe sukzessive zusammen.

Nach 18 Monaten Hauptverhandlung, 80 Sitzungstagen und unzähligen Zeugenvernehmungen stellte die Wirtschaftsstrafkammer in Köln das Verfahren gegen einen der Angeklagten wegen Geringfügigkeit ein. Die restlichen vier Millî-Görüş-Funktionäre erhielten Bewährungsstrafen. Ein Riesenerfolg! Die Schadenssumme relativierte sich; sie sank auf 1,7 Millionen Euro – und das nur, weil die Angeklagten die verbuchten Rechnungen nicht genau überprüft hatten.

Obwohl ich mit der IGMG nicht verbandelt bin, glaube ich bis heute, dass es sich um einen politisch motivierten Strafprozess handelte. Da wollte die Staatsmacht wohl eine dieser »islamistischen Organisationen« mit allen Mitteln in die Schranken weisen. Hier wurde aus meiner Sicht nicht ergebnisoffen ermittelt.

Genau in diesem Fall ist mir wieder einmal klar geworden, wie wichtig es ist, juristische Grundsätze einzuhalten: Wir leben in einem Rechtsstaat. Nicht alle Mittel sind erlaubt. Auch – und gerade – Angeklagte haben einen Anspruch auf einen fairen Prozess. Mir ist es dann egal, ob die Angeklagten mit meinen politischen Überzeugungen übereinstimmen. Auch wenn wir in dieser Hinsicht völlig konträr denken, streite ich dann für diese Menschen, wenn es darum geht, drohendes Unrecht zu verhindern. Wenn ich das nicht mehr machen würde, dann müsste ich meine Robe abgeben.

Meldet man sich immer nur dann zu Wort, wenn die (behauptete) Ungerechtigkeit Menschen betrifft, die einem persönlich oder politisch nahestehen, dann bewegen wir uns lediglich in den jeweiligen ideologischen Schützengräben und trauen uns nicht heraus. Wenn uns die Sorgen und Ungerechtigkeiten der »anderen« nicht kümmern, dann sind wir insgesamt als verfasste Gesellschaft verloren. Dann haben wir alles aufgegeben, was dieses Land zusammenhält: Respekt, Empathie, Zuversicht, Liebe, soziales Gewissen – und einiges mehr.

5 Ein Anschlag auf die Seele – die NSU-Mordserie vor Gericht

9. Juni 2004. Der Nachmittag begann für mich mit einem Mandantengespräch. Von der Frankfurter Straße nahe dem Wiener Platz im Kölner Stadtteil Mülheim drang Autolärm nach oben ins Besprechungszimmer unserer Kanzlei. Kurz vor 16 Uhr erschütterte ein ohrenbetäubender Knall das Viertel. Erschrocken sprang ich auf und eilte ans Fenster. Das laute Krachen erinnerte an eine Explosion.

»Das muss ganz in der Nähe gewesen sein«, sagte ich meinem Besucher.

Hastig eilte ich zu meiner Frau und unserer Mitarbeiterin in die anderen Räume.

»Alles in Ordnung bei euch? Habt ihr den Knall auch gehört? Was war das? Ist bei euch etwas umgefallen?«

Kopfschütteln. Vorerst beruhigt, wendete ich mich wieder meinem Klienten zu.

Erst am Abend erhielten wir Gewissheit: 600 Meter Luftlinie entfernt hatten Attentäter in der Keupstraße vor einem türkischen Friseurladen eine selbst gebastelte Nagelbombe ferngezündet. Die Polizei berichtete über 22 verletzte Menschen. Wie durch ein Wunder war in der überwiegend von Türken und Kurden bewohnten Einkaufsmeile niemand ums Leben gekommen.

Etliche Geschäftsleute in der Keupstraße gehörten zu meinen Klienten, gelegentlich ging ich in einem der türkischen Lokale etwas essen. Fassungslos griff ich tags darauf zum Telefonhörer und rief einen Mandanten an, einen Schmuckhändler, der sein Geschäft nahe am Tatort hatte. Wider Erwarten nahm er sogleich ab.

»Hey, Mehmet! Wie geht es dir? Bist du verletzt? Was ist passiert?«

Vor lauter Besorgnis ließ ich den armen Mann erst mal gar nicht zu Wort kommen. Dann aber schilderte er mir das Geschehen in allen Einzelheiten. Sein Geschäft lag nicht weit entfernt von dem Friseurladen, vor dem der Sprengkörper explodiert war.

»Gesehen habe ich nicht viel«, erzählte mir der Geschäftsmann. »Ich war gerade auf der Straße, als es knallte. Zum Glück stand ich hinter einem Wagen, der mich geschützt hat.«

Wie durch ein Wunder hatte er keine körperlichen Blessuren davongetragen. Durch die Wucht der Explosion waren allerdings die Frontscheiben seines Geschäfts zu Bruch gegangen.

Der seelische Schock saß tief. Wie sich später herausstellen sollte, hatte die Explosion einer mit 5,5 Kilogramm Schwarzpulver und 800 Zimmermannsnägeln gefüllten Butangasflasche zu schweren Verletzungen unter den Passanten geführt. Die Frage war, wer dieses Attentat ausgeführt haben könnte. Wie der Juwelier auch glaubten etliche türkische und kurdische Bekannte aus der Gegend, mit denen ich seinerzeit über das Motiv des Nagelbombenanschlags diskutierte, eher an einen Gewaltakt in dem seit Jahrzehnten schwelenden Konflikt zwischen türkischen Rechtsextremisten der Grauen Wölfe und kurdischen Anhängern der in Deutschland verbotenen Arbeiterpartei PKK. Das Viertel rund um die Keupstraße gilt laut den Kölner Staatsschützern bis heute als Hotspot türkischer und kurdischer Extremisten. Immer wieder kam es in der Vergangenheit zu gewalttätigen Zusammenstößen.

Als weiterer möglicher Tathintergrund stand Schutzgelderpressung zur Debatte. Vielleicht hatte die türkische Mafia ihre Finger im Spiel. Ferner war im *Kölner Stadt-Anzeiger* zu lesen, dass der damalige Rotlichtpate von Köln, Neco Arabaci, häufiger den Friseursalon am Tatort aufsuchte. Galt ihm das Sprengstoffattentat? Die Gerüchte waberten allenthalben durchs Quartier. Linksgerichtete türkische oder kurdische Medien spekulierten gar über eine Geheimorganisation, die im Auftrag der Regierung in Ankara ein Attentat auf in Köln lebende Dissidenten verübt habe.

Kein Anwohner, mit dem ich seinerzeit gesprochen habe, wäre auf die Idee gekommen, dass zwei Neonazi-Killer das Blutbad angerichtet hatten. Genauso wenig wie die Ermittler bei Polizei und Staatsanwaltschaft. Bereits früh schloss der damalige Bundesinnenminister Otto Schily (SPD) einen rechtsextremistischen Terroranschlag aus. Ein fataler Irrtum, der das gesamte Staatsversagen bei den Nachforschungen gegen die tatsächliche Mörderbande offenbarte. Nach einigen Wochen verlor ich den Fall ein wenig aus den Augen und ging schon bald wieder zur Tagesordnung über.

Sieben Jahre später folgte der nächste Schock. Am 4. November 2011 stellte sich heraus, wer die Nagelbombe gezündet hatte: Nach einem Überfall auf eine Sparkasse in Eisenach hatten sich die militanten Neonazis Uwe Mundlos und Uwe Böhnhardt in einem Wohnmobil erschossen. Die Ermittler stellten in dem Caravan ferner Schusswaffen der ermordeten Polizistin Michèle Kiesewetter und ihres schwer verletzten Kollegen sicher. Beate Zschäpe, die Komplizin der beiden Männer, hatte die gemeinsame Wohnung in Zwickau abgefackelt und war nach tagelanger Flucht verhaftet worden. In der Wohnung fanden sich Bekennervideos der rechtsextremen Terrorgruppe Nationalsozialistischer Untergrund (NSU), Fotos der von ihnen ermordeten Migranten und Aufnahmen zu Anschlägen wie jenen in der Keupstraße. Ein monströses Verbrechen, das die Republik in tiefe Zweifel an der Stabilität der demokratischen Grundordnung stürzte.

Ich saß im Auto, kam gerade von einem Gerichtstermin, als ich die Nachricht im Radio hörte. Nervös geworden, hielt ich bei der nächsten Gelegenheit an. Mist! Was ist denn da los, in was für einem Land leben wir denn? Ich konnte es nicht fassen, dass eine braune Terrortruppe über Jahre hinweg meist türkischstämmige Menschen ermordet und fremdenfeindliche Bombenanschläge begangen hatte. Wie war das möglich, dass die deutschen Behörden die ganze Zeit nichts mitbekommen hatten? Wie konnte das sein? Du lebst doch in Deutschland und nicht in irgendeiner Bananenrepublik, dachte ich mir.

Die Nachrichten überschlugen sich. Offenbar hatte die gesamte deutsche Terrorabwehr völlig versagt. Ein komplettes Desaster der Staatsorgane. Ich kam aus dem Kopfschütteln nicht mehr heraus. Tief bestürzt suchte ich nach Erklärungen. So etwas passierte doch nur in Ländern, in denen Repression und Willkür an der Tagesordnung waren – dort, wo ein Staat im Staat existierte, der manche Ethnien wie in der Türkei die Kurden oder linke Politiker unterdrückte, aber doch nicht hier im modernen, aufgeklärten Deutschland. Das Sommermärchen der Fußball-WM, das bei allen internationalen Besuchern und Medienleuten große Sympathien für die weltoffenen Gastgeber geweckt hatte, lag doch erst fünf Jahre zurück. In meiner ersten Heimat Türkei gibt es ein Wort für jene Morde, deren Hintergründe nicht offenbar werden, bei denen man nicht weiß, wer dahintersteckt: *faili meçhul.*

Der Naziterror im Dritten Reich mit all seinen Verbrechen und dem Genozid an den Juden, Sinti und Roma war doch lange vorbei. Die Gräueltaten in den zeitweilig besetzten Ländern, vor allem in Osteuropa, und die gnadenlose Ausbeutung der Zwangsarbeiter und Kriegsgefangenen lagen fast 70 Jahre zurück. Längst hatte sich dieses Land zu seiner Schuld bekannt, hatte eine stabile Demokratie aufgebaut, einen formidablen Rechtsstaat.

Natürlich gab es immer noch jene Unverbesserlichen aus dem rechtsextremen Lager, die einen unbändigen Rassenhass schürten. Aber das war doch eine absolute Minderheit, eine kleine Gruppe von Irren. Kameradschaftsführer wie Axel Reitz oder Neonazis wie Christian Worch, die mit einem Häuflein Anhängern auch gerne mal Köln als Bühne für ihre Aufmärsche nutzten. Durchgeknallte Glatzköpfe, die »Ausländer raus!« grölten, aber meist nicht weit kamen, weil sich Antifa und viele aufrechte Demokraten ihnen in großen Demonstrationen entgegenstellten.

Während jeder glaubte, dass es sich um eine Randerscheinung handelte, reiste die braune NSU-Mörderbande durch die Republik, erschoss wahllos Migranten, verübte Sprengstoffanschläge und überfiel Geldinstitute. Elf Jahre kamen die Strafverfolger dieser Dreierbande, die auf ein rechtsextremes Unterstützernetzwerk zurückgreifen konnte, nicht auf die Spur.

Für mich hieß es deshalb, völlig umzudenken. Wochenlang verfolgte ich alle Medienberichte zu dem Fall. Immerhin stand der Verdacht im Raum, dass die NSU-Killer womöglich staatliche Hilfe bekommen haben könnten. Verfassungsschützer in Bund und Ländern, das Gemeinsame Terrorabwehrzentrum in Berlin, das Bundeskriminalamt und die Staatsschutzabteilungen der Polizeibehörden der Länder – über zehn Jahre lang hatten alle in die völlig falsche Richtung ermittelt. Und wenn das möglich war, dann konnte es auch türkischstämmige Anwälte treffen. Aus meiner Sicht schien das gar nicht so abwegig. Wer wusste denn schon, ob die NSU-Zelle nicht größer war als gedacht?

Die Nachricht fiel in jene Phase, in der wir ein Grundstück erworben hatten, um dort unser Haus zu bauen. Deutschland war mittlerweile zu meiner Heimat geworden. Hier hatte ich mich niedergelassen, wollte hier meine Kinder großziehen und all die Vorzüge genießen, die dieses Land zu bieten hat. Und nun musste ich feststellen, dass hier braune Terrorzellen unterwegs waren, die bundesweit Jagd auf Zuwanderer aus der Türkei und Griechenland machten. Eine skrupellose Untergrundtruppe, die, von blindem Fremdenhass getrieben, Migranten getötet hatte.

Die Schlagzeilen überschlugen sich. Täglich kursierten neue beunruhigende Nachrichten. Bis heute ist das gesamte Ausmaß des extremistischen Netzwerks nicht aufgeklärt, das hinter dem Killertrio Böhnhardt, Mundlos und Zschäpe stand. Klar wurde schon bald, dass die drei zahlreiche Helfer in der rechten Hardcore-Szene gehabt hatten.

Viele Fragen trieben mich seinerzeit um: Welche Rolle spielte der Staat in diesem Fall? Deckten Sicherheitsbehörden das Mordkommando, um türkische und andere Migranten in Angst und Schrecken zu versetzen? Wollte man uns Türken alle raushaben?

All diese Gedanken gingen mir durch den Kopf. Mein Vertrauen in den deutschen Staat hat damals zeitweilig gelitten – nicht vollends, aber gewisse Zweifel machten sich breit. Anfangs fühlte es sich so an, als wenn jemand einem den Boden unter den Füßen wegziehen würde. Man gerät ins Straucheln, fängt sich aber gerade noch so.

Nach der anfänglichen Aufregung mit all ihren Gefühlsaufwallungen fing ich nach einigen Monaten an, den Fall sachlicher anzugehen. Als mich der betroffene Juwelier aus der Keupstraße nach der Anklageerhebung gegen die überlebende Hauptverdächtige Beate Zschäpe im Mai 2012 bat, seinen Fall als Nebenklägeranwalt in einem etwaigen Prozess zu vertreten, wurde mir klar, dass Gefühle nur schädlich waren, wenn man alles über den terroristisch-politischen Hintergrund erfahren wollte. Wer steckte tatsächlich hinter diesem monströsen Verbrechen? Das war die Kardinalfrage, die alle Prozessbeobachter und Beteiligten außer den Angeklagten umtrieb. Mich natürlich auch.

Im Zwiegespräch machte mir der Mandant dann eine überraschende Mitteilung.

»Wissen Sie, mir geht es nicht um Schadenersatz für die kaputte Ladenfassade. Ich will wissen, welche Rolle die Angeklagten gespielt haben. Und was hat sich genau bei dem Bombenanschlag in der Keupstraße abgespielt?«

Mein Klient ließ mir freie Hand. Alle vier bis sechs Wochen setzten wir uns zusammen, und ich berichtete ihm über den Fortgang des Verfahrens. Entspannt hörte er zu, ohne sich zu echauffieren. Das war kein Mensch, der mit Schaum vor dem Mund die Todesstrafe forderte. Natürlich sollten die Verantwortlichen für das Sprengstoffattentat verurteilt werden. Allerdings wollte er keinen juristischen Krawall. Es ging ihm auch nicht um eine politische Abrechnung. Mein Mandant glaubte nicht, dass die Sicherheitsbehörden den NSU in irgendeiner Form unterstützt hatten. Da hegte er ein Urvertrauen in die deutschen Staatsorgane. Und in dieser Einschätzung waren wir uns nach der Lektüre der Ermittlungsakte einig.

6. Mai 2013. Prozessauftakt vor dem Münchner Staatsschutzsenat. Draußen vor dem Eingang herrschte ein Riesenrummel. Demonstranten erinnerten mit Plakaten an die Mordopfer des NSU: Enver Şimşek (ermordet am 9.9.2000), Abdurrahim Özüdoğru (ermordet am 13.6.2001), Süleyman Taşköprü (ermordet am 27.6.2001), Habil Kılıc (ermordet am 29.8.2001), Mehmet Turgut (ermordet am 25.2.2004), Ismail Yaşar (ermordet am 9.6.2005), Theodoros Boulgarides (ermordet am 15.6.2005), Mehmet Kubaşik (ermordet am 4.4.2006), Halit Yozgat (ermordet am 6.4.2006), Michèle Kiesewetter (ermordet am 25.4.2007). Journalisten und Zuschauer drängten sich durch die Absperrgitter. Fotografen und Kameraleute nahmen im Saal 101 des Oberlandesgerichts (OLG) vor der Anklagebank Aufstellung. Mit Spannung wurde der Auftritt der Hauptangeklagten Beate Zschäpe erwartet. Die Frau, im schwarzen Blazer mit weißem Hemd, erschien ohne Scheu im großen Schwurgerichtssaal. Oft verdecken Angeklagte ihr Gesicht mit einem Aktendeckel oder ziehen sich eine Kapuze über ihr Antlitz. Zschäpe jedoch schaute offensiv in die Kameras, als wenn sie sagen wollte: Seht her, hier steht jemand, der keine Angst hat – ganz gleich, wie das Ver-

fahren ausgeht. Dann wandte sie sich ihren Anwälten zu. Small Talk war angesagt. Kaum hatten die Fotografen den Saal verlassen, sondierte die Komplizin der NSU-Killer Böhnhardt und Mundlos den Saal; sie schaute hinüber zu den 65 Opferanwälten nebst Mandanten, taxierte die Anklagevertreter der Bundesanwaltschaft und den Staatschutzsenat unter dem Vorsitzenden Manfred Götzl.

Im Gerichtssaal herrschte eine angespannte Atmosphäre. Auf den Zuschauerplätzen knisterte es vor lauter Spannung. Bei mir aber überwog das professionelle Interesse daran, welche Anträge die Verteidigerseite am ersten Sitzungstag stellen würde. Waren es Besetzungsrügen, Befangenheitsanträge, oder hatten sie ganz andere Pläne? Dazu muss man wissen, dass etliche solcher Anträge nur beim ersten Verhandlungstermin Sinn machen, um etwaige Revisionsgründe zu schaffen. Einschränkend sei gesagt, dass viele der anfänglichen juristischen Winkelzüge eher an Spiegelfechtereien erinnern, als dass sie tatsächlich zum Erfolg führen. Dennoch hätte es mich überrascht, wenn Zschäpes Anwaltsteam nicht das gesamte Register gezogen hätte. Immerhin warf die Bundesanwaltschaft der damals 38-jährigen Angeklagten die Mittäterschaft bei zehnfachem Mord, zwei Sprengstoffanschlägen und 15 Raubüberfällen vor. Hier ging es in der Tat um einen großen Komplex.

Nüchtern schätzte ich die Chancen der fünf Angeklagten ein. Wenn ich die Robe anziehe, wirkt sie wie ein Schutzschild, hinter dem Emotionen wie Hass, Wut oder Abscheu ausgeblendet werden. Da ich Zschäpes Verteidiger aus Köln und anderen Gerichtsorten kannte, war ich zu ihnen hinübergegangen, um sie zu begrüßen. Das wurde mir von einigen Nebenklägervertretern sehr übel genommen. Ich wurde mit Vorwürfen konfrontiert, als hätte ich die Sache der Opfer verraten. Dabei gebietet es aus meiner Sicht allein schon der normale Anstand, jenen Anwälten die Hand zu schütteln, mit denen ich in anderen Strafverfahren zusammen die Verteidigung übernommen hatte. Es wäre doch albern, so zu tun, als würde man sich nicht kennen. Schließlich handelte es sich bei Wolfgang Heer, Anja Sturm und Wolfgang Stahl nicht um Verteidiger, die der rechtsextremen Szene nahestanden. Der kurze Small Talk mit den Kollegen kam bei etlichen Opferanwälten nicht gut an. Für mich war dies aber selbstverständlich. Das waren doch keine Parias! Und natürlich stellten Zschäpes Verteidiger einen Befangenheitsantrag gegen den Vorsitzenden Richter Götzl. Unisono zweifelte das Team an seiner Unparteilichkeit. Zur Begründung führten die Antragsteller an, dass der Senat angeordnet hatte, die Verteidiger vor Betreten des Sitzungssaals auf Waffen zu durchsuchen, ganz im Gegensatz zu den Anklägern der Bundesanwaltschaft sowie den Polizeibeamten und Justizbediensteten. Damit würden die Anwälte dem Verdacht ausgesetzt, sich an »verbotenen und letztlich kriminellen Handlungen zu beteiligen«, lautete das Fazit. Letzten Endes lief der Antrag ins Leere, wie so viele der 264 Beweis- und Befangenheitsanträge während des Prozesses.

Mitunter beschlich mich das Gefühl, dass in der rechten Szene angesiedelte Anwälte auf der Verteidigerseite und manche linke Nebenklagevertreter den NSU-Prozess als politisches Tribunal verstanden. Der Eindruck verstärkte sich, als beide Seiten begannen, völlig abstruse Anträge zu stellen, die mit dem Verfahren wenig bis gar nichts zu tun hatten. Mitunter schien es so zu sein, dass die Protagonisten von Links- und Rechtsaußen die Hauptverhandlung für eigene Zwecke zu instrumentalisieren versuchten, um ihre politische Klientel draußen vor dem Gerichtssaal medienwirksam zu befriedigen.

So stellten die Verteidiger des Angeklagten Ralf Wohlleben, der dem NSU die Pistole der Marke Ceska für die Mordserie an türkisch- und griechischstämmigen Gewerbetreibenden beschafft hatte, vor Gericht völlig unsinnige Beweisanträge. So sollte etwa der Mord an dem lebenslang inhaftierten Rudolf Heß, dem Vertreter des Führers im Dritten Reich, festgestellt werden. Zudem wollten diese Anwälte, die sich offensichtlich auch privat am rechten Rand bewegten, eine Überfremdung in Deutschland feststellen lassen. Dieser wirre Antrag sollte durch Gutachter eine Art »Volkstod« wegen wachsender »Überfremdung« belegen – die typische Sprechweise des rechtsextremistischen Milieus. Das Ganze wirkte so, als wenn die AfD oder die braune Splitterpartei Die Rechte den Antragstellern die Hand geführt hätte. Mit dem NSU-Prozess hatte dieses Ansinnen rein gar nichts zu tun. Hier versuchten rechte Verschwörungstheoretiker und Hetzer, die mediale Prozessbühne für ihre krude Propaganda zu nutzen. Mitunter wähnte ich mich im falschen Film. Später konnte ich mir das unselige Vorgehen der Wohlleben-Vertreter nur so erklären, dass man der NS-Szene dokumentieren wollte, ihr Mandant sei seiner Gesinnung treu geblieben. Für unsere Zunft war dies meiner Meinung nach eine Schande.

Aber auch linke Anwälte unter den Nebenklägervertretern sorgten für höchst fragwürdige Auftritte. Für sie stand fest, dass die NSU-Bande staatliche Hilfe erfahren haben musste. Zunehmend versuchte man, die Verfassungsschutzämter in Bund und Ländern mit auf die Anklagebank zu setzen. Gerade im zweiten Prozessjahr rückte zunehmend die Rolle der Sicherheitsbehörden ins Blickfeld. Für einige Opferanwälte war es die passende Gelegenheit, die Offensive zu suchen – zuweilen mit verheerenden Folgen. So stellten einige Nebenklagevertreter tatsächlich einen Beweisantrag, dass die Beschaffung der Tatwaffe durch den Verfassungsschutz habe verhindert werden können. Dieser abwegigen Theorie sollte der Senat nachgehen. Mir war sofort klar, was kommen musste. Umgehend schlossen sich die Verteidiger des Neonazis Wohlleben dem Antrag an. Folglich entstand eine unselige Allianz zwischen den Anwälten der Opferangehörigen und einem der maßgeblichen Helfer der NSU-Terroristen. Wie blöd musste man denn eigentlich sein, den rechten Szeneanwälten den prozessualen Teppich auszulegen? Wenn Verfassungsschützer quasi Mitschuld an der Waffenbeschaffung tragen würden, dürften etwa Leute wie Wohlleben auf ein weitaus milderes

Urteil hoffen. Das konnte doch nicht das Ziel der Hinterbliebenen von NSU-Opfern sein.

Ich konnte es nicht fassen. Nicht nur, dass es keine greifbaren Hinweise für diese Einschätzung gab, es half einzig den Angeklagten. Als mich einige Kollegen aus dem Lager der Nebenklage um Unterstützung für den Antrag baten, lehnte ich kategorisch ab.

»Ist euch bewusst, was ihr da tut? Das ist doch Nonsens. Außerdem liefert ihr euren Gegnern auf der Anklagebank noch ungewollt Munition, um sie zu entlasten«, begründete ich meine Ablehnung.

Ab Juni 2016 verteidigten einige dieser Nebenklägeranwälte parallel zum NSU-Verfahren vor einem anderen Staatsschutzsenat des OLG München türkisch-kurdische Angeklagte der als linksterroristisch eingestuften Türkischen Kommunistischen Partei/Marxisten-Leninisten (TKP/ML). Wie sich diese Anwälte dort aufführten, gab mir vollends den Rest. Dass auch diese Angeklagten Anspruch auf eine angemessene Verteidigung hatten, versteht sich von selbst. In der Berichterstattung zum Prozessauftakt ist zu sehen, wie Wachtmeister die TKP-ML-Angeklagten in den Saal führen. Und dann spielen sich unfassbar peinliche Szenen ab: Diese Anwälte applaudieren den Angeklagten, recken ihre Fäuste in die Luft, als hätten sie gerade die Weltrevolution ausgerufen, umarmen ihre Mandanten herzlichst und feiern sie wie Helden. Ich habe mich für diese Anwälte in Grund und Boden geschämt. Was für ein ungeheuerlicher Vorgang! Ich will mir nicht ausmalen, was für ein Theater diese Anwälte losgetreten hätten, wenn die Verteidiger Sturm, Stahl und Heer die Angeklagte Zschäpe so oder ähnlich begrüßt hätten. Was für eine Doppelmoral! Zschäpes Anwälte für ihre seriöse Arbeit anzufeinden, zugleich aber Angeklagte, die laut Bundesanwaltschaft der linksterroristischen Szene angehörten, so zu herzen passte in meinen Augen einfach nicht zusammen. Wenn Szeneanwälte, egal ob von links oder von rechts, eine zu große Nähe zu ihren

Mandanten haben, dann hat das aus meiner Sicht nichts mehr mit professioneller und seriöser Verteidigung zu tun. Mit solchen Anwälten, das stand für mich fest, wollte ich nichts zu tun haben.

Natürlich kamen im Zuge der Ermittlungen zahlreiche dubiose Kontakte zwischen dem Sicherheitsapparat und dem rechtsextremen Netzwerk rund um den NSU ans Licht. Sicherlich war da bei der deutschen Terrorismusbekämpfung vieles schiefgelaufen. Ich denke da nur an die Verbindung zwischen dem Neonazi Tino Brandt, der als V-Mann für den Thüringer Nachrichtendienst arbeitete. Brandt, Deckname »Otto«, galt als Kopf der Extremistengruppe Thüringer Heimatschutz (THS), der auch zeitweilig die NSU-Mörder angehörten. Der Spitzel Brandt sollte Informationen über die abgetauchten Fanatiker Böhnhardt, Mundlos und Zschäpe beschaffen. Da hatten die Sicherheitsbehörden offenbar den Bock zum Gärtner gemacht, denn der V-Mann kassierte fleißig weiter seinen Spitzellohn, ohne aber zu liefern. Wir hörten Brandt tagelang im NSU-Prozess. Richtig weiter brachte uns das aber nicht.

Oder der hessische Verfassungsschützer Andreas Temme, der am 6. April 2006 in einem Internetcafé im Kasseler Viertel Nord-Holland im Netz chattete, entweder als der 21 Jahre alte Lokalbetreiber Halit Yozgat vorne an der Theke durch zwei Kopfschüsse getötet wurde oder kurz davor. Yozgat war das neunte Opfer des NSU-Terrorkommandos. Seinerzeit geriet der Verfassungsschützer Temme unter Mordverdacht. Als einziger potenzieller Zeuge hatte er sich wochenlang nicht bei der Polizei gemeldet. Die Ermittlungen gegen den Beamten des hessischen Landesamts für Verfassungsschutz (LfV) liefen allerdings ins Leere und wurden 2011 eingestellt. Damals spielte der seinerzeitige hessische Innenminister und spätere Ministerpräsident Volker Bouffier (CDU) eine umstrittene Rolle, als er den Ermittlern keine Freigabe erteilte, die V-Leute Temmes zu vernehmen, um sich ein besseres Bild über den Aktionskreis des Verfassungsschützers machen zu können.

Im NSU-Prozess musste Temme gleich an fünf Tagen in den Zeugenstand. Der Vorsitzende Götzl, stets bestens vorbereitet, setzte ihm schwer zu. Am Ende aber gab die Beweisaufnahme nichts her, was ihn in das Mordgeschehen stärker verwickelt hätte. Andreas Temme beteuerte stets, er sei zufällig im Internetcafé gewesen. Er habe im hinteren Bereich des Cafés in einer Kabine gesessen, um mit einer Frau zu chatten. Seinen eigenen Angaben nach habe er Kopfhörer getragen, von den tödlichen Schüssen habe er nichts mitbekommen. Beim Verlassen des Cafés habe er weder die Leiche des jungen Halit Yozgat gesehen noch das Blut auf dem Boden hinter dem Tresen. Auch wenn er sich im Vergleich zu seinen Aussagen in den NSU-Untersuchungsausschüssen des Bundestags und des Hessischen Landtags in Widersprüche verwickelte, so bekundete der Münchner Strafsenat, dass man dem einstigen LfV-Mitarbeiter seine Version der Dinge abnahm. Dabei stützte sich der Senat unter anderem auf ein Gutachten, das die Angaben des Zeugen bestätigte. Nach Ansicht des Sachverständigen hätte es gut sein können, dass Temme von seinem Platz aus die Ermordung Yozgats nicht gesehen hatte.

Für die Familie des Mordopfers muss es schwer gewesen sein, diese Aussagen zu ertragen. All der Schmerz, die Trauer, der unsägliche Verlust verlangten nach Trost, nach Linderung. Ein Strafprozess kann allerdings nur äußerst selten das geeignete Heiltonikum liefern. Oft habe ich in Mordprozessen erlebt, wie die Angehörigen der Opfer dem Angeklagten in die Augen schauten, wie sie ihn mit Blicken durchbohrten in der Hoffnung, er könne schlüssig erklären, warum ihre Liebsten sterben mussten. Und dann kam nichts. Der Angeklagte schwieg, nur sein Verteidiger sprach. Mitunter stellte sich in der Hauptverhandlung die Sachlage ganz anders dar als vorher ermittelt. Ob Schuldspruch oder nicht – nur die wenigsten Hinterbliebenen empfanden Genugtuung. Oft überwog der Frust, denn jener geliebte Mensch war ja nicht mehr. Da half auch keine Verurteilung des Täters zu lebenslänglicher Haftstrafe, um die innere Leere auszufüllen. Kein Gericht der Welt kann mit seinem Urteil einen menschlichen Verlust aufwiegen.

So geschah es auch im Fall von Halit Yozgat. Wieder einmal blieben all die Fragen nach dem Warum unbeantwortet. Ich kann verstehen, dass die Angehörigen dem verdächtigen Verfassungsschützer keinen Glauben schenkten, dass sie unzufrieden reagierten, als das Gericht zu einem gegenteiligen Schluss gelangte. Leider verstärken solche Begebenheiten bei allen Opferfamilien die Vorbehalte gegen die deutsche Justiz und Sicherheitsbehörden. Jahrelang hatten die Ermittler im Umfeld der Hinterbliebenen nach dem Killer gesucht. Da gerieten Opfer und ihre Familien unter Generalverdacht. Drogengeschäfte, Hass, Neid, das organisierte Verbrechen – mitunter gewann man den Eindruck, die deutschen Strafverfolger seien auf dem rechten Auge blind gewesen.

Gewiss ist ein staatliches Versagen nicht von der Hand zu weisen, und jegliche Kritik an den fehlerhaften Nachforschungen scheint absolut gerechtfertigt. Als Strafverteidiger aber weiß ich, dass die Kriminalpolizei bei Tötungsdelikten zuallererst das nähere Umfeld des Opfers durchleuchtet. Das war auch bei der vom NSU begangenen Mordserie so. Hinzu kam der Umstand, dass die jeweiligen regionalen Kommissariate für Tötungsdelikte zunächst separat ermittelten. Da wusste die eine Hand nicht, was die andere machte. Erst später erkannte man Parallelen. Zwischen 2006 und 2009 spürte eine der größten Sonderkommissionen der deutschen Kriminalgeschichte den Todesschützen nach – allerdings erfolglos. Auch hier dachte kaum jemand an eine rechtsextremistische Terrorgruppe. Das galt nicht nur für die Polizei, sondern auch für den Inlandsnachrichtendienst. Informationsstränge, die die Ermittler auf die Spur von Zschäpe & Co. hätten leiten können, wurden nicht zusammengeführt. Vor lauter Geheimniskrämerei traute das eine Verfassungsschutzamt dem anderen nicht. Operationen, die ins rechtsterroristische Netzwerk führten, blieben den Partnerdiensten häufig verborgen. Das ist ebenfalls unentschuldbar. Aber eine Staatsverschwörung, die den NSU unterstützte, hat sich weder während der Ermittlungen der Bundesanwaltschaft noch später im Prozess bewahrheitet.

Bis heute wird viel spekuliert über staatlich bestellte Schattenmänner, die den NSU-Kader und seine Attentate gefördert hatten. Weder in den gut 428 000 Seiten umfassenden Ermittlungsakten noch im Verlauf des fünf Jahre währenden NSU-Prozesses fand sich ein eindeutiger Beweis für diese Annahme. Ähnlich verhält es sich mit den zahlreichen parlamentarischen Untersuchungsausschüssen. Zwar brachten diese Gremien etliche Ungereimtheiten zutage, so etwa den Umstand, dass die hessische Landesregierung brisante Akten für 120 Jahre unter Verschluss setzte. Zugleich aber gilt es zu konstatieren, dass es bisher keinerlei Anhaltspunkte dafür gibt, die Sicherheitsbehörden als Unterstützer geschweige denn als Mittäter des NSU zu verdächtigen. Es sei denn, man wertet die falschen Ermittlungsansätze als Vorsatz. Aber auch dafür existiert aus meiner Sicht kein Beleg.

Ein paar Opferanwälte, die bis zum Beginn des Mammutprozesses keinerlei nennenswerte Erfahrung mit Strafsachen hatten, nach eigenen Angaben vorher noch nicht einmal eine Robe besessen hatten, sahen in dem NSU-Verfahren eine Möglichkeit, sich persönlich zu profilieren. Sie tingelten von einer Talkshow zur nächsten und gaben eine unerwiesene Behauptung nach der anderen ab. Hauptsache, es ging gegen die Geheimdienste und die Ermittlungsbehörden. Große Aufmerksamkeit war ihnen sicher. Sie warfen ernsthaft die Frage auf, ob Zschäpe, Mundlos und Böhnhardt Kontakt zu den Geheimdiensten gehabt hatten. Beweise für diese kühne Behauptung: Fehlanzeige. Wer braucht denn schon Beweise, wenn eine starke Behauptung aufgestellt wird und die Medien das auch noch aufgreifen?

Im NSU-Prozess haben Rechts- wie Linksaußen das Verfahren benutzt, um ihre kruden Verschwörungstheorien zu verbreiten.

Ich muss sagen, dass es sich oft genug um absolut dummes und wirres Zeug handelte, was da vorgetragen wurde.

Weitaus ernster zu nehmen sind ganz andere Dinge, die mir bis heute nicht aus dem Sinn gehen. Nur selten hat mich ein Moment in einer Gerichtsverhandlung so berührt wie jener, als der Vater des getöteten Cafébesitzers Halit Yozgat in den Zeugenstand trat. Mit brüchiger Stimme schilderte er den Augenblick, als er seinen Sohn blutüberströmt hinter der Theke fand. Das ging mir sehr nahe. Erregt stand der Vater auf, verließ den Zeugenstuhl, kniete sich hin und spielte die Szene nach. Wie er hinter den Tresen stieg, seinen Jungen in die Arme nahm und auf ihn einredete.

»*Kuzum*, mein Lämmlein. Was haben sie dir angetan? Was haben sie dir angetan?«

Anschließend wandte sich der Mann der NSU-Terroristin Zschäpe zu, fixierte sie mit seinen Augen. Auf Türkisch begann er, sie anzusprechen.

»Helfen Sie mir! Klären Sie auf! Wieso ist mein Sohn gestorben? Wer war das?«

Ein erschütterndes Bild, das die Hauptangeklagte mit einem ausdruckslosen Blick erwiderte, ohne auch nur einen Ton zu sagen.

Die Verhandlung zog sich weitere Jahre dahin. Da war der Verteidigerstreit; Beate Zschäpe wollte nach zwei Jahren ihre Anwälte wechseln. Das Vertrauensverhältnis schien zerstört. 2015 billigte der Vorsitzende ihr zwei Wunschanwälte zu.

Die machten es aber nicht besser, im Gegenteil. Als die Angeklagte sich bereit erklärte, einen Fragenkatalog zu beantworten, folgten nur halb gare Aussagen. Demnach will sie immer erst nach den Anschlägen davon erfahren haben, was geschehen war. Wie eine gestrenge Mutter habe sie ihre NSU-Kumpels ermahnt, mit den Attentaten aufzuhören. Als wenn da jemand den erhobenen Zeigefinger geschwungen hätte, weil die unartigen Burschen wieder einmal Bonbons geklaut hatten. Besser wäre es gewesen, wenn sie nichts gesagt hätte. Die Einlassung war äußerst unglaubhaft. Die Angaben passten auch gar nicht zu den Erkenntnissen der Ermittler. Schließlich sorgte sie für die Tarnung der NSU-Bande und lebte ebenso von den Überfällen wie ihre beiden Freunde. Wenn sie tatsächlich nur ein kleines Rädchen am Wagen gewesen wäre, wieso steckte sie dann die gemeinsame Wohnung in Brand? Warum sollte sie die Bekennervideos an die entsprechenden Stellen versenden? Nein, diese Antworten schienen wenig durchdacht und wirkten sehr oberflächlich. Letztlich hat diese Aussage ihr nicht genutzt.

Weitaus mehr Aufschlüsse über Zschäpes Wesensart lieferte demgegenüber das psychiatrische Gutachten. Der Sachverständige attestierte der Beschuldigten die volle Schuldfähigkeit. Die *Süddeutsche Zeitung* hat seine Analyse treffend zusammengefasst: Es gebe keine Hinweise auf eine relevante psychische Störung oder auf suchtartigen Alkoholkonsum. Eine »schwache Persönlichkeit«, wie Zschäpe sie mit ihren Einlassungen vorzugeben versuchte, vermochte der Experte nicht zu erkennen. Eher zeichne sich die Angeklagte durch eine Bereitschaft »zur kämpferischen Selbstbehauptung, zu einer nahezu feindselig durchgehaltenen Beharrlichkeit und zum erfolgreichen Durchstehen massiver zwischenmenschlicher Konfliktlagen« aus. Zschäpe gebe sich Männern überlegen – was auch durch verschiedene Zeugenaussagen bestätigt worden sei – und lege eine »Tendenz zu Dominanz, Härte, Durchsetzungsfähigkeit« an den Tag. Und dann folgte ein schwerwiegendes Resümee: Der Gutachter empfahl wegen weiter bestehender Gefährlichkeit Sicherungsverwahrung nach Verbüßung der Haftstrafe. Das würde darauf hinauslaufen, dass die NSU-Terroristin nach Verbüßung ihrer Haftstrafe womöglich nie mehr freikommen würde.

Kein Wunder, dass die Verteidiger von Beate Zschäpe mit Gegenexpertisen die Schlussfolgerungen des Gutachtens zu erschüttern versuchten. Immer bereit, etwas zu lernen, beobachtete ich die erfolglosen Anstrengungen der alten und neuen Verteidigerriege. Zuletzt lehnte das Gericht den Gegengutachter der neuen Anwälte Zschäpes auf Antrag der Nebenklagevertreter und der Bundesanwaltschaft im Juli 2017 wegen Besorgnis der Befangenheit ab. Das war mal ein Begehren meiner Kollegen, das meine ungeteilte Zustimmung fand.

373 Verhandlungstage gingen ins Land. Längst hatte ich das ewige Pendeln nach München satt und ließ in Absprache mit meinem Mandanten etliche Sitzungen aus. Aus meiner Sicht hätte der OLG-Senat bereits nach zwei Jahren urteilen können, aber der Vorsitzende ließ vieles zu, was nach meinem Empfinden nicht nötig war.

Manfred Götzl galt als brillanter Jurist. An der Isar eilte ihm der Ruf eines Cholerikers voraus, der auch mal laut werden konnte, um dann den Verhandlungsfaden zu verlieren. Im Verfahren habe ich ihn als sehr sortiert erlebt. Er war unglaublich aktenkundig, sehr gut vorbereitet und verlor nie die Kontrolle. Selbst mich hat es überrascht, wie vielen Beweisanträgen der Senat nachgegangen ist. Mitunter stellte sich mir schon die Frage: Warum macht der das jetzt? Da ging es etwa darum, welche Skin-Bands wo gespielt hatten. Wer aus dem Netzwerk rund um Zschäpe, Böhnhardt und Mundlos hatte Kontakt zu wem? Manche Dinge hatten mit dem konkreten Anklagevorwurf überhaupt nichts zu tun. Götzl aber ging vielen dieser Fragen mit einer wahren Engelsgeduld nach. Einerseits um etwaige Revisionsgründe erst gar nicht aufkeimen zu lassen, andererseits wollte er sich wohl nicht dem Vorwurf seitens der 95 Nebenkläger aussetzen, dass der Senat die NSU-Causa nicht gänzlich aufzuklären suchte.

Die Plädoyers begannen. Mir fiel es schwer, den Prozessausgang abzuschätzen. Bis zu dem Zeitpunkt hatte das Gericht keine erkennbaren Signale ausgeschickt, wohin die Reise gehen könnte. Bis zum Schluss behielt der Senat sein Pokerface bei. Natürlich war klar, dass dieses Verfahren eine immense politische Dimension hatte. Schon allein deswegen wäre alles andere als die Höchststrafe für die Hauptangeklagte eine Überraschung gewesen. Aber sicher war ich mir da nicht. Vor Gericht ist es mitunter wie auf hoher See – sehr wechselhaft.

Am Ende kam es dann doch so wie vielfach erwartet, zumindest für die Hauptakteurin. Beate Zschäpe erhielt lebenslänglich. Zugleich stellte der Senat die besondere Schwere der Schuld fest. Zehn Jahre verhängte das Gericht für den Waffenlieferanten und logistischen Helfer Wohlleben sowie weitere Haftstrafen für die drei anderen Angeklagten.

Urteilskritik steht mir an diesem Punkt nicht zu. Für mich war wichtig, dass Frau Zschäpe eine lebenslange Haftstrafe kassierte. Mehr wollte ich nicht, und das ist geschehen. Mein Mandant war mit dem Urteil des Gerichts ebenfalls zufrieden.

Die Gerichtsreporter der *Süddeutschen Zeitung* stellten das Verfahren in eine Reihe mit den Nürnberger Prozessen gegen die Hauptkriegsverbrecher des Naziregimes und dem Stammheim-Prozess gegen die Anführer der RAF. Die *SZ*-Journalistin Annette Ramelsberger charakterisierte den NSU-Prozess als »Tiefenbohrung in die deutsche Gesellschaft« und als »Blick in den Abgrund«; er zeige »ein Panoptikum der deutschen Nachwendezeit mit allen Verwerfungen und allen Fehlern«. Ich stimme ihr uneingeschränkt zu.

Heute gehe ich oft durch die Keupstraße, schlendere an den Auslagen der Geschäfte vorbei und halte hier und da einen Schwatz mit Bekannten. Meist geht es um die gegenwärtige Situation, nur selten noch um jenen 9. Juni 2004, als die Nagelbombe das Viertel erschütterte. Auch wenn die Zeit viele Wunden heilt, vergisst keiner der Anwohner jenen Tag, der vieles grundlegend veränderte. Nicht erst seit den Anschlägen von Hanau, Halle und Kassel wächst die Gefahr durch den rechten Terror. Die Attentate des NSU haben viele von uns wachgerüttelt, sie haben uns aus einem selbstgefälligen Tiefschlaf erweckt und uns die Gefahren vor Augen geführt, die der freien Gesellschaft drohen. Gerade der NSU-Prozess hat mich gelehrt, dass es sich stets aufs Neue lohnt, genauer hinzuschauen in jene Bereiche, wo sich Fremdenhass, Antisemitismus und Intoleranz ausbreiten.

Mein Freund Mehmet, der Schmuckhändler, sagt immer: »Wissen Sie, keiner kann einem Menschen hinter die Stirn schauen, aber man kann früh an seinem Tun erkennen, was er wirklich denkt.«

6 Böhmermann gegen Erdoğan

Kennen Sie das Gefühl, zwischen allen Fronten zu stehen? Ich schon. Insbesondere, wenn es um heikle Mandate geht. Im Jahr 2017 meldete sich das Büro des türkischen Staatspräsidenten Recep Tayyip Erdoğan bei mir. Der Anrufer teilte mir mit, dass ich einer von drei Kandidaten sei, um Herrn Erdoğan im Fall Böhmermann in zweiter Instanz vor dem Pressesenat des Hamburger Oberlandesgerichts zu vertreten. Der TV-Moderator hatte in einem sogenannten Schmähgedicht in seiner Sendung *Neo Magazin Royale* den Staatschef in Ankara aufs Übelste sexistisch beleidigt. Ich verzichte bewusst darauf, Böhmermanns Werk auch nur auszugsweise hier wiederzugeben.

Als überzeugter Grüner gehöre ich wahrlich nicht zu den Erdoğan- oder AKP-Anhängern. Inzwischen ist mir das gesamte politische Gefüge in Ankara äußerst fremd geworden. Derzeit fühle ich mich auch zu keiner der anderen Parteien in der Türkei hingezogen. Für mich stehen Werte wie Rechtsstaatlichkeit, Gewaltenteilung, Meinungs- und Pressefreiheit nebst der Wahrung der Rechte von Minderheiten in einem demokratischen Land nicht zur Disposition.

Kein Zweifel, dass in meiner ersten Heimat im politischen Bereich vieles im Argen liegt. Das bedeutet aber noch lange nicht, dass man hierzulande rassistischen Schmutz auf den Sender bringen kann, einzig um sein Ego zu befriedigen. Diesen tumben, als Satire verbrämten Fäkalreimen Böhmermanns fehlte jeglicher Esprit, geschweige denn politischer Tiefgang. Vielmehr erzählte da jemand vor der Kamera einen schmutzigen, türkenfeindlichen Schenkelklopferwitz, um sich als vermeintlich aufrechter Streiter wider alle Autokraten in der Welt aufzuspielen. Widerlich und heuchlerisch! Einige ketzerische Fragen von mir: Hätte sich Böhmermann eigentlich auch getraut, solche menschenverachtenden, rassistischen und sexistischen »Gedichte« beispielsweise über Donald Trump, Benjamin Netanjahu oder Papst Franziskus vor einem Millionenpublikum aufzusagen? Hätte er auch dann die Unterstützung von großen Teilen der Politik und Öffentlichkeit erfahren? Ich könnte Ihnen die Fragen ganz leicht beantworten, behalte die Antworten aber lieber für mich.

Das war gewiss nicht die Finesse eines Kurt Tucholsky, der sich in seinen gesellschaftspolitischen Tiraden nie so aufgeprotzt hat wie der Klamauk-Komödiant Böhmermann. Krawall macht auch berühmt, und wenn er noch so trivial daherkommt. Das war keine feine kabarettistische Klinge à la Dieter Hildebrandt oder Dieter Nuhr. Bumm, bumm, immer feste druff.

Die böhmermannsche Art hat mich schon gestört, als ich vom Jobangebot aus Ankara noch nichts ahnte. Die Böhmermann-Nummer war zu einfach, zu simpel, zu mies. Und doch wurde der TV-Moderator in den Feuilletonspalten als wackerer Held gefeiert, der kein Blatt vor den Mund nahm. Das ging mir tierisch gegen den Strich. Wenn Böhmermann tatsächlich die Kunstfreiheit oder eine politische Botschaft verfolgt hätte, dann hätte er sicher ein Gedicht veröffentlichen können, das entsprechende Missstände in der Türkei geistreich anprangerte. Aus meiner Sicht ging es Böhmermann nur darum, mit platten Sprüchen einen Skandal heraufzubeschwören, ganz gleich wie. Der TV-Comedian wollte den größtmöglichen Knalleffekt. Böhmermann hatte die Reaktion aus Ankara regelrecht provoziert, um sich selbst aufzuwerten.

Als aber erste Drohungen von Erdoğan-Anhängern publik wurden, verkroch sich der ZDF-»Dichter« in seinem Haus in Köln und ließ sich rund um die Uhr von Polizeibeamten bewachen – eben von jenen Ordnungshütern, die er zuvor ebenfalls verhöhnt hatte. Das habe ich aber erst später erfahren.

Außerdem hatte Böhmermann während des WM-Sommermärchens 2006 in Deutschland die Kölner Fußballikone Lukas Podolski in höchst herabwürdigender Art und Weise diffamiert. Den Umgang mit Podolski hatte ich Böhmermann nie verziehen. Kaum einer steht so für das »kölsche Jeföhl« wie Poldi. Auch wenn er nicht der Typ ist, hochpolitische Analysen anzustellen, so kommt er stets ehrlich und sympathisch rüber. Und sein Linksfuß ist einfach legendär.

Derartige Qualitäten waren für mich bei Böhmermann nicht erkennbar. Nun bot sich mir die willkommene Gelegenheit für eine Retourkutsche gegen diesen mittelmäßigen TV-Spaßvogel. Einige Tage nach dem ersten Anruf aus dem Präsidentenpalast folgte die zweite Nachricht mit der Bitte, das Mandat für Erdoğan zu übernehmen. Mein Vorgänger Michael-Hubertus von Sprenger hatte sich zurückgezogen, als der türkische Präsident den deutschen Behörden »Nazimethoden« unterstellt hatte. Das war natürlich ein komplett widersinniger Vorwurf und leider typisch für türkische Politiker, die mit dem deutschen Rechtssystem nichts anfangen können.

Dennoch reizte mich der Fall. Das hatte etwas: Der kölsche Kaplan vertritt einen der bekanntesten, zugleich aber auch umstrittensten Politiker der Welt. Und natürlich schmeichelte der Umstand, dass ich als Anwalt eines gewählten Staatspräsidenten auftreten würde, ein wenig meinem Ego. Nicht dass ich größenwahnsinnig wurde, aber irgendwie widerstrebte es mir, offenkundige Diffamierungen zuzulassen. Dass mein Mandant und ich politisch nicht auf einer Linie liegen, ist bei mir ohnehin die Regel. Aus meiner Sicht ging es um Recht oder Unrecht. So einfach war das. Wenn jemand einen anderen im Fernsehen einfach als Ziegenficker schmähen darf, dann geht das für mich eindeutig zu weit. Auch wenn ich als Strafverteidiger damit zivilrechtliches Neuland beschritt, wollte ich es wagen.

Kaum war ich mandatiert, meldete sich bereits der Pressesprecher des Hanseatischen Oberlandesgerichts in Hamburg bei mir. Die Reporter wollten endlich wissen, wer denn der neue Rechtsvertreter Erdoğans sei.

»Wir müssen irgendwann mit der Information raus«, mahnte der Behördensprecher.

Bis dahin hatte ich mich in der Sache bewusst zurückgehalten. Es sollte kein großes mediales Tamtam geben. Vielleicht spielte auch ein Stück weit die Sorge vor der Reaktion meiner Familie mit. Mit meiner Ehe stand es bereits damals nicht zum Besten. Und ich wusste, dass meine Frau mir Vorwürfe machen würde, vielleicht auch meine Kinder. Die Übernahme des Mandats schaffte ein weiteres Konfliktfeld, das ich eigentlich nicht gebrauchen konnte.

»Meine Familie weiß noch nichts davon«, entgegnete ich dem OLG-Sprecher. »Geben Sie mir bitte über das Wochenende Zeit, dies nachzuholen.« Gesagt, getan.

Erwartungsgemäß sorgte die Enthüllung daheim für ein großes Drama.

»Wieso vertrittst du ihn? Bist du verrückt? Du bist und bleibst ein Selbstdarsteller«, kritisierte mich meine Frau.

Die Streitgespräche zogen sich hin und führten am Ende dann doch zu nichts. Die Übernahme des Erdoğan-Mandats vertiefte unsere Ehekrise erheblich, zumal meine Frau auch noch versuchte, die Kinder gegen mich aufzuhetzen. Punkt. Ich habe sehr lange mit mir gerungen, ob und wie viel ich gegebenenfalls über das Ende meiner Ehe in meinem Buch schreiben möchte. Zweifelsohne könnte man sich auf den Standpunkt stellen, dass in einer Autobiografie auch dieses Thema seinen Platz haben sollte. Andererseits könnte dann womöglich der Vorwurf erhoben werden, ich nutzte das Buch, um die »schmutzige Wäsche« einer krachend gescheiterten Ehe zu waschen. Nach langem Abwägen habe ich mich schließlich entschieden, dieses Thema außen vor zu lassen – ausschließlich aus Liebe und Respekt zu meinen Kindern. Aber einige kluge Sätze von Diegos Mutter Gladys möchte ich dann doch loswerden: »Mit einer Beziehung ist es wie mit Tango. Ein kreatives Spiel zwischen Mann und Frau, die sich lieben und respektieren. Sie sind gleichberechtigt und wollen das Beste aus dem anderen herauskitzeln. Ein schöpferischer Akt. Etwas Neues und Schönes entsteht nur dann, wenn beide bereit sind, sich zu verändern. Wenn beide aber nicht dazu bereit sind, ist weder Tango möglich noch eine Beziehung.« Wie recht sie doch hat.

Trotz der ehelichen Querelen ließ ich mich nicht von meinem Vorhaben abbringen. Da bin ich ein echter Sturkopf. Im Endeffekt war es mir egal, was meine Frau, meine Freunde, meine Bekannten darüber dachten. Davon mache ich die Übernahme eines Mandats nicht abhängig. Ich ziehe mein Ding durch, da gibt es keine Kompromisse: Mich erst mal in den Fall einarbeiten, nicht rechtfertigen – so lautet meine Devise.

Erdoğan war mein Klient. Dieses Mandat habe ich sehr gerne ausgeübt. In meiner Karriere war es bis dato einer der wichtigsten Prozesse überhaupt. Punkt. Manche haben mich gefragt, ob ich damit einen ähnlichen Promistatus zu erreichen suchte wie Böhmermann. Meine Antwort lautete: definitiv nein. Wenn es mir darum gegangen wäre, das Mandat medial auszuschlachten, hätte ich anders gehandelt. So manch ein Anwalt hätte an meiner Stelle sicherlich keine Talkshow ausgelassen.

Nach dem Familienstreit vom Wochenende klingelte mein Handy unablässig. Mit öffentlichen Statements hielt ich mich zurück. Einzig *Spiegel Online* und der *SZ*-Journalistin Annette Ramelsberger gab ich ein Interview.

»Ich trenne den Fall von der Person. Da geht es mir wie einem Arzt, der operiert. Der Arzt konzentriert sich bei der OP auch ausschließlich auf seine Arbeit. So mache ich das auch«, betonte ich.

In erster Linie sei ich Anwalt, erläuterte ich der Journalistin.

Zweitens sei ich kein Politiker. Ich müsse das trennen – bei allen meinen Mandanten –, sonst könne ich gar keinen Fall verteidigen. Satire dürfe eben nicht alles, konstatierte ich; aus meiner Sicht habe Böhmermann mit seinen Reimen eine Grenze überschritten. Es gehe um den Streit von zwei Grundrechtsnormen, legte ich dar, der Kunstfreiheit und der Menschenwürde. Und Letztere gelte auch für Erdoğan. An dem in der *SZ* abgedruckten Text gab es nichts auszusetzen. Annette Ramelsberger hatte meine Meinung korrekt wiedergegeben. Das war beileibe nicht bei allen Medienvertretern so.

Ein unliebsames Déjà-vu widerfuhr mir mit einem Redakteur vom Redaktionsnetzwerk Deutschland (RND). Markus Decker rief mich an und versuchte, mich direkt unter Druck zu setzen.

»Herr Kaplan, in drei Stunden ist Redaktionsschluss. Ich schreibe einen Beitrag über Sie und Ihren neuen Mandanten«, sagte der Journalist am Telefon. »Ich habe einige Fragen, die Sie beantworten können. Wenn nicht, ist es auch nicht schlimm.«

So rotzig die Ansage, so mies fiel dann der Artikel aus. Da wurden NSU-Opferanwälte anonym zitiert, die mir das Erdoğan-Mandat nicht zutrauten. Die Kollegen, die noch nicht einmal den Mut aufbrachten, ihren Kommentar unter ihrem Namen zu veröffentlichen, stellten mich als prinzipienlosen Wendehals dar. In solchen Momenten wünsche ich mir wirklich nicht den Mustafa aus der Peppies-Zeit zurück. Ganz sicher nicht. Und grundsätzlich finde ich es auch völlig in Ordnung, wenn Dritte mich oder meine Arbeit kritisieren. Aber die Art und Weise, wie diese Damen und Herren Rechtsanwälte sich für diesen Zeitungsartikel hergegeben haben, war schon erbärmlich. Wenn man mich kritisiert, dann doch wenigstens mit offenem Visier – nicht anonym, nicht aus dem Hinterhalt. Unabhängig davon hat es mich damals keine große Mühe gekostet, die Namen meiner *geheimen* Kritiker herauszufinden. Noch heute sehe ich sie ab und zu bei Gericht. Sie haben noch nicht mal den Mut, mir in die Augen zu schauen. Echt armselig.

Deckers Fazit hatte es dann auch in sich: »Schließlich gilt Kaplan als fachlich nicht überragend.« Das war dreist. Der Mann hatte noch nie meine Prozessführung verfolgt. Zudem hatte der Redakteur mit keinem meiner Mandanten jemals gesprochen. Dennoch hatte er die Vorbehalte von einigen Kollegen, meinen Konkurrenten, ungefiltert übernommen. Das war journalistisch sehr unsauber. Ich schrieb dem Journalisten noch eine Mail und bot ihm an, mich bei meiner Arbeit zu begleiten, damit er sich einen persönlichen Eindruck verschaffen könne. Natürlich lehnte er ab. Ich hatte auch nichts anderes erwartet.

Ganz gleich. Die unfaire Kritik spornte mich nur noch an. Als Strafverteidiger betrat ich ungewohntes Terrain, und zugleich war ich ungeheuer motiviert. Ich wollte mein Können beweisen, meine Kritiker Lügen strafen. Das Verfahren war aus meiner Sicht hoch spannend. Mit Präsident Erdoğan persönlich habe ich nie gesprochen, alle Kontakte liefen über sein Präsidialbüro.

Zum Prozesstermin vor dem hanseatischen Oberlandesgericht erschien der bekannte Medienrechtler Professor Christian Schertz mit einer Heerschar von Anwälten. Auf der anderen Seite saß einzig der kleine Türke aus Köln und schlug sich wacker gegen die Presserechtsprofis. Dabei kam mir natürlich zugute, dass wir bereits in erster Instanz in weiten Teilen gewonnen hatten.

Den Gerichtstermin prägte das Zwiegespräch zwischen dem Vorsitzenden des Senats und Böhmermanns Medienanwalt Schertz. Letzterer deklarierte das Gedicht als ein Kunstwerk, das aus diesem Grunde von der Kunstfreiheit geschützt sei. Deshalb müsse es erlaubt bleiben, die Reime in ganzer Länge weiterzuverbreiten.

»Der Kontext des Gedichts und seine Anmoderation sind eine unauflösliche Einheit«, argumentierte Schertz. Außerdem seien die Schmähungen »nicht ernsthaft auf den Kläger gemünzt«.

Eine abenteuerliche Begründung, auf wen sollten sie denn sonst gemünzt sein?

Trotz aller Beredsamkeit fand die Böhmermann-Partei kein rechtes Gehör bei den Richtern. Mein Hinweis auf die Verletzung der Menschenwürde verfing da weitaus besser.

Zu guter Letzt bestätigte das OLG unsere Auffassung in vielen Punkten, größere Teile des böhmermannschen Verswerks blieben verboten. Nachdem der Bundesgerichtshof ähnlich entschieden hatte, zog der ZDF-Moderator vor das Bundesverfassungsgericht. Am 26. Januar 2022 machte das höchste deutsche Gericht dann kurzen Prozess mit dem großen Kämpfer für die Kunstfreiheit:

»Die Verfassungsbeschwerde wird nicht zur Entscheidung angenommen, weil sie keine Aussicht auf Erfolg hat.« Einstimmige Entscheidung. Unanfechtbar. Höchststrafe! Das Gericht hat es noch nicht einmal für nötig befunden, den Beschluss weiter zu begründen. Was für ein Nackenschlag für den Grimme-Preisträger Böhmermann. In dem am selben Tag erschienenen Kommentar in der *Frankfurter Allgemeinen Zeitung* von Michael Hanfeld mit dem zweideutigen Titel »Böhmermann als kleine Nummer« heißt es: »Wer das deutsche Presserecht kennt, fand das nicht überraschend. Böhmermanns Anwalt Christian Schertz indes war, als er dann den Gang nach Karlsruhe ankündigte, der Überzeugung, hier gehe es um die Kunstfreiheit an sich, die Causa Böhmermann sei ein Präzedenzfall. Wäre es so gekommen, hätte das dem ZDF-Unterhalter bestimmt gepasst. So bleibt er mit seiner dichterischen Freiheit ein wenig unbeachtet. Das muss schrecklich sein.« Was für ein zutreffender Kommentar.

Diese krachende Niederlage Böhmermanns erinnerte mich an die Niederlage des polnischen Schwergewichtsboxers Andrzej Jan Gołota am 20. Oktober 2000 gegen Mike Tyson. Gołota, mindestens einen Kopf größer als der US-Amerikaner Tyson, hatte zuvor reihenweise namhafte Gegner weggehauen. Viele Bo-Experten waren sich daher sicher: Wenn einer gegen Tyson gewinnen kann, dann Gołota. Direkt in der ersten Runde war es jedoch Tyson, der seinen Gegner durch den Ring jagte. Mit schnellen Meidbewegungen schaffte er es, immer wieder nah an Gołota heranzukommen und ihn mit harten Kopftreffern zu traktieren. Und auch in der zweiten Runde ließ *Bad Boy* Tyson seinem Kontrahenten keine Luft zum Durchschnaufen. Wieder gab es mehrere Wirkungstreffer. Gołota hingegen konnte keine nennenswerten Schläge setzen. Nach der zweiten Runde gab der polnische Boxer schließlich entnervt auf, fetzte sich noch mit seinem Trainer, verließ allein den Ring und ging in seine Kabine. Auf dem Weg dorthin überschütteten ihn verärgerte Fans auch noch mit Bier. Ganz so schlimm hat es Böhmermann dann doch nicht erwischt.

Mit meiner Ehe war es zwischenzeitlich ebenfalls bergab gegangen; inzwischen sind wir geschieden. Trotz aller familiären Widrigkeiten, trotz meines Dickkopfs ist mir jedoch vor allem eines geblieben: die Liebe meiner beiden Kinder. Im Nachhinein bin ich sehr dankbar dafür, dass meine Tochter und mein Sohn mich bis heute in all meinen Verfahren unterstützt haben – und seien diese noch so schwierig gewesen. Das gibt mir die Kraft und Zuversicht auch in Zeiten, wenn es mal nicht so rundläuft.

Meine Tochter und ich haben ein stets wiederkehrendes Begrüßungsritual: Ich umarme sie, streichele ihre langen brünetten Haare, rieche liebevoll an ihrem Kopf und sage ihr auf Türkisch, dass ich sie liebe: *Seni seviyorum, Kızım.* Und mein Sohn ist optisch quasi eine Kopie von mir. Manchmal sehe ich ihn an und erinnere mich an meine eigene Unizeit.

Meine Kinder waren in den entscheidenden Momenten der vergangenen Jahre stets an meiner Seite. Das bedeutet mir wirklich sehr viel.

7 Mandat im Mordfall Lübcke

Die Fahrt zur Justizvollzugsanstalt (JVA) Kassel zog sich hin, und während ich auf der Autobahn Richtung Osten fuhr, blieb mir viel Zeit, um die Gedanken schweifen zu lassen. In zwei Stunden würde ich zum ersten Mal jenem Mann gegenübersitzen, der seit Monaten für politisch höchst brisante Schlagzeilen sorgte – Stephan Ernst, der in der Nacht vom 1. auf den 2. Juni 2019 den Kasseler Regierungspräsidenten Walter Lübcke mit einem Rossi-Revolver Kaliber 38 erschossen hatte. Später würden die Rechtsmediziner trocken feststellen, dass bei dem 65-jährigen CDU-Politiker ein Schusskanal mit einem Durchmesser von acht Millimetern von oberhalb der rechten Ohrmuschel durch das Gehirn zum linken Ohr verlaufe, wo das Projektil stecken geblieben sei. Walter Lübcke sei an einem »horizontalen Kopfsteckschuss« gestorben. Der Befund besagte, dass die Kugel zwar auf der rechten Seite in den Kopf eingedrungen, auf der linken Kopfseite aber nicht wieder herausgetreten war. Am Schädel von Herrn Lübcke habe es keine auffälligen Verletzungen gegeben. Die Einschussstelle sei klein und kaum sichtbar gewesen. Weil sich keine Austrittswunde fand, vermuteten der Notarzt und die Sanitäter anfangs eine Herzattacke. Eine halbe Stunde versuchten die Retter, den Regierungspräsidenten zu reanimieren – erfolglos. Erst in der Klinik entdeckten die Mediziner das Geschoss im

Kopf des Verstorbenen. Somit war klar, dass Walter Lübcke Opfer eines Anschlags geworden war.

Zuvor hatte ich viel über den Fall gelesen: Das Motiv lief auf puren Fremdenhass hinaus. Lübcke hatte während der Flüchtlingskrise vier Jahre zuvor für eine liberale Migrationspolitik geworben. Mit seiner Sicht der Dinge stand er voll und ganz hinter dem »Wir schaffen das«-Kurs von Bundeskanzlerin Angela Merkel. Sein Mörder, ein Neonazi, durchdrungen von kruden Vorstellungen einer Überfremdung Deutschlands, sollte den Ermittlungen zufolge den Anschlag schon länger mit einem Komplizen geplant haben. Stephan Ernst hatte sich offenbar in einen regelrechten Ausländerhass hineingesteigert. Und nun hatte er über seinen Verteidiger Frank Hannig um Besuch eines türkischstämmigen Anwalts gebeten.

Eine seltsame Entscheidung. Normalerweise suchen sich rechtsextreme Tatverdächtige einen dieser Szenejuristen aus, die in ihrer gesellschaftspolitischen Anschauung auf ähnlicher Wellenlänge funken. Hier aber verhielt es sich anders. Über die Gründe konnte ich nur spekulieren. Wollte mich da jemand instrumentalisieren, um in dem sich anbahnenden Staatsschutzprozess allen vorzugaukeln: Seht her, ich habe nichts gegen Ausländer. Ich habe ja sogar einen Verteidiger türkischer Herkunft. Das wäre in der Tat ein mögliches Kalkül, ein geschickter Schachzug, für den ich mich aber nicht hergeben würde. Nein, gewiss nicht, dazu würde es nicht kommen.

Andererseits muss ich zugeben, dass mich die Neugier gepackt hatte. Ich wollte wissen, warum der Lübcke-Attentäter gerade mich für seine Verteidigung ausgewählt hatte. Wieso den kölschen Bundes-Türken Kaplan? Es gab doch Tausende anderer Anwälte. Stephan Ernst musste doch wissen, dass ich im NSU-Prozess für eines der türkischen Opfer des Nagelbombenanschlags in der Keupstraße die Nebenklage vertreten hatte. Normalerweise wäre dies ein deutliches Ausscheidungskriterium gewesen. Offenbar aber nicht für Stephan Ernst.

Natürlich hatte ich mir vor dem Besuchstermin immer wieder die Frage gestellt: Sollst du? Sollst du nicht? Letztlich aber siegte die Neugier über die Vorsicht. Ganz gleich, was geschehen würde; ich wollte den Widerspruch auflösen, wollte wissen, wie dieser Typ tickt, wollte seine wahren Motive ergründen. Erst dann würde ich darüber entscheiden, das Mandat anzunehmen oder nicht. Nur wenn ich das Gefühl haben sollte, dass der Angeklagte bereit wäre, meiner Prozessführung zu folgen, würde das Mandat für mich in Betracht kommen.

Natürlich wusste ich nicht, was mich erwartete. Würde Stephan Ernst mir, einem türkischstämmigen Anwalt, die Hand reichen? Würden wir offen reden können, oder würde er sich mir gegenüber verschließen? Vielleicht erging er sich ja nur in rechtsradikalen Tiraden? So würde man es ja von einem unverbesserlichen Neonazi erwarten, der uneinsichtig in seiner Schuld und durch und durch beseelt von dem Gedanken wäre, mit dem Todesschuss auf den Kasseler Regierungspräsidenten das Richtige getan zu haben. Wäre ich selbst dann bereit, die Verteidigung zu übernehmen? Warum eigentlich nicht? Schließlich hatte ich ja auch einen jungen Islamisten in einem langwierigen Terrorprozess verteidigt. Das Verfahren hatte sich über 18 Monate und 70 Hauptverhandlungstage hingezogen. Immer wieder hatte ich mich wortreich in ermüdende Antragsschlachten mit dem Vorsitzenden gestürzt und monatelang unzählige belauschte Telefonate der Angeklagten anhören müssen – Gespräche, in denen mein Mandant und seine radikalen Kumpels unverblümt ihre Missachtung der westlichen Lebensweise äußerten und völlig entrückt von der »Machtübernahme« in Deutschland faselten.

Ich verteidigte meinen Mandanten nicht, weil er ein radikalislamischer Salafist war. Mir war es gleich, dass der Klient das Köpfen der *Kuffar*, der Ungläubigen, befürwortete. Das gehört einfach zu meinem Job. Wenn ich also einen Salafisten verteidigen konnte, warum dann nicht auch einen Neonazi?

Allein durch die Juristenbrille betrachtet, schien mir der im

Mordfall Walter Lübcke Beklagte Stephan Ernst äußerst interessant zu sein. Das war kein 08/15-Verfahren, sondern ein politisch höchst spannender Komplex. Auch wenn die Tat unentschuldbar war, so steht nach meiner Auffassung dennoch jedem Schwerverbrecher eine anständige Vertretung vor Gericht zu. Komme, was da wolle. Mit diesem Resümee steuerte ich am 12. Februar 2020 auf den Parkplatz der JVA Wehlheiden in Kassel. Ernst saß dort im Hochsicherheitstrakt. Dementsprechend scharf fielen die Sicherheitsmaßnahmen aus. An der Gefängnispforte wurde ich eingelassen, musste dann aber mein Handy abgeben und mich einer Leibesvisitation unterziehen. Anschließend führten mich JVA-Beamte durch einige Flure zum Besucherraum, in dem sich drei große Glaskästen für Unterredungen befanden. Im mittleren wartete Stephan Ernst bereits auf mich, ein groß gewachsener Mann mit breiten Schultern. Er wirkte muskulös und durchtrainiert. Zur Begrüßung reichte er mir tatsächlich die Hand; er schaute mir dabei geradewegs in die Augen, bewahrte aber eine undurchdringliche Miene.

»Schön, dass Sie kommen konnten«, sagte er mit leicht unterkühlter Stimme.

»Keine Ursache, aber sind Sie sicher, dass Sie einen türkischstämmigen Anwalt konsultieren wollen?«, entgegnete ich.

»Ihre Herkunft spielt für mich keine Rolle. Ich brauche einen guten Verteidiger«, beteuerte Ernst.

Mein Misstrauen wuchs. Wollte mir da jemand Honig um den Bart schmieren? Na ja, egal. Es gab Wichtigeres zu klären.

»Wie sind Sie denn gerade auf mich gekommen?«

Kurze Pause.

»Mir hat Ihr Auftritt im Erdoğan-Verfahren imponiert«, bekannte mein Gegenüber.

Erstaunt erkundigte ich mich nach den Gründen.

»Sie haben den Fall nie an die große Glocke gehängt«, erwiderte Ernst.

Das stimmte zwar, mir wollte aber nicht recht einleuchten,

warum ein Neonazi sich für ein Verfahren um den türkischen Staatspräsidenten interessierte. Eigentlich hätte mein Gegenüber doch dem Schmähgedicht-Verfasser Böhmermann applaudieren müssen, ging mir spontan durch den Kopf. Was soll's, dachte ich mir. Erst mal ausloten, was Sache ist.

Wir setzten uns an den Tisch. Auge in Auge. Er wich meinem Blick nicht aus, saß da und wartete gespannt auf meine nächste Frage.

»Aber das kann doch nicht der alleinige Grund gewesen sein, warum Sie mich jetzt um dieses Gespräch gebeten haben«, hakte ich nach.

»Nein, das war es nicht allein«, versicherte Ernst.

Besonders beeindruckt habe ihn die Sache mit der Amtsrichterin aus Köln, führte er aus. Am 14. Januar 2020 hatte ich in einem Verfahren wegen Kreditbetrugs und Urkundenfälschung einen Mandanten vor dem Amtsgericht Köln verteidigt. Laut Anklage sollte der Mann versucht haben, sich mit gefälschten Lohnbescheinigungen ein Bankdarlehen in Höhe von 18 000 Euro zu erschwindeln. Keine große Sache, aber es ging dann doch hoch her.

Der Prozess begann mit meiner harmlosen Verteidigererklärung. Einige Vorwürfe wurden bestritten, andere wiederum eingeräumt. Ich dachte, das reichte, um das Verfahren zu einer Einstellung zu bringen.

Dann aber grätschte die Richterin, die in Köln für ihre forsche Verhandlungsführung und knallharten Urteile bekannt war, dazwischen.

»Stimmt das so, was Ihr Verteidiger erklärt hat?«

Die Frage richtete sich an meinen Mandanten direkt. Der nickte. Danach suchte die Richterin meinen Klienten weiter zu vernehmen. Das konnte ich nicht zulassen. Immer langsam mit den jungen Pferden, Frau Richterin, dachte ich mir. Wozu hatte ich denn eine Erklärung im Namen meines Mandanten abgegeben? Folglich hob ich das verbale Stoppschild.

»Wir wollen zunächst keine weiteren Fragen beantworten, ehe wir uns nicht noch einmal beraten haben.«

Mein Einwand verfing nicht. Vielmehr blaffte mich die Richterin an.

»Ich rede nicht mit Ihnen, sondern mit Ihrem Mandanten.«

Eher belustigt wegen der aggressiven Tonlage, breitete ich meine Arme aus.

»Ich bin nun mal der Verteidiger, also müssen Sie mit mir vorliebnehmen.«

Fortan gab ein Wort das andere. Es wurde laut im Saal. Bald platzte mir der Kragen. Es kesselte richtig. Lautstark warf ich der Richterin vor, voreingenommen zu sein. Daraufhin wütete sie herum.

»Wenn Sie weiter die Verhandlung stören, werde ich Sie aus dem Saal entfernen lassen.«

Nach dieser Kampfansage der Richterin gab es nur noch zwei Möglichkeiten für mich: Entweder ziehe ich den Schwanz ein und halte den Mund, oder ich hebe den Fehdehandschuh auf und nehme den Kampf an. Lange musste ich nicht überlegen. Ich entschied mich für Letzteres.

»Sie wollen es aber wissen, Frau Vorsitzende«, entgegnete ich provozierend gelangweilt.

Völlig in Rage, beorderte die Richterin gleich drei Wachtmeister herbei. Ich ließ mir nichts anmerken, wunderte mich aber zugleich, dass sie so leicht aus dem Konzept zu bringen war. Die Beamten setzten sich daraufhin in den Saal. Ein echtes Novum. So etwas hatte ich noch nicht erlebt, denn solche Schutzmaßnahmen erfolgen sonst nur bei renitenten Angeklagten, Zeugen oder Zuschauern, aber doch nicht, wenn Strafverteidiger ihre Rechte wahrnehmen. Freundlich lächelte ich den Wachtmeistern zu. Manche kannte ich seit Jahren. Sie schauten sich fragend um, wussten selbst nicht, weshalb sie gerufen wurden. Anschließend läutete ich die nächste Runde ein.

»Frau Vorsitzende, wollen Sie nicht wenigstens ins Protokoll aufnehmen, dass Sie die Wachtmeister gerufen haben, um mich gegebenenfalls aus dem Sitzungssaal werfen zu lassen?«, schlug ich vor.

Sie war sichtlich genervt, wollte es nur noch hinter sich bringen und tat wie geheißen. Schelmisch grinsend dachte ich mir nur: Super, jetzt habe ich es sogar schwarz auf weiß.

Nach Rücksprache mit dem Mandanten stellten wir dann einen Befangenheitsantrag gegen die Vorsitzende. Nur selten führt ein solches Unterfangen zum Erfolg. Von den über hundert Befangenheitsanträgen, die ich schätzungsweise vor Gericht eingereicht habe, ist gerade mal eine Handvoll durchgegangen.

Dieses Mal hatte ich überraschenderweise Erfolg. Die angedrohten Zwangsmittel, den Anwalt aus dem Saal zu entfernen, seien nicht zulässig gewesen, befand der zuständige Kollege der Richterin. Damit wurde ihr das Verfahren entzogen. Der Fall musste aufs Neue verhandelt werden. Das Geschehen sorgte bundesweit für Schlagzeilen.

Später hat mich der Amtsgerichtspräsident angezeigt, weil ich den Befangenheitsbeschluss an einen Kollegen weitergeleitet und dieser ihn dann online gestellt hatte. Dies erfülle den Tatbestand »der verbotenen Mitteilung über Gerichtsverhandlungen«, hieß es. Da hätte ich von einem Amtsgerichtspräsidenten etwas mehr Souveränität erwartet. Zumal mir der Vorwurf in rechtlicher Hinsicht höchst fragwürdig erschien. Ich sah in der Strafanzeige einen weiteren Versuch, mich einzuschüchtern, und stellte in einem Interview folgende provokante Fragen: »Was kommt als Nächstes? Dass man mich mit Betonschuhen in den Rhein wirft?« Es folgte die nächste Peinlichkeit: Angestellte des Amtsgerichts stellten den Befangenheitsbeschluss auf Anfrage eines Fachverlags selbst online. Dann hätten sie sich doch aber auch strafbar gemacht!? Bis heute habe ich keine Antwort auf diese Frage erhalten. Kurze Zeit nach diesem Eigentor stellte die Staatsanwaltschaft jedenfalls das Verfahren gegen mich ein.

Offenbar hatte Stephan Ernst von dem Justiz-Eklat gelesen.

Ihm hat meine unbeugsame Haltung im und außerhalb des Gerichtssaals offenbar imponiert.

Kaum hatten wir diesen Punkt abgehakt, begann der Lübcke-Attentäter zu reden. Es schien so, als wolle er das Unvermeidliche hinter sich bringen. Mit monotoner Stimme schilderte er die Abläufe der Tat. Auf mich wirkte der ganze Vortrag schablonenhaft, ohne auch nur eine Spur von Empathie, seltsam teilnahmslos. Irgendwie entrückt, als schilderte ein Außenstehender die Geschehnisse. Stephan Ernst sprach schnell und ohne Unterlass; er ratterte die Details in einer derart roboterhaften, distanzierten Art herunter, dass ich ihn bald stoppte.

»Bitte«, wandte ich ein, »lassen Sie es mal gut sein. Über die Vorwürfe der Ermittler unterhalten wir uns ein anderes Mal. Dazu muss ich auch erst mal die Ermittlungsakte lesen, um zu wissen, was Sache ist. Erst dann macht es Sinn, dass wir *in medias res* gehen. Gesetzt den Fall, dass ich Sie verteidigen werde.«

Mein letzter Satz ließ ihn aufhorchen. Verwundert schaute er mich an. Offenbar hatte er bereits gedacht, dass wir uns einig seien. Ein Trugschluss. Zunächst einmal machte ich ihm klar, dass wir nur dann zusammenkommen würden, wenn ich bei der Prozessführung freie Hand bekäme. Fortan ging es um die Verteidigungslinie, die ich aufstellen wollte. Mein Co-Verteidiger Hannig durfte mir da nicht in die Suppe spucken.

»Sie müssen meiner Linie folgen, oder wir lassen es.«

Von vornherein musste eines klar sein: Entweder gab ich die Strategie vor, und der Klient folgte meinem Kurs, oder er konnte sich einen anderen Anwalt suchen.

Ernst nickte zustimmend: »Ich vertraue Ihnen, Herr Kaplan.«

Damit war alles gesagt. Nach der zweistündigen Zusammenkunft erhoben wir uns beide von den Plätzen. Ich hatte mich entschieden.

»Wenn Sie wollen, werde ich Sie vor Gericht vertreten«, sagte ich und blickte Stephan Ernst, der gut 15 Zentimeter größer war, nochmals prüfend in die Augen. »Natürlich nur, wenn wir beim nächsten Mal Rechtsanwalt Hannig klarmachen, wie der Hase künftig läuft und wer das Sagen hat.«

Mein zukünftiger Mandant nickte zustimmend.

So fest meine Stimme klang, ganz so sicher war ich mir meiner Sache dann doch nicht. Ein JVA-Beamter brachte mich zur Gefängnispforte, wo mir mein Handy wieder übergeben wurde. Nachdenklich ging ich zu meinem Wagen – froh, die düsteren Mauern hinter mir gelassen zu haben. Eine innere Stimme meldete sich: Mensch, Mustafa, bist du sicher, das Richtige zu tun? Nach dem Bekanntwerden des Attentats, acht Monate zuvor, hatte ich auf Facebook noch folgenden Satz gepostet: »Mord an Lübcke ist ein Angriff auf uns alle.« Und nun hatte ich mich dazu durchgerungen, einen der führenden rechtsterroristischen Staatsfeinde zu vertreten.

Ich drückte den Startknopf, trat das Gaspedal durch und steuerte in Richtung Autobahn. Meine Gedankengänge spielten das Für und Wider durch, ein stetes Pro und Kontra, während die Ausfahrtsschilder an mir vorbeirauschten. Kurz vor Köln dann wischte ich alle Zweifel weg. Für eine Ausfahrt, eine Kehrtwendung, war es jetzt zu spät. Du hast dein Wort gegeben, schoss es mir durch den Kopf. Solange der Mandant sich an deine Spielregeln hält und dich nicht verarscht, wirst du dein Bestes geben. Zuversicht machte sich breit, mein innerer Kompass leitete mich auf jenen geraden Weg zurück, den ich mir seit meiner Kindheit stets aufgegeben habe: Keine Angst vor niemand.

Es dauerte nicht lange, und die Neuigkeit machte öffentlich die Runde. Manche Vorbehalte, Äußerungen und Kommentare schmeckten mir nicht, genauso wenig einige Vorwürfe aus meinem Freundeskreis. Aber damit musste ich leben, und damit konnte ich auch leben. Wichtig war mir, dass meine Kinder zu mir hielten und meine Beweggründe verstanden.

Was sicher nicht für jeden galt. Mitunter drängte sich mir der Eindruck auf, dass einige Kritiker und selbst Kollegen das gültige Rechtssystem über Bord warfen, um sich nur ja in das vermeintlich politisch korrekte Lager schlagen zu können. Im NSU-Prozess als Nebenklägervertreter befand ich mich in den Augen sowohl meiner Freunde als auch der breiten Öffentlichkeit auf der »richtigen Seite«. Sympathie- und Respektbekundungen waren mir sicher. Dies änderte sich bereits merklich, als ich anfing, in größeren Strafverfahren radikalislamische Salafisten zu verteidigen.

Kopfschütteln setzte dann ein, als mir auch noch im Juni 2017 das Mandat des türkischen Staatspräsidenten Recep Tayyip Erdoğan in dem Rechtsstreit gegen Jan Böhmermann angetragen wurde. Aus Sicht etlicher Meinungsmacher stand ich spätestens ab diesem Zeitpunkt als Rechtsanwalt auf der »falschen Seite«. Viele langjährige Bekannte auch aus der Studienzeit wandten sich von mir ab. Ich war zu einer Art *Persona non grata* geworden.

Und nun auch noch der »Nazikiller« Ernst. Die Journaille stürzte sich auf die Nachricht. Oft schwang der kritische Unterton mit: »Wie kann der türkische Rechtsanwalt Kaplan den rechtsextremen Lübcke-Mörder vertreten?«

Tja, wie konnte er nur? Mir war bewusst, dass meine Entscheidung zumindest für Irritationen sorgen würde. Aber die Wucht der Reaktionen überraschte mich dann doch, vor allen Dingen, nachdem ich Ansgar Siemens von *Spiegel Online* zwei Tage nach meinem Gespräch mit Stephan Ernst ein Interview zu meinen Beweggründen gegeben hatte. Dabei hob ich insbesondere das hohe Gut der Rechtsstaatlichkeit hervor, das auch für mutmaßliche Rechtsterroristen wie Stephan Ernst zu gelten habe.

O-Ton: »Mich reizt der hoch spannende Fall, moralische Erwägungen sind bei der Übernahme eines Mandats nicht maßgeblich. Als Verteidiger spielt es für mich keine Rolle, welche politischen Ansichten Herr Ernst hat. Ich wähle meine Mandanten nicht nach ihrem religiösen, politischen oder ethnischen Hintergrund aus. Ich werde so arbeiten wie immer.«

Der Fall sei noch nicht gänzlich aufgeklärt, führte ich weiter aus, in Hinblick auf die Herausforderungen, die das Mandat ausmachten.

»Vielleicht kann ich zur Aufklärung beitragen. Aus den Medienberichten weiß ich, dass mein Mandant ein Geständnis abgelegt hat. Dann hat er das Geständnis widerrufen. Es gab Verteidigerwechsel, mehrere Vernehmungen. Viele Außenstehende wundern sich über das Hin und Her. Für den Strafrechtler ist die Herausforderung nun umso größer.«

Dann stellte der *Spiegel*-Journalist die heikle Frage, auf die ich schon gewartet hatte.

»Wäre es denkbar, dass Herr Ernst Sie auch wegen der Außenwirkung engagiert hat? Weil er womöglich auf Milde hofft, wenn er einen türkischstämmigen Anwalt hat?«

Dieselbe Frage hatte ich mir zuvor auch schon gestellt, inzwischen aber hatte ich für mich eine adäquate Antwort darauf gefunden.

»Mir wurde gesagt, ich sei ausgewählt worden wegen meiner Erfahrung in großen Verfahren. Es ist natürlich möglich, dass meine türkische Vita eine Rolle spielt. Was aber auch legitim wäre. Ähnlich wie bei einem Sexualstraftäter, der sich von einer Frau verteidigen lässt. Die Außenwirkung wird ohnehin überschätzt … Ich werde meine Arbeit wie immer machen. Ich habe mich in anderen Verfahren nicht instrumentalisieren lassen, hier wird es auch nicht passieren.«

Zu guter Letzt drehte sich das Interview um das Feindbild, das ich seit Jahren in der militanten rechten Szene abzugeben schien. Immer wieder wurde ich von Rechtsextremisten bedroht, etwa von jenen hirnverbrannten Leuten, die unter dem Kürzel NSU 2.0 mir und anderen türkischstämmigen Anwälten Hassmails zusandten. Damit bin ich offensiv umgegangen und habe dies auch publik gemacht.

»Das können Sie doch nicht ausblenden«, meinte der Reporter.

Natürlich nicht, aber ich wollte es auch nicht so sehr hoch hängen.

»Es gibt offenbar ein paar Spinner, die mich als rotes Tuch

sehen und dann Drohmails versenden, aber davon lasse ich mich nicht beeinflussen.«

Damit hatte ich alles gesagt. Nun würde vielleicht ein wenig Ruhe einkehren, hoffte ich. Weit gefehlt. Die Anfeindungen nahmen kein Ende. Rechtsextremisten beschimpften mich als »U-Boot der Linken«, um dem Angeklagten zu schaden. Die mittlerweile verbotene militante Neonazi-Splittergruppe Combat 18 drohte mir per Mail: »Hallo Mustafa, wenn Stephan nicht freigesprochen wird, werden wir dich finden.«

Kurz darauf meldete sich ein Journalist der Wochenzeitung *Die Zeit* bei mir.

»Herr Kaplan, ich habe gehört, dass Sie eine Drohmail von Combat 18 bekommen haben. Wollen wir ein Interview zum Sachverhalt führen?«

Bass erstaunt, dass dieser Vorgang an die Presse gelangt war, lehnte ich ab. Der Journalist zeigte Verständnis und verlor über den Vorgang kein Wort in seiner Wochenzeitung.

Linksextremisten wiederum verorteten mich politisch im rechten Lager, obwohl ich seit Jahrzehnten Mitglied bei den Grünen bin. Nationalistische Türken warfen mir »Verrat« an den eigenen Landsleuten vor. Selbst ehemalige NSU-Opferanwälte, die mich noch aus dem langwierigen Prozess in München gegen Beate Zschäpe & Co. kannten, rückten mich in Artikeln in die Nähe der AfD. Es war nicht das erste Mal, dass mir medialer Gegenwind entgegenschlug. Aber dieses Mal wehte ein Sturm.

8 Tödlicher Hass

Als Boxer weiß man, wie man Tiefschlägen aus dem Weg geht – ganz gleich, von welcher Seite sie kommen. Nichts anderes habe ich getan. Mein Augenmerk galt meiner Arbeit. Folglich habe ich den ganzen schlagzeilenträchtigen Wirbel ausgeblendet. Konzentriere dich auf das, was du beeinflussen kannst, Mustafa. Konzentriere dich auf das Wesentliche, sagte ich mir immer wieder.

Akribisch begann ich, die Tausende von Seiten umfassende Ermittlungsakte durchzuarbeiten. Nach der Lektüre wurde mir klar, dass die Biografie meines Mandanten eine große Rolle im Verfahren spielen würde. Kindheit und Jugend unter der Knute eines alkoholkranken Vaters müssen die reinste Hölle für Stephan Ernst gewesen sein. Die fortwährenden Misshandlungen erklärten meiner Ansicht nach, woher seine Neigung zu eklatanten Gewaltausbrüchen und sein unbändiger Hass auf Ausländer rührten.

Ferner hatte ich mit seiner Mutter und seiner Ehefrau lange Gespräche geführt. An die Mutter kam ich nicht heran. Eigentlich konnte man mit ihr über alles reden, wenn es allerdings um die Misshandlungen durch ihren längst verstorbenen alkoholkranken Mann ging, verschloss sie sich. Ich konnte es ihr nicht verdenken. Karl-Heinz Ernst, ein Stahlbetonbauer, muss seine Familie fürchterlich tyrannisiert haben. Immer, wenn er gesoffen hatte, schlug er seine Frau und den Sohn brutal zusammen.

Wenn ich mit Stephan Ernst über jene Zeit sprach, brach er regelrecht zusammen. Der körperlich so starke Mann begann zu weinen. Ungehemmt liefen ihm die Tränen übers Gesicht. Wie ein Häuflein Elend saß er da. Es ist schwer vorstellbar, aber bis heute hat es weder zwischen Mutter und Sohn jemals eine Aussprache über die damaligen Zustände im Hause Ernst gegeben noch zwischen Stephan Ernst und seiner Ehefrau. Und auch gegenüber mir, seinem Verteidiger, verweigerte er sich anfangs, das heikle Thema zu erörtern. Stephan Ernst wollte nicht darüber reden, und er weigerte sich auch, diese intimen Dinge öffentlich im Gerichtssaal anzusprechen.

Als Anwalt musste ich da forscher herangehen. Das war ein wichtiger Faktor, der im Prozess unbedingt zur Sprache kommen musste. Diese Aggressionen, dieser Hass des Vaters hatten sich letztlich auf meinen Mandanten übertragen; es war eine Spur, die zum Motiv führte.

»Herr Ernst, wir haben keine Wahl. Wenn Sie in Ihrer Kindheit und Jugend immer wieder durch Ihren Vater misshandelt wurden, dann müssen wir das vor Gericht thematisieren. Nicht, um das Attentat zu rechtfertigen, sondern um Ihre gewaltbereite Vorschädigung darzulegen. Gerade in Ihrer Jugend und als junger Mann haben Sie schwere Gewaltverbrechen begangen, und jeder fragt sich, was dahintersteckt. Ist Stephan Ernst einfach nur ein brutaler Nazi, oder gibt es andere Erklärungen? Wir müssen das offensiv angehen.«

Nach meinem Empfinden wurde dieser Hang durch die eigenen Kindheitserfahrungen ausgelöst. Über diesen Punkt hatte ich mich auch mit einem erfahrenen psychiatrischen Gerichtsgutachter aus Bonn unterhalten. Der Forensiker befand, dass die Gewalt gegen Ausländer mit der kaputten Vater-Sohn-Beziehung im Hause Ernst zusammenhing. Deshalb beschwor ich meinen Klienten, sich endlich zu öffnen und seine Vergangenheit nun aufzuarbeiten. »Sie müssen da durch, damit das Gericht, die Bundesanwaltschaft, die Familie Lübcke und die Öffentlichkeit wissen, weshalb Sie so geworden sind. Das kann man nicht voneinander trennen. Ich lasse Sie nicht allein. Ich helfe Ihnen!«

Nach anfänglichem Widerspruch gab Stephan Ernst nach und begann zu erzählen. Erst stockend, dann immer schneller. Mitunter rang er regelrecht mit sich selbst, denn so offen hatte er vorher noch nie mit jemandem über diese Zeit gesprochen. Jahrzehntelang hatte er diese traumatischen Erlebnisse in sich vergraben. Ich machte mir fleißig Notizen, um seine Schilderungen später im Prozess in eine neue Einlassung einfließen zu lassen. Ein Neonazi erzählt unter Tränen seinem türkischstämmigen Verteidiger über seine verkorkste Kindheit und seinen brutalen Vater. Das hatte ich nicht erwartet.

»Seit ich denken kann, stand mein Vater unter Alkoholeinfluss«, bekannte Ernst. »Im Laufe der Jahre hatte sich sein Alkoholismus immer mehr gesteigert.«

Dennoch schaute der Sohn zu seinem Vater auf, buhlte um ein wenig Liebe. Und erhielt meist nur Schläge.

»Sobald er anfing, Alkohol zu trinken, überschritt er alle Grenzen«, erinnerte sich der Sohn. »Er trank viel zu viel, wurde dann immer unberechenbarer und provozierte aus Nichtigkeiten Streit mit meiner Mutter und mir. Oftmals endeten diese Konflikte damit, dass mein Vater meine Mutter und mich verprügelte.«

Über mehrere Jahre hinweg übte Karl-Heinz Ernst ein Schreckensregiment aus.

»Er bereitete meiner Mutter und mir eine Hölle aus Gewalt, Jähzorn, Angst und Einsamkeit«, beschrieb mein Mandant seine Kindheit.

Die Gewaltexzesse in der Familie nahmen kein Ende. Im Alter von zwölf Jahren versteckte mein Mandant ein Messer in Reichweite, wenn er abends zu Bett ging. Er wollte seine Mutter und sich selbst vor den unberechenbaren Attacken des Vaters schützen. Liebe verwandelte sich in unbändigen Hass gegen den häuslichen Peiniger.

»In manchen Augenblicken dachte ich daran, ihn umzubringen«, bekannte Ernst. Grausige Gedankenspiele eines Jungen, der sich hilflos seinem Schicksal ausgeliefert fühlte. Meist überwog die Angst vor dem unberechenbaren Verhalten des cholerischen Vaters. Stets war der junge Stephan auf der Hut, wenn der Alte nach Hause kam. In seiner Gegenwart musste er vorsichtig sein. Widerspruch duldete Karl-Heinz Ernst nicht.

Es war wie im Zuchthaus. Stets versuchte Stephan, die Launen seines Vaters auszuloten, versuchte, an seiner Gestik, seinem Verhalten und seinen Launen abzulesen, was er von seinem Spross hören wollte, versuchte herauszufinden, welches Verhalten tunlichst angesagt war, um ihn nicht wütend zu machen. Das war nicht einfach. Ging der kleine Stephan seinem Vater aus dem Weg, war das genauso falsch wie zu große Nähe. Im Gespräch mit mir war er stets erschüttert, wenn er solche Erinnerungen wachrief.

»Ich sehe ihn immer noch vor mir, wie sich dann seine Augen weiteten. Ich musste aufpassen, niemals ein falsches Wort zu sagen, das ihn kränken könnte.« Denn das konnte dazu führen, dass er sich bei seinem nächsten Besäufnis vor seinem Jungen aufbaute und ihn mit Schlägen malträtierte.

Beinahe täglich begleitete den Sohn die Furcht davor, dass der Tyrann irgendwann seine Mutter und ihn umbrachte. Der ältere Bruder war immer abgehauen, wenn es zu Hause laut wurde, wenn wieder der Gürtel wahllos niedersauste.

»Deshalb hat er nicht so viel abbekommen wie ich«, berichtete mein Mandant. »Im Nachhinein betrachtet, war es das Beste, was er tun konnte.«

Stephan Ernst aber wollte nicht fliehen. Die Angst um seine Mutter hielt ihn zu Hause zurück.

»Ich konnte sie nicht allein mit meinem Vater lassen. Ich dachte immer, du musst ihr helfen, wenn er sie wieder angreift.«

Allzu oft musste er miterleben, wenn das volltrunkene Familienoberhaupt erneut auf seine Frau einprügelte. Die Schreie, ihr

Flehen, ihr Weinen wird mein Mandant nie vergessen können. Oft hatte er seinen Vater angefleht, er solle doch bitte aufhören; aber das machte es nur noch schlimmer. Dann packte der Vater seinen Jungen am Hals, drosch auf ihn ein und schleuderte ihn aus dem Zimmer.

Oft habe ich mich gefragt, was es mit einem jungen Menschen macht, wenn er über Jahre hinweg wieder und wieder von jemandem seelisch und körperlich verletzt wird, der ihn doch eigentlich beschützen sollte. Wie viel Hass staut sich bei diesem jungen Menschen auf, wenn die eigene Mutter vom Vater regelmäßig brutal zusammengeschlagen wird – und niemand hilft? Wo waren die nächsten Angehörigen? Haben die Freunde und Nachbarn nichts mitbekommen? Wieso schritten Arbeitskollegen und Lehrer nicht ein? Wieso hat niemand die Polizei und das Jugendamt verständigt? Gedanken, Fragen, die letztlich nie eine Antwort finden werden. Genauso wenig wie jenes Rätsel, warum es der eine trotz vieler erlebter Misshandlungen schafft, nicht zum Gewalttäter zu werden, und der andere es nicht schafft. Bei Stephan Ernst war die Delinquenz aus meiner Sicht früh absehbar.

Auch den Fremdenhass bläute ihm sein Ernährer ein. Mit sieben Jahren kam Stephan Ernst in die Grundschule. In der Klasse freundete er sich schnell mit einem türkischen Nachbarsjungen an. Bald waren die beiden unzertrennlich. Morgens gingen sie gemeinsam zur Schule und nach dem Unterricht zusammen nach Hause. Am Nachmittag hingen die beiden Jungs meist zusammen, spielten vor dem Haus Cowboy und Indianer oder andere Dinge. Irgendwann bekam Karl-Heinz Ernst mit, dass sein jüngerer Sohn einen neuen Freund hatte. Er rief Stephan Ernst zu sich und untersagte ihm, weiterhin mit diesem »Kanaken« zu spielen. Der Junge verstand damals gar nicht, warum das so schlimm sein sollte, und verweigerte den Befehl. Das sollte er schwer büßen müssen.

Wir waren wieder im Glaskasten in der JVA Kassel. Stephan Ernst musste tief durchatmen, als er die Torturen an jenem Tag schilderte.

»Eines Tages hat mein Vater vom Fenster aus gesehen, dass ich trotzdem mit dem türkischen Jungen gespielt hatte. Er rief mir zu, dass ich sofort hochkommen sollte.«

Als der Sohn die Treppen hinaufstieg, beschlich ihn die nackte Angst. Die Wohnungstür öffnete sich, und das Martyrium nahm seinen Lauf. Vater Ernst schloss ab. Dann schlug er seinem Sohn so heftig ins Gesicht, dass dieser zu Boden fiel. Am Ohr zog er den Jungen wieder hoch.

»Ich habe dir doch gesagt, dass du nicht mit dem Kanaken spielen sollst! Warum spielst du trotzdem mit ihm? Sag, weshalb spielst du mit dem Kanaken?«

Mit hasserfülltem Blick wartete der Vater auf eine Antwort.

Stephan Ernst seufzte im Rückblick, die Tränen standen ihm in den Augen, als er die fürchterlichen Augenblicke Revue passieren ließ.

»Ich wusste nicht, was ich meinem Vater antworten sollte. Ich hatte keine Erklärung. Keine, die geeignet gewesen wäre, ihn zu beruhigen. Ich erinnere mich, dass ich zu ihm hochschaute und sagte: ›Ich spiele mit ihm, weil er eine schöne Stimme hat.‹ Meine Antwort schien ihn überrascht zu haben. Er ließ von mir ab und schickte mich auf mein Zimmer. Manchmal schickte er mich auf mein Zimmer und sagte, dass er in genau zehn Minuten nachkommen werde. Und so wartete ich immer voller Angst, bis sich die Tür öffnete, mein Vater hereintrat und mich verprügelte. Danach sollte ich mich auf den Stuhl setzen und mich nicht bewegen, bis er es mir wieder erlaubte. Ich saß dann stundenlang auf dem Stuhl und rührte mich nicht. So war es immer: erst die Prügel, dann die Einsamkeit.«

Fortan spielte Stephan Ernst nicht mehr mit dem türkischen Jungen. Mit neun Jahren zog die Familie um in ein Haus in Holzhausen. Das Alkoholproblem des Vaters wurde immer schlimmer. Der größte Teil des Lohnes ging für Bier, Wein und Schnaps drauf. Oft musste der Junge zum Getränkemarkt gehen, um Nachschub zu besorgen.

Hier machte mein Mandant in seinem Bericht eine kurze Zäsur. Er brauchte eine Pause, um sich ein wenig zu sammeln. Bevor er fortfuhr, umspielte ein kurzes, verschämtes Lächeln seinen Mund. So als sei er sich nicht ganz sicher, ob er es wirklich sagen solle.

»Es hört sich vielleicht etwas merkwürdig an, aber mein Vater tat mir auch leid. Man konnte ihm regelrecht ansehen, wie ihn der Alkohol mehr und mehr fertigmachte. Ich hatte Mitleid mit ihm, und ich liebte ihn auch. Ich hatte mir so oft gewünscht, dass er vom Alkohol wegkommt, um ein normales Familienleben zu führen. Ich brauchte ihn so sehr, als jemand, an dem ich mich orientieren und anlehnen konnte, als jemand, der mir Liebe und Halt gab. Ohne seine Liebe fühlte ich mich leer.«

Oft habe er seine Mutter in den Arm genommen, erzählte Stephan Ernst. Zusammen habe man geweint.

»Sie versprach mir, mich niemals alleinzulassen.«

Die Zeit der Folter nahm für beide kein Ende. An einem Weihnachtsfest hatte Karl-Heinz Ernst sich schon früh zugeschüttet. Seine Frau war sichtlich sauer und machte ihrem Mann Vorwürfe. Schließlich hatte man Gäste eingeladen. Während sich draußen die Besucher am Tannenbaum zuprosteten, spielte sich in der Küche ein Drama ab.

»Vor meinen Augen drückte mein Vater meine Mutter an die Wand, hielt ihr mit einer Hand den Mund zu. Mit der anderen Hand boxte er ihr in den Bauch«, schilderte Stephan Ernst die Vorgänge. »Ich habe heute noch ihre erstickten Schreie im Ohr. Dann drohte mein Vater ihr noch, dass er sie fertigmachen würde, wenn die Gäste irgendwas merkten. Der Heiligabend verlief dann in vermeintlich trauter Atmosphäre. Weihnachtslieder wurden am Tannenbaum gesungen, Geschenke verteilt. Meine Mutter, die unter erheblichen Schmerzen leiden musste, ließ sich nichts davon anmerken. Fröhlich lächelnd, spielte sie das Spiel mit; die Gäste ahnten nichts von alledem. Seitdem hasse ich Weihnachten.«

Bereits als Kind befielen Stephan Ernst immer wieder Angstzustände. Im Alter von neun Jahren begann er dann, sich selbst zu verletzen.

»Ich fühlte mich zu Hause nicht lebendig. Wenn ich mich aber selbst verletzte, hatte ich das Gefühl, dass ich lebe.«

Der Vater machte aus seiner Abneigung gegenüber Ausländern keinen Hehl. Immer wieder giftete er zu Hause über »das Pack«. Irgendwann übernahm mein Mandant dann seine Anschauungen. Der Fremdenhass vermittelte eine Art Gemeinsamkeit, er knüpfte ein Band zwischen Vater und Sohn. Ständig hieß es: »Lass du dir nur ja nichts von den Ausländern gefallen.« Als wäre es eine Manie, trichterte der Vater seinem Sohn den in ihm aufwallenden Migrantenhass ein. Obschon Karl-Heinz Ernst SPD-Wähler war, wetterte er gegen alles Fremde.

Auf der Gesamtschule geriet der Sohn mit einer Gruppe türkischer Jugendlicher aneinander. Die Gegner begannen, den deutschen Mitschüler zu mobben. Regelmäßig setzte es Drohungen und Schläge auf den Hinterkopf.

»Das fühlte sich für mich extrem erniedrigend an«, beschrieb Stephan Ernst die Geschehnisse im Rückblick. »Ich hoffte, dass mein Vater es nicht mitbekommen würde. Ich dachte damals, dass es am besten wäre, wenn man die Ausländer, insbesondere die Türken, einfach aus Deutschland rausschmeißen würde.«

In jener Phase begann die erste Stufe der Radikalisierung. Stephan Ernst avancierte langsam zum Fremdenfeind. Zu Hause äußerte er sich genauso wie sein Vater. Vergeblich versuchte die Mutter, ihn von diesen Ansichten wieder abzubringen. Sie machte deutlich, dass es falsch sei, Türken oder Araber zu hassen. Doch ihr Sohn blockte ab.

Das Bild, das mein Mandant im Glaskasten der JVA Kassel zeichnete, vervollständigte sich mit jedem Satz. Es passte alles zusammen. Bereits als Jugendlicher, später dann im Erwachsenenalter brannte in Stephan Ernst eine ungeheure Wut. Die erlittenen Misshandlungen während der Kindheit, gepaart mit der Fremdenhetze – all dies war für ihn nicht erledigt, nicht verarbeitet, einfach unfertig. Die in der Kindheit erlittene Pein suchte sich ein Ventil mittels Gewaltausbrüchen. Wenn er nicht seinen Vater für all die Schmerzen bestrafen konnte, dann musste irgendein anderer büßen. Das väterliche Feindbild übertrug sich auf den Sohn.

Ein ursprünglicher Antrieb für das Attentat auf Walter Lübcke lag meines Erachtens in Stephan Ernsts ambivalentem Verhältnis zu seinem Vater. Er hatte ihn gehasst und zugleich geliebt. Geliebt, weil er sein Vater gewesen war, und gehasst, weil er ihm so viele Schmerzen zugefügt hatte – körperliche wie seelische. Stets hatte Stephan Ernst gehofft, dass sein Vater ihn in den Arm nehmen und ihm die Zuneigung gewähren würde, die ein Vater seinem Sohn üblicherweise angedeihen lässt. Aber nichts dergleichen geschah.

Als sein Verteidiger ging es mir nicht darum, aus dem Täter Stephan Ernst das Opfer Stephan Ernst zu machen. Seine Lebensgeschichte sollte keine Entschuldigung für seine Taten in der Vergangenheit liefern – und selbstverständlich auch nicht für die Tötung von Walter Lübcke. Es ging auch nicht darum, seine strafrechtliche Verantwortung zu relativieren. Stephan Ernst blieb selbstverständlich für seine Tat verantwortlich. Seine Vita lieferte aber eine Erklärung: für seinen Werdegang, seine Entwicklung, seine Defizite und seine Brüche im Leben. Nach und nach übernahm der Sohn die Abneigung des Vaters gegenüber Ausländern und avancierte selbst zu einem Fremdenhasser. Die Verachtung der Zuwanderer einte die beiden. Das war ihr »Vater-Sohn-Ding«, auch wenn es noch so abgründig klingt. Gemeinsame Hobbys, Fußball, Fahrradfahren, Joggen, Angelngehen – all das gab es nicht im Hause Ernst. Kein soziales Miteinander, keine Reisen, keine Ausflüge. Die einzige Gemeinsamkeit bildete die Antipathie gegen Migranten. Fremdenhass als ganz spezielles Vater-Sohn-Ding. Auf den ersten Blick mag dies vielleicht nicht ganz nachvollziehbar sein, tatsächlich aber stellt dieser Faktor ein in der Tiefenpsychologie bekanntes und anerkanntes Phänomen dar. Nach und nach entwickelt sich ein innerpsychischer Abwehrmechanismus, der sich »Identifikation mit dem Aggressor« nennt. Der weitere Lebenslauf meines Mandanten belegt genau diese Einschätzung.

Schulisch lief es nicht sonderlich gut; nach dem Hauptschulabschluss begann Stephan Ernst auf Wunsch des Vaters eine Maurerlehre. Mit ungefähr 17 brach er sie ab und schulte auf Holzmechaniker um.

Damals interessierte Stephan Ernst sich sehr für den Umweltschutz, er brachte sogar den Grünen gewisse Sympathien entgegen. In der Berufsschule freundete der Azubi sich mit einem türkischen Jungen an. Die Jungs schlugen über die Stränge, begingen Diebstähle und Einbrüche. Bald flog das Duo auf. Die Freundschaft zerbrach, weil Stephan Ernst vermutete, sein türkischer Komplize habe ihn verpfiffen. Von diesem Punkt an nahm das Thema »Ausländerfeindlichkeit« immer mehr Raum in seinem Leben ein. Inzwischen hatte er auch seine zweite Ausbildung geschmissen und igelte sich zu Hause ein.

So falsch es klingt und auch tatsächlich ist: Der einzige Faktor, der Stephan Ernst Halt gab, war der Hass auf Migranten. Er steigerte sich in seinen Hass hinein. Offen forderte er dazu auf, alle Ausländer zu erschießen oder mit Knüppeln aus dem Land zu jagen. 1989 ließ er seinen Hetztiraden Taten folgen, als er im Keller eines überwiegend von Türken bewohnten Mietshauses Feuer legte. Einen Tag vor Heiligabend im Jahr 1993 zündete der Fanatiker in dem im Taunus gelegenen Dorf Steckenroth eine Rohrbombe in einem Auto neben der Asylunterkunft. Niemand kam zu Schaden, der Staatsschutz ermittelte bald den Täter.

Im Verhör gestand Stephan Ernst eine weitere fremdenfeindliche Tat: Ein Jahr zuvor hatte er im Wiesbadener Hauptbahnhof einen türkischen Imam auf einer öffentlichen Toilette mit einem Messer angegriffen und schwer verletzt. Der Fall war bis dahin nicht aufgeklärt worden. Sechs Jahre Jugendgefängnis, so lautete das Urteil.

In der Haft sprach sich schnell herum, weshalb Stephan Ernst einsaß. Einige ausländische Häftlinge stießen Drohungen aus. Der Konflikt gipfelte in einer wüsten Schlägerei. Daraufhin wurde Ernst in die JVA Butzbach verlegt. Mit dem Ortswechsel wuchs bei ihm der Hass auf alles Fremde. In der JVA radikalisierte er sich zusehends, und bald gab es auch dort Stress mit ausländischen Mithäftlingen. Voller Groll machte sich der Rechtsextremist Notizen über Knackis, an denen er sich irgendwann rächen wollte. Beseelt von seinen Rachegedanken, stellte er ein Ziel in den Vordergrund: die Ehre wiederherstellen.

Zuletzt wechselte er in die JVA Kassel 2, um eine Ausbildung zum Industriemechaniker zu machen. Dort lernte der stramme Rechtsaußen Leute aus der Technoszene kennen, die Pillen und Drogen verkauften. Die Typen seien sehr national eingestellt gewesen und hätten stets betont, dass die Deutschen dieses Geschäft nicht den Ausländern überlassen dürften, erinnerte sich Stephan Ernst.

Er schloss sich ihnen an, und als im September 1999, rund ein Jahr vor Strafende, die Behörden den Rest der Haftzeit zur Bewährung aussetzten, blieb er mit ihnen in Kontakt, ließ aber selbst die Finger von den Drogen. Vier Jahre später heuerte er bei einer großen Firma in Kassel an.

Die rechtsradikale Gesinnung wurde Stephan Ernsts Kompass, stetig schwangen in ihm Gewaltfantasien gegen Zuwanderer mit. Trotzdem pflegte der ehemalige Häftling gleichzeitig berufliche und private Freundschaften zu Migranten. Ein weiterer Widerspruch wie so vieles in der Vita von Stephan Ernst. Und er lernte eine Frau russischer Herkunft kennen; bald darauf heirateten die beiden und bekamen in den folgenden Jahren zwei Kinder.

Nachdem er sich in Kassel niedergelassen hatte, driftete Stephan Ernst gänzlich in die Neonaziszene ab. Auf einer Party schloss er Bekanntschaft mit einem NPD-Mitglied und trat ein Jahr später der rechtsradikalen Partei bei. Kurz darauf geriet der braune Aktivist ins Blickfeld des hessischen Landesamts für Verfassungsschutz. Laut dem Journalisten Martin Steinhagen tauchte Stephan Ernst immer wieder in Berichten von V-Männern auf. Bei einschlägigen Stammtischsitzungen ging es um die Planung von bevorstehenden Aufmärschen, Kranzniederlegungen zum »Heldengedenken«, um Konflikte in der Partei und eine »Art Tarn-Bürgerinitiative gegen den geplanten Bau einer Moschee«, so Steinhagen. Antisemitische Parolen schwangen durch den Bierdunst, das mörderische NS-Regime unter Adolf Hitler erhielt einen Glorienschein. Später fanden die Staatsschützer einen USB-Stick mit dem furchtbaren antisemitischen Hetzfilm *Jud Süß* aus der Zeit des Dritten Reiches. Stephan Ernst besuchte NPD-Veranstaltungen, Liederabende und skandierte braune Parolen auf einschlägigen Protestmärschen. Er lebte in einer Blase politisch Gleichgesinnter, sie boten ihm gewissermaßen das, wonach er sich so sehr sehnte: eine Familie. Zeitweilig fühlte er sich angekommen.

Der breitschultrige Handwerker stand bei NPD-Veranstaltungen in Leipzig, Passau und Berlin stets an vorderster Stelle, wo es hart zuging. Im Sommer 2002 nahm er an der Rudolf-Heß-Gedenkfeier der Ewiggestrigen in Wunsiedel teil und agitierte gegen die Wehrmachtsausstellung des Hamburger Instituts für Sozialforschung, die sich mit den Verbrechen von deutschen Soldaten und dem Vernichtungskrieg des Dritten Reiches zwischen 1941 und 1944 auseinandersetzte.

Über die Demonstrationen geriet Stephan Ernst mit den Hardcore-Nazis aus der Freien Kameradschaft Kassel in Kontakt. Die Staatsschützer registrierten ihn auch bei den Autonomen Nationalisten.

»Wir fuhren regelmäßig zu Demos, wo es oft zu Straßenkämpfen mit der Antifa kam«, schilderte Ernst im Gespräch mit mir seine damaligen Erlebnisse. »Wir besuchten auch gezielt Veranstaltungen der Antifa und suchten die Konfrontation. Wir verteilten viele Flugblätter, die Anti-Antifa-Arbeit begann, und wir sammelten alle Informationen über Personen, die irgendwie im Kampf gegen rechts tätig waren oder uns verdächtig erschienen. Die Demos endeten immer militanter.«

Am 1. Mai 2009 fiel der gewaltbereite Parteigänger bei einer Demo in Dortmund erneut auf. Er hatte einen Pflasterstein auf einen Polizisten geschleudert und den Beamten nur knapp verfehlt.

Später beschrieb Stephan Ernst jene Tage nach Dortmund als Beginn seiner Abkehr von der Neonaziszene. Immer wieder lästerten »die Kameraden« über die russische Herkunft seiner Frau. Auch auf der Rückfahrt nach den Krawallen in Dortmund gab es wieder rassistische Sprüche gegen seine Partnerin.

»Da traf ich die Entscheidung, aus der Szene auszusteigen«, beteuerte mein Klient im Rückblick.

Künftig blieb er den Kameradschaftstreffen fern und schottete sich ab. Zugleich plagten ihn Panik und Angstzustände, die noch aus seiner Kindheit herrührten. Mit einer Therapie versuchte er, wieder ins normale Leben zurückzufinden. Sein Sohn und seine Tochter waren mittlerweile sieben und fünf Jahre alt. Mein Mandant wollte es besser machen als sein Vater, das hat er mir während der langen Gespräche immer wieder versichert. Und so konzentrierte er sich in der Folgezeit auf seinen Job bei einer Industriefirma in Kassel, widmete sich seiner Familie und dem Haus, das er erworben hatte. Seinen Hass auf Migranten hatte er allerdings nicht überwunden, der saß tief in ihm drin.

Die alten Ressentiments, das Gerede von der Überfremdung und Islamisierung der deutschen Gesellschaft und der zunehmenden Gewalt von Ausländern gegen Deutsche lebte gemäß der Aussage meines Mandanten durch ein schicksalsträchtiges Wiedersehen wieder auf. An seiner Arbeitsstätte traf Ernst einen alten Kumpel aus der Kasseler Neonaziszene wieder. Markus H. ordneten die Verfassungsschützer seit den 1990er-Jahren dem harten Kern der rechtsextremen Kader in Hessen zu. Mitunter bezeichnete sich der Mittvierziger in der Vergangenheit als

Führer der Autonomen Nationalen. Mit Stephan Ernst gehörte er jahrelang dem Freien Widerstand Kassel an.

Es ist aus meiner Sicht offensichtlich, aber ich möchte es an dieser Stelle dennoch klarstellen: Ich war bei den Gesprächen zwischen Stephan Ernst und Markus H. selbstverständlich nicht dabei. Ich beziehe mich da also auf die Angaben meines Mandanten. Auch wenn ich Ernst glaubte, ergaben sich im Prozess doch weitere Indizien, die auch Zweifel an dieser Darstellung erlaubten. Worauf ich später im Kapitel „Rückschläge“ noch näher eingehen werde.

Nach Ernsts Darstellung kamen die beiden Männer schnell ins Gespräch, gingen die alten Zeiten durch und stachelten sich gegenseitig auf. Folgt man den Schilderungen meines Mandanten, wuchs der Einfluss von Markus H. in den folgenden Jahren; er habe den Ton angegeben und sei für Stephan Ernst so etwas wie sein Anker gewesen.

Eines Tages, so mein Mandant, fragte ihn Markus H., ob er nicht Lust hätte, ihn zum Schützenverein zu begleiten; da könne man auch das Bogenschießen lernen. Stephan Ernst gab an, sich gut zu erinnern, wie es weiterging.

»Ich dachte, dass es für mich ein guter Ausgleich werden könnte, um mich zu stabilisieren. Ein Hobby, das meine innere Leere ausfüllte. In dem Zusammenhang offenbarte ich Markus H. meine psychischen Probleme, dass ich Medikamente nahm und in Therapie war.«

Diese Schilderungen habe ich dann später in die Einlassung meines Mandanten aufgenommen.

Stephan Ernst sei dann dem Vorschlag seines Freundes gefolgt. Er sei froh gewesen, jemanden zu haben, mit dem er das Bogenschießen habe ausüben können. In dieser Phase hätten sich die Gewichte immer mehr zugunsten seines Bekannten verschoben.

»Markus H. wurde mein Mentor. Ich hatte großen Respekt vor ihm und war sehr stolz, ihn überhaupt zu kennen.«

Solche Sätze machten mich fassungslos. Da ließ sich offenbar so ein Bär von einem Mann mit einfachen Mitteln aufhetzen. Als folgte er einem Sektenführer, sei Stephan Ernst wieder ins braune Fahrwasser geraten. Geschickt habe dann Markus H. die Gespräche auf die sich anbahnende Zuwanderungswelle gelenkt, und immer öfter habe er über Waffen geredet.

»Er sprach auch davon, dass es möglich sei, Deko-Waffen wieder funktionstüchtig zu machen«, berichtete mir Stephan Ernst. »Auf seine Bitte hin habe ich ihm dann mal auf der Fräse ein Verschlussteil für ein Gewehr bearbeitet.«

Irgendwann habe Markus H. meinem Klienten erzählt, dass er aus politischen Motiven illegal Waffen und Munition herstelle und diese auf dem Schwarzmarkt verkaufe.

»Wir Deutschen müssen uns bewaffnen. Die politische Entwicklung geht in Richtung Bürgerkrieg«, soll dann Markus H. Stephan Ernst erklärt haben.

Und so sei es weitergegangen; fortwährend hätten sich die beiden hochgeschaukelt. Wie so viele Neonazis habe Markus H. geglaubt, dass man einzig mit Gewalt der Fremdherrschaft und zunehmenden Kriminalität durch Migranten aus muslimischen Staaten begegnen könne. In einer Tour habe der Rechtsextremist über bürgerkriegsähnliche Zustände doziert, die bald in Deutschland herrschen würden, und er habe über Waffen und Überlebenstraining gesprochen. Irgendwann habe er Stephan Ernst zu Schießübungen mit illegalen Waffen in den Wald mitgenommen.

»Das Wiedersehen mit Markus H. war für mich eine Mischung aus Bruchstücken meiner Vergangenheit als Rechtsextremist und meiner Zeit in der Prepperszene, also jener Community, die sich durch Überlebenstraining auf den kommenden Bürgerkrieg vorbereitete«, erläuterte mir Stephan Ernst sein damaliges Handeln.

Ständig habe Markus H. über Politik und seine Sicht der deutschen Historie referiert. Ginge es nach ihm, so müssten die Gesellschaften der westlichen Welt gegen die drohende Islamisierung verteidigt werden. Ständig, so Stephan Ernst, mahnte er, dass die Deutschen Waffen bräuchten, um nicht unterzugehen. Der Rechtsextremist habe behauptet, dass die Bundesregierung den Bürgern die Waffen vorenthalte, um das Volk zu unterdrücken und wehrlos zu halten.

»Er sagte, es sollte so wie in den USA sein: Waffen gleich Freiheit! Und dass uns die Merkel-Regierung die Freiheit vorenthält, weil sie uns Deutsche auslöschen will. Er erzählte es immer und immer wieder.«

Für Stephan Ernst sei das damals alles sehr einleuchtend gewesen.

»Ich folgte ihm. Ich war damals froh, dass er sich meiner annahm. Er war für mich eine Mischung aus Freund und Vater. Markus H. war in unseren Gesprächen stets der Wortführer. Er trat sehr dominant auf, kannte sich aus mit Waffen und Sprengstoff und wusste, wie man diese Dinge selbst herstellen konnte. Er prahlte auch mit seinen Kenntnissen über Guerilla-Taktiken.«

Wie ein Lehrmeister habe Markus H. oft aus einem Buch mit dem Titel *Der totale Widerstand: Kleinkriegsanleitung für jedermann,* das der Schweizer Major Hans von Dach Ende der 1950er-Jahre als ersten Band einer siebenteiligen Schriftenreihe veröffentlicht hatte, zitiert. Das Buch handelt vom Widerstandskampf gegen einen etwaigen Einmarsch sowjetischer Truppen. Unter anderem geht es um Sabotageakte gegen die Besatzer durch Partisaneneinheiten. Das Werk, das hierzulande auf der Verbotsliste der Bundesprüfstelle steht, dient in rechts- wie linksextremistischen Kreisen immer noch als Standardleitfaden, um Waffen, Sprengfallen oder Handgranaten zu konzipieren.

Bereits an dieser Stelle möchte ich Folgendes klarstellen: Im Gegensatz zu mir hat das Oberlandesgericht Frankfurt den Angaben meines Mandanten keinen Glauben geschenkt. So heißt es auf Seite 31 des schriftlichen Urteils:

»Diese Einlassung des Angeklagten Ernst ist im Wesentlichen unglaubhaft. Dies betrifft insbesondere die Schilderungen der Beteiligung des Angeklagten H. an der Vorbereitung und der Durchführung der Tötung von Dr. Lübcke.«

Dass Gericht und Verteidigung bei der Frage der Glaubhaftigkeit der Angaben von Zeugen und Angeklagten oftmals zu unterschiedlichen Ergebnissen kommen, ist keine große Überraschung. Es ist vielmehr die Regel. Bei Ernst lag der Fall aber komplizierter. Er hatte sich mehrfach eingelassen, und seine Angaben waren – aus welchen Gründen auch immer – inkonsistent.

Spätsommer 2015. Die Flüchtlingskrise spitzte sich zu. Hunderttausende Menschen befanden sich auf dem Treck in den Westen. Täglich sorgten Bilder hungernder Männer, Frauen und Kinder, die vor dem Bürgerkrieg und dem Terror durch die Milizen des Islamischen Staates aus Syrien und dem Irak geflohen waren und über die Balkanroute oder das Mittelmeer den Weg nach Mittel- und Westeuropa suchten, hierzulande für große Anteilnahme. Zu der Zeit sympathisierte Stephan Ernst offen mit der AfD.

An die Spitze der Refugees-Welcome-Bewegung stellte sich die Bundeskanzlerin Angela Merkel. Am 31. August prägte die CDU-Regierungschefin wider alle Bedenkenträger die Formel: »Wir schaffen das.« Das US-Magazin *Time* sollte die Kanzlerin später zur »Person des Jahres« küren. Trotz aller Vorbehalte der deutschen Sicherheitsbehörden, trotz einiger Skepsis in Teilen der CDU setzte Merkel ihren Kurs durch. Gut eine Million Zuwanderer vornehmlich aus den arabischen Krisenregionen nahm Deutschland 2015/2016 auf.

Einer, der den Kurs der Kanzlerin tatkräftig unterstützte, war Walter Lübcke. Lange Jahre saß der CDU-Politiker im Hessischen Landtag, im Jahr 2009 avancierte der promovierte Wirtschaftswissenschaftler zum Regierungspräsidenten von Kassel. Auf etlichen Informationsveranstaltungen warb er im Herbst 2015 für den Zuspruch der Kasseler Bürger zu 24 Flüchtlingseinrichtungen im Regierungsbezirk. Die Pläne sorgten mitunter auch für Widerspruch.

Auf der Bürgerversammlung in Lohfelden ging es am 15. Oktober 2015 hoch her. Immer wieder störten empörte Zwischenrufer die Veranstaltung. Es war offenkundig, dass sich einige Rechtsradikale und Vertreter der PEGIDA-Bewegung unter den Zuschauern befanden. Walter Lübcke ließ sich jedoch nicht beirren; er lobte das Engagement von Ehrenamtlichen, Schülern und Kirchenvertretern und äußerte schließlich jene Sätze, für die er fünf Jahre später sterben sollte: »Da muss man für Werte eintreten, und wer diese Werte nicht vertritt, der kann jederzeit dieses Land verlassen, wenn er nicht einverstanden ist. Das ist die Freiheit eines jeden Deutschen.«

Im Auditorium verfolgten Stephan Ernst und Markus H. das Ereignis. Ihr Zorn wuchs mit jedem Satz Lübckes. Markus H. nahm die Rede des Regierungspräsidenten mit seiner Handykamera auf und stellte einen Bruchteil ins Netz. In dem Video beschimpfte Stephan Ernst im Hintergrund den CDU-Politiker: »Ich glaub's nicht! Pfui! Verschwinde!«

Von diesem Abend an geriet Lübcke immer mehr zum Feindbild. Mein Mandant war in der Folgezeit hasserfüllt; der Regierungspräsident wurde für ihn zu einer regelrechten Obsession. Er fing an, Informationen über ihn zu sammeln, spähte sein Haus aus, sondierte das Terrain. Zusätzlich verfinsterte sich sein Gemüt durch die unablässig im Netz verbreitete Hetze gegen Migranten; immer wieder schaute er sich islamistische Terrorvideos an und verfolgte Berichte über sexuelle Übergriffe durch arabische Migranten – und dies wirkte wie eine Droge.

November 2015: Bei islamistischen Anschlägen wurden 130 Menschen getötet und 683 verletzt.

Silvester 2015/2016 in Köln: In der Nähe des Doms gab es mehrere sexuelle Übergriffe von Migranten auf junge Frauen.

Juli 2016: Der islamistische Attentäter Mohamed Lahouaiej-Bouhlel fuhr in Nizza mit einem Lkw durch eine Menschenmenge und tötete 86 Menschen. Mehr als 400 Menschen wurden schwer verletzt.

19. Dezember 2016: Der islamistische Attentäter Anis Amri steuerte einen Sattelzug in den Berliner Weihnachtsmarkt und tötete 13 Menschen. 54 Menschen wurden zum Teil schwer verletzt.

Mein Mandant verfolgte diese terroristischen Anschläge intensiv und tauschte sich in einschlägigen Foren mit anderen Rechtsextremisten über die Geschehnisse aus. In der Gerichtsverhandlung vor dem Staatsschutzsenat des Oberlandesgerichts Frankfurt am Main offenbarte Stephan Ernst dann später, dass die islamistischen Terroranschläge bei ihm einen fatalen Eindruck hinterlassen hätten. Es habe sich bei ihm die Überzeugung verfestigt, dass »Merkel-Deutschland« die Kontrolle verloren habe.

Stephan Ernst jedenfalls verstieg sich in jener Zeit in die Rolle des Landesretters. So forderte er auf der Plattform YouTube unter dem Pseudonym Game Over: »Schluss mit Reden. Es gibt tausend Gründe zu handeln und noch einen, nichts zu tun: Feigheit.« In einem weiteren Kommentar hieß es: »Entweder diese Regierung dankt in Kürze ab, oder es wird Tote geben.«

Als Stephan Ernst am 15. Juni 2019 festgenommen wurde, stellten die Ermittler in seinem Rucksack einen USB-Stick sicher. Darauf befand sich ein Video mit dem Namen *Maren.mp4*. Der Clip dokumentierte, wie Islamisten im Winter 2018 zwei europäische Touristinnen in Marokko abschlachteten.

Dieses Video entpuppte sich als eine Art Initialzündung. Offenbar baute die Aufnahme die letzte Hemmschwelle ab – vielleicht auch, weil die zwei jungen Frauen ihn an seine eigene Tochter erinnerten. Jedenfalls hat er dieses Mordvideo später im Prozess als ein Schlüsselerlebnis für seine Tat bezeichnet. Dieses Video ist unfassbar grausam und wirklich kaum erträglich.

Ein Ermittler hat sich den Clip angeschaut und einen Vermerk dazu geschrieben:

»Man hört die weibliche Person schreien und ein Geräusch, welches als ›sägend‹ zu bezeichnen ist. Die Kamera schwenkt daraufhin ein Stück nach oben, und man sieht, wie mit einem großen Messer oder etwas Ähnlichem im Nacken der weiblichen Person eine schneidende Bewegung durchgeführt wird. Die weibliche Person dreht sich daraufhin nach rechts, und es wird im Bereich des Halses/der Kehle geschnitten, während ein beschuhter Fuß einer weiteren Person (vermutl. des Filmenden) auf den Kopf der weiblichen Person tritt und diesen nach unten drückt. Das Schreien der weiblichen Person hat zwischenzeitlich aufgehört ...«

Der Vermerk beschreibt die brutale Hinrichtung noch in allen kleinen Details. Aber mehr möchte ich Ihnen einfach nicht zumuten. Selbst die Terrormiliz Islamischer Staat hat diese Tat nie für sich reklamiert.

Stephan Ernst hat sich das Maren-Video wieder und wieder angesehen, bis er jedes noch so kleine Detail in sich aufgesogen hatte. Auch dieses »Schlüsselerlebnis« ließ bei ihm den Entschluss reifen, zumindest gegen einen Protagonisten der Refugees-Welcome-Politik loszuschlagen: den CDU-Regierungspräsidenten Walter Lübcke.

9 Geständnisse zwischen Lüge und Wahrheit

Mitunter scheint sich die Welt verkehrt herum zu drehen. Der Lauf der Dinge entwickelt sich schneller, als man es mitverfolgen kann. Am Ende versucht man als Anwalt, wie ein Ertrinkender prozessual wieder an die Wasseroberfläche zu gelangen und ans rettende Ufer zu schwimmen – ein Vergleich, der gewiss auf das Verfahren gegen den Lübcke-Attentäter Stephan Ernst zutraf.

Ende April 2020 erreichte uns die Anklage der Bundesanwaltschaft vor dem Staatschutzsenat des Oberlandesgerichts Frankfurt am Main. Die Strafverfolger riefen das volle Sanktionsprogramm auf: Mord aus Heimtücke und niederen Beweggründen, versuchter Mord an dem irakischen Flüchtling Ahmad E., Verstoß gegen das Kriegswaffenkontrollgesetz sowie unerlaubter Waffenbesitz. Bei der Durchsuchung hatten die Ermittler bei meinem Mandanten ein ganzes Arsenal sichergestellt. Zu guter Letzt beantragten die Ankläger aus Karlsruhe bei Gericht, nach verbüßter Haftstrafe die Sicherungsverwahrung zu verhängen. Das heißt, mein Mandant müsste vermutlich den Rest seines Lebens hinter Gittern verbringen.

Der Mitangeklagte Markus H. sollte sich wegen Beihilfe zum Mord und ebenfalls wegen Waffenverstößen vor dem Staatsschutzsenat des Oberlandesgerichts Frankfurt am Main verantworten. Der Kasseler Kameradschaftsführer soll Stephan Ernst laut Bundesanwaltschaft zu dem Anschlag auf Walter Lübcke aufgehetzt haben. Bereits an dieser Stelle möchte ich kein Geheimnis daraus machen, dass das Gericht Markus H. am Ende vom Vorwurf der Beihilfe zum Mord freisprechen und dies unter anderem mit der »Wechselhaftigkeit der Einlassungen des Angeklagten Ernst zur Beteiligung des Angeklagten H.« begründen wird. Überrascht hat mich die Anklage nicht. Es war zu erwarten gewesen, dass die Bundesanwaltschaft das Verbrechen an dem Kasseler Regierungspräsidenten mit aller Härte ahnden wollte. Längst hatte sich der Fall zum Politikum ausgewachsen, und das nicht nur medial. Zum ersten Mal seit Bestehen der Bundesrepublik war ein Politiker aus rechtsextremistischen Motiven umgebracht worden.

Leider war ich erst spät ins Mandat gekommen, und so fügte es sich, dass mein Mandant bereits vor meiner Zeit drei geständige Einlassungen abgegeben hatte. Alle unterschiedlich und alle offenkundig falsch. Zunächst hatte Stephan Ernst behauptet, den Regierungspräsidenten auf seiner Terrasse allein erschossen zu haben. Die Einlassungen zwei und drei lauteten gänzlich anders: Demnach war er mit seinem Kumpel Markus H. auf der Terrasse gewesen. Markus H. habe die Waffe in der Hand gehalten, und versehentlich habe sich der tödliche Schuss gelöst. Diese Varianten entsprachen aber nicht dem Ermittlungsbild.

Nichts mögen Richter und Staatsanwälte weniger als falsche »Geständnisse« des Angeklagten. Ich selbst war mir ebenfalls nicht sicher, was in diesem Fall der Wahrheit entsprach und was nicht. Manche Angaben, die Stephan Ernst zum Tathergang machte, weckten meine Skepsis. Und es ergaben sich Fragen: Hatte mein Mandant tatsächlich allein gehandelt, oder waren es zwei Täter gewesen? Wer hatte geschossen? Mein Klient Stephan Ernst oder der Mitangeklagte?

Die Bundesanwaltschaft hatte sich in ihrer Anklage festgelegt.

Karlsruhe hielt sich an das erste Geständnis. Demnach hatte Stephan Ernst als Einzeltäter getötet, und sein Freund Markus H. sollte ihn als geistiger Brandstifter zu der Tat animiert haben. Wie erwähnt, wurde Markus H. von diesem Vorwurf entgegen der Darstellung meines Mandanten freigesprochen.

Anfangs hatte ich mich in die Akten vertieft – Blatt für Blatt, Protokoll für Protokoll, Zeile für Zeile –, und die ließen Zweifel aufkommen. Wochenlang hatte ich mich mit dem vom Bundeskriminalamt (BKA) und von der Bundesanwaltschaft rekonstruierten Tathergang befasst. Und immer wieder hatte ich mir die Vernehmungsvideos meines Mandanten angeschaut.

Wenn ich bereits kurz nach der Festnahme sein Anwalt gewesen wäre, hätte ich ihm von einer frühzeitigen Aussage abgeraten. Bereits zehn Tage nach seiner Verhaftung hatte Stephan Ernst ein erstes Geständnis zum Tathergang abgelegt. Bei solch gravierenden Vorwürfen ist das aus Verteidigersicht ein strafprozessuales No-Go, ein absoluter Anfängerfehler. Immerhin war ein Mensch getötet worden. Eine DNA-Spur überführte meinen Mandanten. Vor dem Hintergrund war es undenkbar, dass die Strafverfolger den Beschuldigten auf freien Fuß setzen würden, falls er die Tat gestehen sollte. Dann konnte er aber auch gleich schweigen.

Zu jenem Zeitpunkt kannten weder Stephan Ernst noch sein damaliger Anwalt den Ermittlungsstand. Es gab noch keinerlei Akteneinsicht, worauf schließlich der Super-GAU folgte: Stephan Ernst machte eine Aussage. Er schonte den von ihm als Mentor bezeichneten Markus H., nahm die Tat allein auf sich und hielt seinen Kumpel weitgehend raus.

Diesem Geständnis zufolge war Stephan Ernst in jener Nacht des 1. Juni 2019 allein auf die Terrasse der Lübckes geschlichen und hatte auf sein Opfer geschossen. Den Freund Markus H. stellte der Todesschütze einzig als Gesinnungsgenossen dar, mit dem er darüber gesprochen habe, dass man »etwas machen müsse«.

Aus meiner Sicht stimmte an diesen Angaben nur eines: dass

mein Mandant den Abzug des Revolvers gedrückt hatte. Bis heute aber bezweifle ich, dass er in der Tatnacht den Anschlag allein ausgeführt hat. Auch wenn das Gericht später genau jener Version in seinem Urteil folgte, bin ich mir in dieser Einschätzung zumindest mit der Nebenklage der Familie Lübcke einig. Die Revision beim Bundesgerichtshof in diesem wie in weiteren Punkten läuft noch.

Allerdings legte die falsche Einlassung ein weiteres Dilemma offen: Folgt man den Angaben von Stephan Ernst, hätten seine beiden ersten Anwälte einen großen Anteil an den widersprüchlichen Einlassungen. Sie hätten ihn sehenden Auges in sein Verderben laufen lassen und zu falschen Aussagen angestiftet. Lange Zeit sprach ich mit meinem Mandanten nicht über die zurückliegenden Aussagen. Erst als ich mir ein umfassendes Bild gemacht hatte, konfrontierte ich ihn mit all den Widersprüchen.

»Das passt alles nicht zusammen. Das ist Murks«, sagte ich ihm auf den Kopf zu.

Einen Moment lang entstand eine Pause. Ein erstaunt auf mich gerichteter Blick füllte das Schweigen, ehe sich mein Mandant straffte. Dann begann er zu reden: wie kurz nach seiner Verhaftung ein bekannter Szeneanwalt aufgetaucht sei. Lange Zeit amtierte der Advokat als Funktionär der NPD in Hessen. Stephan Ernst berichtete, wie ihm der Anwalt Grüße der Kameraden ausgerichtet habe, um dann schnell zur Sache zu kommen. Da man seine DNA am Hemd des getöteten Regierungspräsidenten gefunden habe, könne man nichts anderes mehr machen, als ein Geständnis abzulegen. Allerdings sei es nicht notwendig, den Kameraden Markus H. mit hineinzuziehen. Kameraden verpfeife man nicht, soll der Anwalt betont haben. Zum Ausgleich soll der Anwalt meinem Klienten finanzielle Hilfe aus der rechten Szene versprochen haben, falls er Markus H. aus dem Spiel lasse.

Nun spiegelt auch meine Zunft die unterschiedlichen gesellschaftlichen Facetten wider. Es gibt gute, mittelmäßige, schlechte und verantwortungslose Juristen. Wenn die Angaben meines

Mandanten zutreffen, dann ist es aus juristischen Gründen besser, wenn ich hier offenlasse, in welche Kategorie ich diesen in der rechtsextremen Szene bekannten Anwalt einordnen würde. Dazu passt die folgende Nachricht wie die Faust aufs Auge: Nur wenige Wochen nach dem Urteil des OLG Frankfurt in dem Ernst-Prozess Ende Januar 2021 kam heraus, dass genau dieser Rechtsanwalt wegen des Verdachts des bandenmäßigen Rauschgifthandels sowie der Geldwäsche in Untersuchungshaft genommen worden war. Er soll in illegale Geschäfte mit den Thüringer Neonazi-Rockern »Turonen« verwickelt sein. Die Journalistin Julia Jüttner erinnerte in ihrem am 18. Juni 2021 auf *Spiegel Online* erschienen Artikel noch an einen länger zurückliegenden Fall. Im Jahr 2008 gab es wohl schon mal eine Anklage gegen diesen Anwalt: »Er soll den Vater eines Tatverdächtigen erpresst haben, einen anderen nicht zu beschuldigen. Der Vater brachte sich um und teilte die Erpressung in einem Abschiedsbrief mit.« Weshalb der Anwalt damals dennoch freigesprochen wurde, weiß ich nicht. Mir liegen die Akten nicht vor. Natürlich gilt – wie bei allen Beschuldigten – auch bei ihm die Unschuldsvermutung. Aber man müsste schon blind sein, um keine Parallelen zwischen den Erzählungen meines Mandanten und dem Ermittlungsverfahren gegen diesen Rechtsanwalt aus dem Jahr 2008 zu erkennen. Diese Berichte sorgen zumindest bei mir nicht dafür, dass ich den Angaben meines Mandanten in Bezug auf diesen Anwalt weniger glaube. Im Gegenteil. Die ganzen Umstände, die dazu führten, dass ein rechter Szeneanwalt problemlos eine Besuchserlaubnis der Bundesanwaltschaft bei Stephan Ernst erhielt, warfen Fragen auf. Das war ungewöhnlich, weil weder Stephan Ernst noch seine Familie den Juristen beauftragt hatte – ein bis heute ungelöstes Rätsel, wie so vieles in dem Verfahren.

Als Stephan Ernst nur wenige Wochen nach der ersten Einlassung seinem Anwalt das Mandat entzog, leitete die Bundesanwaltschaft Ermittlungen gegen den Szeneanwalt ein. Über seinen neuen Verteidiger Frank Hannig erklärte der Beschuldigte, dass er im Juni 2019 zu einer Falschaussage angestiftet worden sei. Das Verfahren wurde später eingestellt.

Im Prozess machte ich dann die Genese der Falschaussagen meines Mandanten zum Thema. Ein ungewöhnlicher Schritt gewiss, aber notwendig. Um für meinen Klienten wieder ein Stück Glaubwürdigkeit zurückzugewinnen, entband Stephan Ernst mich und meine anwaltlichen Vorgänger von der Schweigepflicht.

Folglich machte ich im Zeugenstand ein Fass auf. Glaubte man Ernst, dann hatte Verteidiger Nummer eins, der bekannte Szeneanwalt, an seinem Mandanten Parteiverrat begangen, indem er ihn, wie dieser aussagte, dazu verleitete, seinen mutmaßlichen Komplizen herauszuhalten. Zudem soll er auch noch der Ehefrau des Angeklagten mitgeteilt haben, sie müsse sich keine Sorgen wegen der monatlichen Ratenzahlungen für das Haus machen. Die Kameraden würden das übernehmen. Das Gericht glaubte Ernst aber nicht und stellte das Ermittlungsverfahren gegen den Anwalt ein.

Vorher aber musste sich der Anwalt im Prozess erklären. Aus meiner Sicht gab er höchst zweifelhafte Sachverhalte zu Protokoll. So soll ein anonymer Anrufer ihn via Handy informiert haben, dass Stephan Ernst in Untersuchungshaft sitze und einen Anwalt brauche. Den Anrufer habe er nicht der »rechten Subkultur« zugeordnet, beteuerte er. Warum er dies ausführte, bleibt sein Geheimnis; niemand hatte ihn danach gefragt. Wenn es diesen anonymen Anruf tatsächlich gegeben hat, dann kann ich nicht ausschließen, dass es sich um den späteren Mitangeklagten Markus H. handelte. Folgt man wie ich den Angaben von Ernst, war Markus H. über alles im Bilde: Er wusste von der Festnahme, und ihm war klar, was drohte, sollte Stephan Ernst umfänglich auspacken. Wer sonst hätte ein Interesse daran gehabt, meinen Mandanten zu einem falschen Geständnis zu verleiten?

Der bekannte Szeneanwalt jedenfalls behauptete im Zeugenstand, dass er nichts von einer geplanten Aussage gewusst habe.

Aus dem Radio will er erfahren haben, dass Stephan Ernst ein Geständnis abgelegt hatte. »Das hat mich aus allen Wolken geholt.« Wer's glaubt.

Ähnlich schlimm wog das fragwürdige Verteidigergebaren des Nachfolgers. Rechtsanwalt Hannig, dem eine Nähe zur rechten PEGIDA-Bewegung und der AfD nachgesagt wird, erhielt ebenso auf mysteriöse Art und Weise einen Besuchsschein. Natürlich hatten weder der Angeklagte Stephan Ernst noch seine Familie den Anwalt angefordert. Hannig wurde später ebenfalls als Zeuge angehört. Dabei gab er an, ein unbekannter JVA-Beamter habe ihn angerufen und gebeten, sich um Herrn Ernst zu kümmern.

Ich konnte es nicht fassen. Hier ging es doch um die Aufklärung eines höchst brisanten politischen Verbrechens aus rechtsextremistischen Motiven. In der Folge sollten die Ankläger dem Strafverfahren eine »historische Dimension« verleihen. Und da kam mir nichts, dir nichts ein weiterer rechter Szeneanwalt daher, erhielt ohne irgendwelche familiären Referenzen den Zugang zu einem »politischen Staatsfeind«? Einfach so, quasi auf Zuruf?

Dafür gab es nur eine Erklärung: Meiner Ansicht nach nahm die Bundesanwaltschaft großen Anteil daran, dass sich mein Mandant bis zur Anklageerhebung insgesamt dreimal falsch eingelassen hatte. In meinen Augen steckte Kalkül dahinter. Mein anfänglicher Co-Verteidiger glänzte mehr dadurch, dass er in den Social Media wie Facebook und YouTube seine Klienten in die Pfanne haute, als durch juristisches Handwerk. So lud der Anwalt am 10. August 2019 auf seinem Facebook-Kanal ein Video hoch und berichtete über das Strafverfahren eines Flüchtlings. In dem Zusammenhang beschimpfte Hannig den Mann – wohlgemerkt seinen eigenen Mandanten – als »Kanaille« und »Früchtchen«, weil er nicht zum Gerichtstermin gekommen sei. Ich traute meinen Ohren nicht und schaute mir das Video mehrmals an. Es gab keine Zweifel: Hannig beschimpfte seinen Mandanten als »Kanaille« und »Früchtchen«. »Kanaille« bedeutet laut Duden »jemand, der als böse, schurkisch angesehen wird;

Gruppe von Menschen, die als asozial, verbrecherisch o. ä. angesehen wird«. Unfassbar. Unterste Schublade. So darf sich doch ein Anwalt nie und nimmer öffentlich über seine Mandanten äußern. Das sah die Strafverteidigervereinigung Sachsen/Sachsen-Anhalt genauso und kam zu dem Schluss, dass Hannig gegen seine grundlegende Berufspflicht verstoßen habe. Als Rechtsanwalt habe er ausschließlich den Interessen seines Mandanten zu dienen. Hannig habe aber seinen Mandanten gegen dessen Interessen zum »Objekt seines Marketings beziehungsweise seiner Profilierung« gemacht. Genau richtig! Treffender kann man es nicht formulieren. Ein Ausschluss Hannigs aus der Vereinigung stand im Raum. Aber der Dresdner Advokat kam dem zuvor und kündigte seine Mitgliedschaft selbst.

Dies alles wurde öffentlich ausgetragen und spielte den strafrechtlich versierten Bundesanwälten selbstverständlich in die Karten. Ein schlecht verteidigter Angeklagter würde in der Hauptverhandlung keine Probleme bereiten.

Und so ereignete sich der zweite falsche »Offenbarungseid« meines Mandanten. Zunächst widerrief Stephan Ernst sein erstes Geständnis, um am 8. Januar und am 5. Februar 2020 eine völlig blödsinnige Klamotte aufzutischen. Dieses Mal wollte er mit seinem Kameraden Markus H. in der Tatnacht das Anwesen der Familie Lübcke betreten haben. Als man den rauchenden Regierungspräsidenten auf der Terrasse erspäht habe, soll Markus H. die Waffe gehoben haben, um den CDU-Politiker einzuschüchtern. Dabei habe sich aus Versehen der tödliche Schuss gelöst.

Auch diese Vernehmungen hatten die Staatsschützer auf Video festgehalten. Ich habe mir jede Minute angesehen. Kein Zweifel, dass die Angaben nicht den Tatsachen entsprachen. Die steife Mimik, der hölzerne Duktus – all dies wirkte wie auswendig gelernt, als hätte da ein Souffleur Stephan Ernst etwas eingetrichtert. Da hatte jemand gelogen, das war klar. Einige Wochen lang hatte ich nicht mit meinem Mandanten über die widersprüchlichen Einlassungen gesprochen. Letztlich aber lief alles darauf hinaus, dass wir noch einmal ganz von vorne anfangen mussten.

So machte ich mich wieder auf den Weg in die JVA Kassel und sprach in einem der Glaskästen mit Stephan Ernst. Meine Stimmung war gereizt. Stets aufs Neue taten sich unliebsame Baustellen auf. Mit größter Anstrengung versuchte ich, mich auf die Höhe der Lage zu bringen – immer in der Gefahr, doch abzustürzen. Wir wackelten, und zwar gewaltig. Und wenn ich nicht bald die Situation in den Griff bekäme, würde der gesamte Prozess in einem Fiasko enden. Deshalb ließ ich Stephan Ernst anfangs gar nicht erst zu Wort kommen.

»Ganz ehrlich! Ich will erst mal gar nicht wissen, welche der drei Versionen Ihrer Einlassungen auch nur annähernd der Wahrheit entsprechen«, bemerkte ich verärgert. »Egal, ob Sie mir sagen, dass Sie in der Tatnacht allein da waren oder zusammen mit Ihrem Kumpel Markus H. – es ist scheißegal. Genauso wie die Frage, ob Sie geschossen haben oder Ihr Freund. Sie hängen mit drin. Ich will Ihnen nur sagen, dass alles auf Mord hinausläuft.«

Stephan Ernst reagierte erstaunt auf meine überraschend direkte Ansprache. Leicht indigniert schaute er mich an, blieb aber sprachlos. Unbeirrt setzte ich meinem Mandanten weiter zu, hier ging es um die Wurst. Gebetsmühlenartig redete ich auf ihn ein. Mit einem Kuschelkurs würde man in diesem Fall nicht weiterkommen. Meinem Mandanten musste klar werden, dass er um eine Lebensbeichte nicht herumkommen würde.

»Herr Ernst, wenn Sie jemals wieder aus dem Gefängnis kommen wollen«, betonte ich, »müssen Sie erzählen, wie sich die Tat wirklich zugetragen hat. Sie müssen alle Fragen beantworten, reinen Tisch machen.«

Natürlich wusste ich, dass wir beim Staatsschutzsenat und bei der Bundesanwaltschaft durch die falschen Geständnisse bereits viel Kredit verspielt hatten. Vertrauen konnte man nur ein Stück weit wiederherstellen, wenn der Klient die Hosen komplett herunterließ, ohne sich selbst zu schonen.

Deshalb hatte ich Stephan Ernst eine Aufgabe gestellt: Bis zum Juni 2020 sollte er den tatsächlichen Tathergang aufschreiben. Die Notizen meines Mandanten stellten auch eine Art Selbstschutz dar. Nach den misslichen Erlebnissen mit meinen anwaltlichen Vorgängern sollte mir zumindest keiner nachsagen können, etwas erfunden zu haben.

Zwei Monate später überreichte Stephan Ernst mir dann seine Notizen. Nun ergab sich ein ganz neuer Ablauf der Geschehnisse. Beide Angeklagten hatten sich laut diesen Schilderungen in jener Juninacht 2019 am Tatort aufgehalten. Mein Mandant hatte geschossen. Akribisch verglich ich den Ablauf mit der Ermittlungsakte. Meine Schlussfolgerungen fielen eindeutig aus: Das könnte passen.

Zugleich machte diese Aussage alles nur noch schlimmer. Natürlich würde diese Darstellung allenthalben Fragen aufwerfen. Die Verteidiger des Mitangeklagten würden sich mit Freude auf das neue Geständnis stürzen, um es mit dem Hinweis auf die widersprüchlichen Aussagen der Vergangenheit zu zerpflücken. Keine Frage, dass weder der OLG-Senat noch die Bundesanwaltschaft geneigt sein würden, meinem Mandanten auch nur ein Jota zu glauben.

»Aber was soll's«, munterte ich meinen Klienten auf. »Wenn das die Wahrheit ist, dann müssen wir das auch so aussagen.«

Mit dem Satz wollte ich eher mir selbst mehr Mut machen als meinem Klienten. Denn vor uns baute sich eine Mordshürde auf: die verfahrene Karre im Prozess noch einmal aus dem Dreck zu ziehen. Jeden Punkt der Aussage gingen wir durch, Wort für Wort, Satz für Satz – immer wieder.

Im Mai 2020 waren wir in die Endphase der Vorbereitung für die anstehende Hauptverhandlung gegangen: Nach und nach hatte ich meinen Mandanten über alle zu erwartenden Usancen des Prozessablaufs aufgeklärt. Außerdem wollte ich wissen, welche Erwartungen er in das Verfahren setzte. Kurzum: Mit welchem Ausgang rechnete Stephan Ernst?

Stundenlang redeten wir über seine Zukunftspläne, über seine Frau und die Kinder. Stephan Ernst fürchtete um seine Familie, wenn er die wahren Geschehnisse schilderte.

»Ich bin mir nicht sicher, ob mir oder meiner Familie etwas geschehen könnte. Der Markus ist seit Jahrzehnten eine feste Größe in der rechtsextremistischen Szene – vor allen Dingen in Hessen. Wenn ich den belaste, wird das bei den alten Kameraden nicht gut ankommen.«

Was sollte ich da entgegnen? Wie sollte ich ihn beruhigen? Die Bundesanwaltschaft um Schutz der Familie des Lübcke-Attentäters bitten? Das wäre ein gefundenes Fressen für die Presse gewesen. Schlagzeile: »Familie des Lübcke-Killers wird auf Staatskosten bewacht!« Also beließ ich es bei gutem Zureden. Zumal ich ohnehin nicht glaubte, dass die braune Szene in Hessen sich in diesen Zeiten an die Familie meines Mandanten heranmachen würde. Dazu standen die militanten Faschisten viel zu sehr auf dem Radar der Sicherheitsbehörden. Für mich war vielmehr entscheidend, dass mein Mandant mitzog, dass er gewillt war, reinen Tisch zu machen. Deshalb hatte ich so sehr insistiert und mich beharrlich an das Thema herangerobbt. Schließlich kannte ich Stephan Ernst erst seit drei Monaten. Nach längerem Für und Wider folgte er letztlich meinem Rat, wie er mir bei unserer folgenden Zusammenkunft versicherte.

»Herr Kaplan, ich will einen Schlussstrich ziehen. Ich will im Prozess aussagen und keine Rücksicht auf irgendwelche Personen nehmen.«

Offenbar wollte da jemand sein altes Leben hinter sich lassen – all den Hass beiseitelegen, den braunen Stumpfsinn, den verquasten Mumpitz von der »Überfremdung« und die schwachsinnige Rede von »Deutschland den Deutschen«.

Bei einer dieser Sitzungen entwickelte ich spontan eine Idee.

»Haben Sie schon mal daran gedacht, an einem Aussteigerprogramm teilzunehmen?«

Die Frage überraschte ihn. Interessiert schaute er mich an.

»Das kann ich mir gut vorstellen«, lautete seine Antwort, »aber dazu müsste ich noch mehr darüber erfahren.«

Zuvor hatte er eine solche Möglichkeit nicht für sich in Betracht gezogen. Aufmerksam hörte er zu und machte sich Notizen. So etwas kenne ich nur aus Wirtschaftsstrafverfahren, aber nicht von Gewalttätern. Stephan Ernst wirkte strukturiert, ruhig und sachlich. Zugleich suchte er nach einem Strohhalm. Längst war ihm klar geworden, dass er wohl sehr lange Zeit in einer Gefängniszelle verbringen würde.

Mich erinnerte seine Situation an einen Mann, der sich auf einen vermeintlichen Rachefeldzug begeben hat, nach der Tat aus einem Albtraum aufwacht und sich vergegenwärtigen muss, dass er einen Menschen getötet hat, nur um seinen Hass zu befriedigen. Danach kann der Täter die Uhr aber nicht mehr zurückdrehen. Geschehen ist geschehen. Er hat alles zerstört, das Leben der Familie Lübcke, aber auch sein eigenes. Und natürlich das bisherige Glück mit seiner Frau und seinen Kindern. Für Delinquenten wie Stephan Ernst ist dieses Erwachen aus dem Albtraum schwer zu ertragen. Dieser Zustand gleicht dem eines Junkies auf Turkey oder eines Alkoholikers, der auf dem Trockenen sitzt. Plötzlich wird einem klar, in welcher Scheiße man steckt und welche Folgen das eigene Tun nach sich zieht.

Sicher wird der eine oder andere sagen: »Na ja, jetzt reitet sein Anwalt auf der Mitleidsmasche herum.« Das wäre mir zu billig, zumal ich meinen Mandanten stets kritisch betrachtet habe. Stephan Ernst aber erweckte nie den Eindruck eines unbelehrbaren Fanatikers, auch wenn sein Handeln und seine Vorgeschichte genau dies nahelegten. Bei vielen kriminellen Rockern, Islamisten, Neonazis oder Gangstern der russischen Syndikate »Diebe im Gesetz« ist es klar, dass sie nie mit Polizei und Justiz kooperieren würden. Die sprichwörtliche Omertà der italienischen Mafia gilt als höchstes Gut. Gefängnisstrafen werden ohne Murren abgesessen – und seien sie noch so lang. Weder wird geredet, noch lösen die Knackis sich von ihren alten Verbindungen oder von ihren Anschauungen.

Als Stephan Ernst aber von dem Aussteigerprogramm hörte, eröffnete sich ihm eine Option, mit seinem alten Leben abzuschließen.

»Überlegen Sie es sich gut«, mahnte ich mit erhobenem Zeigefinger. »Das wird nur funktionieren, wenn Sie es wirklich wollen. Diesen Weg allein aus taktischen Gründen zu wählen, um die Richter milde zu stimmen, wird Ihnen nicht helfen. Das fällt irgendwann auf, denn die Mitarbeiter in dem Programm merken bald, wer es ernst meint und wer nicht. Die kommen immer wieder zu Ihnen in die JVA, und dann fühlen diese Experten Ihnen stundenlang auf den Zahn. Sollten die Zweifel an Ihren Absichten hegen, geht direkt eine Mitteilung an das zuständige Gericht, und dann ist es vorbei.«

Mittlerweile hatte der Staatsschutzsenat meinen Mandanten in die JVA Frankfurt verlegt. Seine Tat konnte er gewiss nicht sühnen, dennoch begann sich Stephan Ernst direkt nach unserem Gespräch bei den Wachtmeistern im Frankfurter Gefängnis nach dem Aussteigerprogramm für Rechtsextremisten namens IKARus (Informations- und Kompetenzzentrum Ausstiegshilfen Rechtsextremismus) des Hessischen Landeskriminalamts zu erkundigen. Heute befindet er sich auf einem guten Weg, der aber noch lange nicht abgeschlossen ist.

10 Zoff mit dem Co-Verteidiger

Der Prozessauftakt rückte näher. Und mit ihm stieg bei meinem Mandanten die Nervosität. Immer wieder gingen wir alle Eventualitäten für den ersten Verhandlungstag durch. Lange grübelte ich über eine geeignete Prozessstrategie nach. Mitunter hilft es, im Vorfeld mit dem Gericht und den Anklägern über einen Deal zu verhandeln – ein umfassendes Geständnis abzulegen, um die Verhandlung abzukürzen und eine mildere Strafe zu erreichen.

Bei Stephan Ernst schied eine solche Vorgehensweise aus. Ganz Deutschland wartete gespannt auf den Prozessauftakt. Weshalb sollte das Gericht sich auf Absprachen einlassen? Wie hätte der Staatsschutzsenat solch einen Deal vor der Familie Lübcke und der Öffentlichkeit vertreten sollen? Das Angebot einer sogenannten Verständigung von Verteidigerseite angesichts der erdrückenden Beweislage und der falschen Geständnisse meines Mandanten wäre lächerlich gewesen.

Im Frühjahr 2020 konzentrierte ich mich völlig auf das Lübcke-Verfahren. Zum einen arbeitete ich anhand der Briefe von Stephan Ernst an seiner neuen Einlassung. In den letzten Wochen vor dem Auftakt bereitete ich ihn auf den Prozess vor. Das half aber nicht, seine Angst vor der Hauptverhandlung einzudämmen. Stephan Ernst wusste, dass er auspacken musste – über den tödlichen Schuss auf Walter Lübcke, über sein Motiv, über die Rolle seines mutmaßlichen Komplizen Markus H., über sein Leben in der Neonaziszene, über die Misshandlungen in der Kindheit und Jugend und seinen Fremdenhass.

Immer wieder musste ich meinen Mandanten beruhigen, aufrichten und ermuntern, alles offenzulegen. Das half – und manchmal auch mal wieder nicht. Stets sorgte er sich, dass seiner Familie etwas zustoßen könnte, wenn er seinen einstigen Neonazi-Kumpel Markus H. belasten würde. Deshalb erschien es mir angebrachter, dass seine Angehörigen die Hauptverhandlung zunächst meiden sollten.

Am 20. Mai 2020 wurde vor dem OLG Frankfurt der Haftbefehl gegen Stephan Ernst verkündet. Ein kurzer Termin, der nur wenige Minuten dauerte. Im Anschluss bat ich den Vorsitzenden Richter Thomas Sagebiel, mir den Gerichtssaal zu zeigen, in dem der Prozess stattfinden würde. Ich wollte mir vorab ein Bild von den räumlichen Gegebenheiten machen, um meinem Mandanten später aufmalen zu können, was ihn erwartete und wo die Prozessbeteiligten Platz nehmen würden. Oberstaatsanwalt Dieter Killmer von der Bundesanwaltschaft zeigte ebenfalls Interesse. So begaben wir uns zu Fuß zu dem nur 50 Meter entfernt gelegenen Gerichtssaal 165c, in dem sich über Monate hinweg ein höchst ungewöhnliches Verfahren entwickeln sollte.

Die Corona-Lage schränkte notgedrungen die Zuschauerzahlen deutlich ein. Während ich mich umblickte, beschlich mich ein beklemmendes Gefühl. In etwas mehr als zwei Wochen sollte es hier losgehen. Nach dem NSU-Verfahren sollte hier erneut ein höchst brisanter Prozess beginnen, der Einblicke in die rechtsterroristischen Abgründe gewähren würde. Und ich mittendrin. Ein Stück weit bekam ich Muffensausen. Mensch, Mustafa, jetzt wird's ernst, dachte ich. Dann aber straffte ich mich. Es nützte ja nichts, sich bereits vorab ins Bockshorn jagen zu lassen. Bangemachen galt nicht.

Allmählich entwickelte ich eine Taktik für die ersten Verhandlungstage. Ein Prozessauftakt erinnert mitunter an das Abtasten zwischen zwei Boxern im Ring nach dem ersten Gong. Die Kämpfer loten aus, wie der Gegner taktisch eingestellt ist: Rechts- oder Linksauslage? In die Offensive gehen oder abwarten? Stimmen meine Reichweite und die Distanz? Hängt seine Deckung etwas zu tief? Suche ich die schnelle Entscheidung, oder gehe ich über mehrere Runden? Genauso verhielt es sich auch bei diesem Prozess. Ich wollte mir in den ersten Sitzungstagen zunächst ein Bild verschaffen, wie das Gericht, die Ankläger und die Opferanwälte tickten, um meinen ersten Schritt vorzubereiten. So ließ ich den Senatsvorsitzenden Thomas Sagebiel in Gesprächen im Unklaren, wie sich mein Klient in der Hauptverhandlung verhalten würde. Ein paar Tage vor dem Prozessauftakt stellte ich bei einem Telefonat mit meinem Co-Verteidiger Frank Hannig nochmals klar, dass er sich aus der Prozessführung raushalten sollte. Er gab an, sich fügen zu wollen.

Von Anfang an begegnete ich Hannig reserviert. Mir erschien seine Arbeitsweise suspekt. Wie sich später herausstellte, war mein Argwohn berechtigt.

16. Juni 2020, Prozessauftakt. Auf der Zugfahrt von Köln nach Frankfurt saß ich im Bordbistro, trank einen Kaffee und bereitete mich mental auf die an dem Tag beginnende Herausforderung vor. Mir schräg gegenüber saß ein älterer Herr Ende sechzig und las die *Bild*. Direkt auf der ersten Seite ein großes Foto von mir gemeinsam mit Stephan Ernst. In großen Buchstaben fragte das Blatt: »Warum vertritt der Sohn eines Gastarbeiters Deutschlands schlimmsten Neonazi?« *Bild* hatte es immer noch nicht verstanden. Egal. Ich hoffte nur, dass der Mann mich nicht erkannte und ansprach: »Sagen Sie mal … Sie sind doch der türkische Anwalt von Ernst … wieso machen Sie das?« So oder ähnlich. Heute hatte ich aber definitiv keine Kraft für solche Gespräche. Heute nicht. Ich wandte meinen Blick ab und schaute aus dem Fenster in die Ferne. Auf dem Weg zum Oberlandesgericht begegneten mir Antifa-Gruppen, die auf einer Kundgebung gegen den braunen Sumpf protestierten. Unten im Vorführraum erwartete mich

der Angeklagte. Schwarzer Anzug, weißes Hemd. Stephan Ernst wirkte erregt, stellte immer wieder dieselben Fragen.

»Was passiert denn jetzt gleich da oben? Glauben Sie, dass viele Leute kommen werden? Wie sieht es denn draußen vor dem Gerichtsgebäude aus, gibt es da große Proteste?«

In solchen Momenten merkt man, was das Wort »Strafverteidiger« bedeutet. Der Anwalt ist der Rettungsanker des Angeklagten. Wieder einmal ging es um alles oder nichts. Die mediale Öffentlichkeit hatte das Urteil schon gesprochen.

Unsere Prozessaussichten standen denkbar schlecht. Aber nach diesem politisch motivierten Verbrechen auf einen Gewinn zu hoffen wäre sicherlich die verkehrte Herangehensweise gewesen.

»Da oben wird es einen großen Rummel geben«, erklärte ich meinem Mandanten, »aber dem müssen wir uns jetzt stellen.«

Erneut gingen wir alles durch, was im Gerichtssaal auf Stephan Ernst zukommen würde. Der mitangeklagte Markus H., die Richter, die Ankläger von der Bundesanwaltschaft, die Familie des ermordeten Regierungspräsidenten, der irakische Flüchtling Ahmad E., den mein Mandant am 6. Januar 2016 von hinten mit dem Messer angegriffen haben sollte, sowie die Opferanwälte. Und ein riesiges Medienaufgebot.

»Sie können die Corona-Maske so lange anbehalten, bis die Kameraleute den Saal verlassen, wenn Sie Ihr Gesicht nicht zeigen wollen.«

Den Rat nahm mein Mandant aber nicht an.

»Herr Kaplan, mein Gesicht ist ohnehin bekannt. Es kursieren doch längst Fotos in den Medien aus meiner Neonazizeit. Die Berichterstatter und die Leute da draußen wissen doch alle, wie ich aussehe. Es gibt also keinen Grund, mich zu verstecken.«

Kaum hatten ihn die Wachtmeister zur Anklagebank gebracht und ihm die Handschellen gelöst, zog Ernst seine Maske ab. Eine Geste, die unsere gesamte Verteidigungsstrategie vorwegnehmen würde: Da wollte sich jemand diesem Prozess stellen und sich zu seiner Schuld bekennen.

Die Kameras surrten. Fotografen wuselten umher, um die besten Bilder meines Mandanten und von dessen Mitangeklagtem Markus H. zu ergattern. Äußerlich blieb Stephan Ernst ruhig, seine Miene wirkte ausdruckslos. Doch ich wusste, wie es in ihm brodelte – dass diese stoische Haltung nur Show war, um die eigene Furcht vor dem Ungewissen zu übertünchen. Ich selbst zog ebenfalls mit gehörigem Bammel meine Anwaltsrobe an.

Nur 19 Journalisten waren im Saal zugelassen, weitere 41 akkreditierte Pressevertreter wurden via Audioübertragung zugeschaltet. Die Corona-Pandemie machte auch vor diesem Verfahren nicht halt. Allerdings riefen die Einschränkungen unter den Medienvertretern großen Unmut hervor. Journalistenverbände forderten eine Videoübertragung, die der Senat jedoch aus rechtlichen Gründen ablehnte.

Die Gerichtsreporterin der *Süddeutschen Zeitung* Annette Ramelsberger kritisierte in einem Kommentar den OLG-Senat, der mit den verordneten Einschränkungen den Medienvertretern die Arbeit unnötig erschwere. Die Maßnahmen gefährdeten somit die Pressefreiheit und würden womöglich dem Verfahren die Wirkung nehmen, die es verdiene. Über Journalisten wie Frau Ramelsberger schaute die halbe Republik auf den Prozess. Eingehend ermahnte ich mich zur Ruhe und Kontrolle: Mustafa, hier kannst du dir keinen handwerklichen Fehler erlauben.

Gegen Ende des ersten Hauptverhandlungstages war ich auch gleich gefordert. Als der Vorsitzende Richter Sagebiel meinem Mandanten empfahl, nicht auf seine Verteidiger zu hören, sondern auf das Gericht, stellte ich zu Beginn des folgenden Hauptverhandlungstages einen Befangenheitsantrag gegen den Senatsvorsitzenden. Mein Begehren ging natürlich nicht durch, aber ich hatte klargemacht, dass der Angeklagte in erster Linie nur auf eine Person hören musste, auf seinen Verteidiger.

Nach dem Termin ging ich nochmals runter zur Vorführstelle.

»So, nun haben wir den ersten großen Brocken hinter uns gebracht«, sagte ich zu Stephan Ernst.

Er lächelte mich befreit an und erwiderte: »Es war gut, dass es jetzt losging, und nun sollten wir die nächsten Verhandlungen angehen.«

Seine Zuversicht überraschte mich nach all den schwierigen Gesprächen im Vorfeld der Hauptverhandlung. Ich selbst war beileibe nicht so positiv gestimmt. Dazu lagen zu viele Hindernisse im Weg.

So gefiel mir beispielsweise nicht, dass Rechtsanwalt Hannig sich in der Hauptverhandlung nicht zurückhielt, obwohl ich ihm das so aufgetragen hatte. Am Morgen vor dem dritten Verhandlungstag, gegen 9:45 Uhr, stellte ich den Rechtsanwalt in der Nähe des Gerichtsgebäudes zur Rede.

Wir hatten eine Auseinandersetzung über die weitere Prozessstrategie, und ich merkte schnell, dass wir hier völlig unterschiedliche Ansichten hatten. Nach meiner Ansicht ging es so, wie der Kollege sich das vorstellte, überhaupt nicht. Mir wurde klar: entweder er oder ich …

Am sechsten Prozesstag kam es zum Showdown mit dem Kollegen. Im Termin stellte Hannig völlig unsinnige Beweisanträge. Ohne mein Plazet einzuholen, unterstellte der Anwalt dem Mordopfer und seiner Familie, dass sie in ein korruptes Netzwerk eingebunden gewesen sein sollten. Da war von vermeintlich krummen Geschäften Walter Lübckes die Rede.

»Das Gericht muss doch fragen: Kommt ein anderes Tatmotiv in Betracht?«, erläuterte Hannig sein Unterfangen.

So stellte er allen Ernstes einen Antrag, dass das Gericht nochmals einen Einbruch untersuchen lassen möge, der sich Ende Juli 2019 im Regierungspräsidium Kassel ereignet habe. In dem Kontext führte Hannig Medienberichte über gestohlene Akten an, die Hinweise auf angebliche »Verbindungen« Lübckes zu dubiosen Windkraft- und Solarenergiegeschäften seiner Söhne enthielten. Je länger Hannig seine Anträge begründete, desto mehr Unsinn kam heraus. Kurz schauten Stephan Ernst und ich uns an. Auch mein Mandant schien überrascht.

Peinlich berührt blickte ich hinüber zur Gegenseite. Da saß die Familie Lübcke und musste sich diesen hanebüchenen Unfug anhören. Ich war extrem verärgert. Der bizarre Auftritt meines Co-Verteidigers konnte unmöglich so stehen bleiben. Ich musste etwas tun, und ich musste es schnell tun. Viel Zeit zum Nachdenken blieb nicht. Sobald Hannig seine Anträge verlesen hatte, würde ich mich davon distanzieren. Und zwar gleich, nicht erst nach der Verhandlungspause.

Was war nun mit Stephan Ernst? Wie würde er darauf reagieren? Sein Verteidiger Hannig stellte Beweisanträge, sein Verteidiger Kaplan distanzierte sich davon – auf welche Seite würde sich der Mandant schlagen?

Hannig hatte uns in eine unhaltbare Situation gebracht. Umgehend rückte ich näher zu meinem Mandanten.

»Herr Ernst, wussten Sie von diesen Anträgen?«

Auf meine Frage hin versicherte er mir, dass dieser Schritt von Hannig nicht mit ihm abgesprochen gewesen sei.

Leise zischte ich ihm zu: »Das ist eine Katastrophe. Ich werde mich gleich von diesen Anträgen distanzieren. Und wenn Sie mir deshalb das Mandat entziehen sollten, dann würde ich meine Robe ausziehen, mich freundlich von Ihnen verabschieden, Ihnen alles Gute wünschen und den Sitzungssaal verlassen. Es wäre okay für mich«, drohte ich in einem freundlichen, aber bestimmten Ton, der nicht den geringsten Zweifel zuließ. Er schaute mich an. Kurze Stille.

»Ich möchte nicht, dass Sie gehen, Herr Kaplan«, erwiderte Stephan Ernst nervös.

Das klang vielsprechend.

»Herr Ernst, ich werde gleich reden. Soll ich sagen, dass allein *ich* mich von den Anträgen des Kollegen distanziere? Oder soll ich sagen, dass *Sie und ich* nichts mit den Anträgen zu tun haben wollen?«

Die Antwort erfolgte prompt: »Sagen Sie, dass Sie und ich uns von den Anträgen distanzieren.«

Befriedigt nahm ich sein Votum zur Kenntnis.

Rechtsanwalt Hannig hatte gerade den letzten Antrag verlesen, da fragte ihn der Vorsitzende, ob diese Anträge mit dem Mandanten abgesprochen seien. Hannig schaute selbstgefällig zu Stephan Ernst hinüber. Überzeugt, dass er gleich ein »Ja« hören würde, erkundigte sich Hannig, ob Ernst sich die soeben verlesenen Anträge zu eigen mache. Ich wartete gespannt auf Ernsts Antwort. Sie fiel knapp aus: »Nein!« Hannig schaute ihn sprachlos an. Die wenigen Zuhörer begannen, miteinander zu flüstern.

Der Vorsitzende Richter Sagebiel reagierte unwirsch und kanzelte meinen Kollegen mit scharfen Worten ab.

»Herr Rechtsanwalt, das ist alles gequirlter Unsinn.«

Die Anträge seien handwerklich schlecht, führte der Richter weiter aus, und keiner von ihnen habe Erfolgsaussichten. Er mache sich Sorgen, ob der Angeklagte durch Rechtsanwalt Hannig ordentlich verteidigt werde. Der so Gescholtene kündigte Widerstand an. Gegebenenfalls werde er einen Befangenheitsantrag gegen den Vorsitzenden Richter stellen.

»Pfff, dann machen Sie mal«, antwortete Sagebiel.

Anschließend bat er um Stellungnahmen der restlichen Prozessbeteiligten zu den Anträgen. Oberstaatsanwalt Killmer und Opferanwalt Holger Matt sprachen sich gegen die Anträge aus, weil jeglicher Bezug zum Fall fehle.

Nun war ich an der Reihe. Alle Augen richteten sich auf mich. Im Saal war es mucksmäuschenstill. Ich schaltete mein Mikrofon an und holte zum Gegenschlag aus.

»Die Anträge von Rechtsanwalt Hannig sind weder mit meinem Mandanten noch mit mir abgesprochen. Wir distanzieren uns ausdrücklich hiervon. Mein Mandant hat kein Interesse daran, dass der Getötete und seine Familienangehörigen mit Dreck beworfen werden.«

Die Bombe war geplatzt. Eine Zeit lang herrschte Totenstille.

Anschließend beantragte ich, die Hauptverhandlung für eine halbe Stunde zu unterbrechen, damit ich mich mit meinem

Mandanten unter vier Augen beraten konnte. Die Sitzung wurde unterbrochen. Schnellen Schrittes lief ich hinunter zur Vorführstelle. Mein Mandant begrüßte mich ein wenig kleinlaut. Ich winkte nur barsch ab.

»So geht es nicht weiter! Das führt zu einem Desaster, so kann ich Sie nicht verteidigen. Das sind Scheißanträge, da kann ich nicht dabeihocken und meine Klappe halten.«

Mehr schlecht als recht versuchte ich, meine Lautstärke abzuschwächen.

»Diese Anträge schaden Ihnen, wenn Sie sich geständig einlassen und Fragen der Familie Lübcke beantworten wollen. Wenn Sie glaubwürdig rüberkommen wollen, kann man diesen Mist nicht so laufen lassen. Wir müssen die Anträge zurücknehmen, und wir müssen Hannig rausschmeißen. Noch heute. Er ist eine tickende Zeitbombe. Auch wenn er heute Ruhe gibt – wer garantiert uns, dass er nächste oder übernächste Woche nicht noch mal das Verfahren torpediert? Sie müssen sich entscheiden, wen Sie wollen: Kaplan oder Hannig? Beides geht nicht. Und noch mal: Ich hätte volles Verständnis, wenn Sie sich für Hannig entscheiden. Schließlich kennen Sie ihn ja länger als mich. Es wäre völlig in Ordnung für mich.«

Stephan Ernst brauchte nicht lange zu überlegen. Er entschied sich für mich. Nach dem Gespräch kehrten wir in den Gerichtssaal zurück. Der Dresdner Anwalt ahnte noch nichts von der getroffenen Vereinbarung, als ich vortrat, um seine Entpflichtung beim Gericht zu beantragen. »Das Vertrauen meines Mandanten zu dem Anwalt ist dauerhaft zerstört. Stephan Ernst ist mit seiner Verteidigungsstrategie nicht mehr einverstanden.«

Während meines Vortrags rückte der Klient demonstrativ von Hannig ab. Wir nahmen die Beweisanträge des Kollegen zurück.

Hannig wehrte sich in seiner Replik gegen die Entpflichtung, und zwar mit der kruden Begründung, dass verschiedene Verteidigungsstrategien »zu verschiedenen Herangehensweisen« führen würden. Was für ein Quatsch. Als Verteidiger bildet man ein Team mit ein und derselben Prozessstrategie, oder das Ganze führt ins Chaos. Das Gericht vertagte seine Entscheidung und bat um schriftliche Stellungnahmen beider Anwälte.

Welch eine Zuspitzung der Ereignisse, zumal der »Kollege« Hannig auf fragwürdige Weise versuchte, weiter im Mandat zu bleiben. Wie sich im Nachhinein herausstellte, hatte der sächsische Jurist auf Frau Ernst und die beiden Kinder Druck ausgeübt, sich für ihn zu verwenden. So veranlasste er ein Schreiben der Familie ans Gericht. Darin gaben die Angehörigen ihren Wunsch zum Ausdruck, dass Stephan Ernst seinen Antrag zurücknehmen möge, Rechtsanwalt Hannig zu entpflichten.

Dieser Brief gelangte schnell zu mir. An einem Dienstag suchte ich meinen Mandanten in der JVA auf. Sicher war ich mir nicht, ob Stephan Ernst bei der Stange bleiben würde. Die Bitte seiner Familie hatte gewiss Wirkung hinterlassen. Zu meiner Überraschung hielt mein Klient aber Kurs und handelte, wie wir es zuvor besprochen hatten.

»Machen Sie sich mal keine Gedanken Herr Kaplan. Ich werde das mit meiner Familie später klären, aber mein Entpflichtungsantrag bleibt so bestehen«, sagte er und schaute mich mit festem Blick an.

So geschah es dann auch. Am siebten Verhandlungstag, Ende Juli 2020, entließ der OLG-Senat Hannig aus dem Mandat. Der Vorsitzende Richter Sagebiel stellte fest, dass das Vertrauensverhältnis zwischen dem Angeklagten und dem Dresdner Rechtsanwalt »gestört« und »zerrüttet« sei. Hannig habe Beweisanträge nicht mit dem Angeklagten abgesprochen. Auch habe er Mutmaßungen über die Tatbeteiligung Dritter angestellt. Ein Verteidigungsansatz, der dazu führe, Opfer zu diskreditieren, sei nicht zulässig. Der Vorsitzende Richter wies auch Hannigs Behauptung als »unwahr« ab, wonach das Gericht den Anwalt daran gehindert habe, ein angebliches rechtsextremes Netzwerk aufzudecken. Diese Strategie schade einzig dem Angeklagten, lautete das richterliche Resümee.

Schadenfreude ist die schönste Freude, heißt es im Volksmund. Da ist was dran. Obwohl ich nach außen hin die Contenance wahrte, konnte ich mir innerlich ein hämisches Grinsen nicht verkneifen.

Nach der richterlichen Entpflichtung gab ich noch zu Protokoll, dass alle Mandate des Kollegen Hannig in diesem Verfahren beendet seien, und fügte hinzu, er solle den Angeklagten nicht mehr weiter stören. Damit meinte ich insbesondere die fortwährenden Videos, in denen der Anwalt dem Senat heftige Vorwürfe machte. Nach meiner Auffassung verstießen die Clips gegen die anwaltliche Schweigepflicht, und deshalb erstattete ich Strafanzeige gegen den sächsischen Advokaten. Danach war Ruhe auf Hannigs Social-Media-Accounts. Nur wenige Tage nach Hannigs Entpflichtung veröffentlichte das Reportageformat *STRG_F*, ein Onlineangebot von ARD und ZDF, auf YouTube ein knapp 25-minütiges Video mit Ausschnitten aus den Vernehmungsvideos von Stephan Ernst. Bis heute wurde dieses Video millionenfach aufgerufen. Soweit ich das beurteilen kann, war es in Deutschland das erste Mal, dass Vernehmungsvideos, also Bestandteile aus einer Strafakte, im Netz landeten. Ein Bruch mit allen bisherigen Traditionen. Es gab aber auch ethische Bedenken hiergegen. So erklärte die Medienethik-Professorin Larissa Krainer in einem Interview vom 7. August 2020 mit der *Süddeutschen Zeitung*:

»Da sind erst einmal die Tabubrüche im Bereich des Täterschutzes. Natürlich kann man sagen, der Täter habe im Prozess bereits gestanden. Aber: Auch Täterinnen und Täter haben ein Recht auf gewissen Schutz, auch ihrer Intimsphäre. Und es gibt ja immer Angehörige – auch von Tätern. Ich kann mir nur vorstellen, wie sich Verwandte, Freunde oder Partner danach fühlen müssen. Vor allem ist es aber ein Tabubruch im Sinne des mangelnden Opferschutzes. Man sieht in dem Video, wie Stephan Ernst die Haltung mit einer imaginären Pistole in der Hand einnimmt, um zu zeigen, wie er den Schuss abgab. Auch hier ist der Schutz der Angehörigen nicht gewährt. Und wir wissen, dass man nichts mehr aus dem Netz bekommt, was einmal drin ist. Die Verbreitung ist nicht aufzuhalten.«

Auf die weitergehende Frage, was das Besondere an diesem Video sei, antwortet Larissa Krainer:

»Ehrlich gesagt, beim Ansehen habe ich mir gedacht, was ist der nächste Schritt? Livestreaming von Verhören? Das ist natürlich überspitzt, aber die Sorge ist schon: Wie wirkt sich das auf Vernehmungstechniken aus? Es werden ja auch die handelnden Polizisten durch das Video bekannt, die wahrscheinlich keinen großen Wert darauf legen, bei ihrer Arbeit gefilmt zu werden. Es werden die Räume gezeigt. Es werden Vernehmungsmethoden gezeigt, eigentlich Dinge, die genuin Polizeimethoden sind – und bei denen es gute Gründe gibt, dass sie nicht öffentlich einsehbar sind. Man fragt sich: Wer hat da eigentlich eine Freigabe erteilt? Es ist wohl unter der Hand irgendwie weitergegeben worden.«

Oft wurde ich gefragt, ob womöglich Rechtsanwalt Hannig die Vernehmungsvideos nach seinem Rauswurf aus dem Prozess illegal verkauft haben könnte.

Ich habe stets geantwortet: »Ich kann weder beweisen, dass er es gemacht hat. Noch kann ich beweisen, dass er es nicht gemacht hat.«

Später erklärte mir Ernst, dass Rechtsanwalt Hannig noch an dem Morgen der gerichtlichen Entscheidung versucht habe, ihn von der Rücknahme des Entpflichtungsantrages zu überzeugen.

Ich musste schmunzeln, als Ernst mir davon berichtete. Tatsächlich entbehrt das Ganze ja nicht einer gewissen Komik: Ein ehemaliger Neonazi schickt seinen deutschen Anwalt, der AfD und PEGIDA nahestehen soll, nach Hause, um mit seinem türkischstämmigen Verteidiger weiterzumachen. Optimistisch, wie ich nun mal bin, erkannte ich darin eine Win-win-win-Situation mit drei Gewinnern.

Ich hatte gewonnen, weil ich endlich nicht mehr befürchten musste, dass mein Co-Verteidiger das Verfahren noch weiter torpedierte. Ernst hatte gewonnen, weil er eine vernünftige Verteidigung bekam. Und Hannig hatte gewonnen, weil er sein Weltbild bestätigt bekam. Er kann seitdem mit Fug und Recht behaupten, ein »Ausländer« habe ihm seine Arbeit weggenommen. Und es wäre noch nicht einmal gelogen. Die gebührende Empörung seines Freundeskreises und seiner Gesinnungsgenossen dürfte ihm gewiss sein. Gewinner, wo man nur hinschaut. Genau mein Humor.

Mit Hannig hielt ich mich aber nicht lange auf. Schließlich stand der nächste große Schritt an: Am folgenden Prozesstag wollte ich für meinen Mandanten das neue Geständnis verlesen. Von A bis Z sollte die Einlassung das komplette Tatgeschehen darstellen. Blieb nur die Frage, ob ihm jemand glauben würde.

11 Ein neues Geständnis

Das war kein einfacher Gang. Gewiss nicht. Stephan Ernst wirkte blass, als er an jenem achten Verhandlungstag im August erneut auf der Anklagebank Platz nahm. Anhand seiner Notizen hatte ich auf 19 Seiten eine neue Einlassung zum Attentat auf Walter Lübcke formuliert. Stephan Ernst wusste, was jetzt auf ihn zukommen würde: Fragen, eine Flut von Fragen.

Oft ist es so, dass der Anwalt im Namen seines Mandanten das schriftliche Geständnis vorträgt und keine weiteren Fragen zulässt. Ein simples strafprozessuales Mittel, um zu verhindern, dass der Angeklagte sich im Nachhinein um Kopf und Kragen redet. Im Lübcke-Verfahren aber verhielt es sich anders. Das war kein normaler Strafprozess. Aus dem, was Ernst mir erzählte, konnte ich entnehmen, dass seine ehemaligen Verteidiger die Karre in den Dreck gefahren hatten. Und so blieb uns nur eines übrig: das eigentliche Tatgeschehen aufklären und Angaben über Markus H. machen, ohne sich selbst oder den Mitangeklagten zu schonen. Dies war nicht bloß ein einfaches Schuldeingeständnis.

Längere Diskussionen mussten geführt werden, ehe wir uns einig wurden, dass mein Mandant nach der vorgetragenen Einlassung sämtliche Fragen des Gerichts, der Bundesanwaltschaft und der Familie Lübcke beantworten würde. Nur so bestand eine Chance, ein Stück Glaubwürdigkeit wiederzuerlangen.

Stephan Ernst hatte mich gebeten, das Geständnis vorzutragen, da er vor dem großen Publikum fürchtete, ins Stottern zu geraten.

»Sie haben da weitaus mehr Erfahrung als ich selbst«, bekannte er in seinem typisch monotonen Singsang.

Mir war's recht. Nichts wäre abträglicher gewesen, als dass mein Mandant mitten im Redefluss stockte oder abbrach. Dieser Prozesstag war immens wichtig; Fehler durften wir uns nicht erlauben. Stephan Ernst musste da durch. Kein Zögern, kein Abwarten mehr: Augen auf und durch – ganz gleich, was dabei herauskommen würde. Seine Angaben in unseren Vieraugengesprächen und seine schriftlichen Notizen, die er mir übergab, hatte ich in die Einlassung eingearbeitet.

Also schaltete ich mein Mikrofon an und leitete mit einer kurzen Erklärung ein: »Sie alle haben Anspruch darauf, zu erfahren, was passiert ist und wie es dazu gekommen ist.« Das klang sicher ein wenig pathetisch, aber traf den Kern der Sache. Und so begann ich, die Einlassung zu verlesen. Dabei möchte ich noch einmal betonen, dass dies die Version meines Mandanten ist, die ich persönlich für glaubhaft halte, die man aber offenkundig – wie auch das Gericht – anders sehen kann.

Auf die Lebensbeichte, die schwere Kindheit und Jugend folgte der Bericht über die Zeit meines Mandanten als Eiferer in der Neonaziszene. Mitunter schaute ich hinüber zu Markus H., der aber feixte oder grinste frech zu den Angehörigen der Lübcke-Familie hinüber. Mitunter lachte er laut, als Stephan Ernst ihn als Mentor bezeichnete, von dem er abhängig gewesen sei.

Erst als ich die gemeinsamen Schießübungen im Wald auf Zielscheiben mit dem Konterfei der damaligen Kanzlerin schilderte, verzog sich seine gute Laune. Das Grinsen erlosch, als seine rechte Hetze zur Sprache kam. All das Gefasel vom notwendigen Bürgerkrieg und dass man bald auch auf die Zielscheibe mit dem Bild von Walter Lübcke feuern werde, verfehlte seine Wirkung nicht. Hektisch begann Markus H. mitzuschreiben, lief rot an und schüttelte gemäß der Journalistin Julia Jüttner von *Spiegel Online* immer wieder den Kopf. Offenbar hatte Stephan Ernst mit seiner neuen Einlassung bei seinem ehemaligen Kumpel einen Nerv getroffen. Die Schilderungen nahmen Minute für Minute Fahrt auf: Der Tatplan entwickelte sich. Für den 1. Juni 2019 verabredeten sich beide Männer abends bei einer Autowaschanlage in Lohfelden. Dort schraubte man die falschen Kennzeichen an das Auto des Mitangeklagten. Der Revolver befand sich in einer Umhängetasche im Handschuhfach. Stephan Ernst nahm die Tasche an sich.

Auf der Fahrt zum Haus des Regierungspräsidenten prahlte H. über seine Waffendepots im Reinhardswald. Kurz nach 22 Uhr erreichten die Extremisten Lübckes Wohnort in Wolfshagen-Istha nahe Kassel. Die Männer fuhren durch die Gegend, warfen einen Blick auf die örtliche Kirmes, um das Publikum zu scannen. Danach ging es zu einem Parkplatz am Ortsausgang. Nervös geworden, diskutierten die beiden Männer ihre Optionen durch. Ein Szenario sah vor, den CDU-Politiker lediglich zur Rede zu stellen, ihn zu beleidigen und dann zu verprügeln; ein zweites schloss auch den Einsatz des Revolvers ein.

Zunächst entschieden sich die rechten Fanatiker dafür, die Lage auszukundschaften. Markus H. wollte sich über den Vorgarten dem Anwesen nähern. Sobald sie Lübcke auf der Terrasse antreffen würden, »gehen wir gleich hin und greifen ihn von zwei Seiten an«.

Stephan Ernst nickte zustimmend: »Dann gehe ich von der Seite über die Wiese an ihn ran. Das darf alles nicht lange dauern, es muss schnell gehen.«

Markus H. stimmte zu: »Wenn wir ihn nicht auf der Terrasse sehen, dann gehen wir erst mal auf die Kirmes und sehen uns dort um.«

Daraufhin schritten die beiden Männer zur Tat. Nach ihrer Ankunft am Haus des CDU-Politikers teilten sich die beiden auf. Einige Minuten später nahm Stephan Ernst das Leuchten eines

Smartphones auf der Terrasse wahr. Sein mutmaßlicher Komplize kam ihm entgegen, um ihm mitzuteilen, dass die Zielperson dort sitze.

Bald darauf habe Markus H. den Befehl gegeben: »Los, dann machen wir es jetzt!«

Stephan Ernst erwiderte: »Okay, ich gehe los. Warte, bis du mich am Zaun siehst!«

Sein Kumpel soll Folgendes ergänzt haben: »Wenn keiner kommt und du am Zaun bist, gehe ich los. Dann gehst auch du los! Bedroh ihn mit der Waffe. Ich werde in ihn reintreten. Vorher möchte ich ihm aber noch etwas übers Auswandern sagen. Wenn er blöd kommt, dann schießt du!«

Anschließend schlichen die Attentäter von zwei Seiten auf das Haus zu. Fast zeitgleich überraschten sie den Regierungspräsidenten. Walter Lübcke sah zunächst Markus H. an und danach Stephan Ernst. Aus kurzer Distanz zielte Letzterer auf den Hausherrn, spannte den Hahn und befahl: »Beweg dich nicht!« Lübcke wollte sich aufrichten. Stephan Ernst aber trat noch näher an ihn heran. »Du sollst dich nicht bewegen!«, fuhr er ihn an. Dabei drückte er ihn mit der Waffe im Anschlag mit der linken Hand zurück in den Stuhl.

Was dann geschah, demonstrierte Stephan Ernst nochmals nach der Mittagspause. Er spielte die Ereignisse nach. In der Mitte des Gerichtssaals demonstrierte der Angeklagte, wie Walter Lübcke in jener Nacht auf seiner Terrasse saß, wie nah er an ihn herankam – den Rossi-Revolver Kaliber 38 in der Hand, den Hahn gespannt – und wie Markus H. gerufen hatte: »Lübcke, Zeit zum Auswandern!« Der CDU-Politiker hatte sich aufrichten wollen. »Was wollt ihr hier, verschwindet!« In dem Moment drückte Stephan Ernst den Abzug durch.

Nach dem Schuss rief Stephan Ernst seinem Begleiter zu: »Los! Abhauen!« Die Waffe hatte er in seine Hose gesteckt. Kaum im Wagen, brausten die beiden Männer davon. Stephan Ernst drückte aufs Gas.

»Ich glaube, ich habe ihn am Kopf erwischt!«, brüllte er aufgeregt.

Sein Freund beschwor ihn, nicht in Panik zu verfallen.

»Fahr normal. Bau keinen Unfall. Wir müssen pokern bis zuletzt. Wir wissen doch gar nicht, ob er tot ist.«

Während mein Mandant nicht klar denken konnte, entwickelte Markus H. bereits einen Notfallplan.

»Wir fahren normal nach Kassel und machen die Schilder ab. Dann geht jeder nach Hause. Und wir müssen alle Waffen verschwinden lassen«, sagte er.

Anderthalb Monate später standen die Staatsschützer vor der Tür von Stephan Ernst. Auf dem Hemd des Opfers hatte sich eine Hautschuppe des Todesschützen gefunden. Da Stephan Ernst aufgrund seiner einschlägigen Vorstrafen in der DNA-Datei des Bundeskriminalamts gespeichert war, fiel der Verdacht bald auf ihn.

Gut ein Jahr danach saß mein Mandant im Gerichtssaal und bemühte sich um eine Aussage, warum er in dem Moment die Waffe eingesetzt hatte. Er wisse es nicht genau; vielleicht habe er auch nur auf die wütende Reaktion von Herrn Lübcke gewartet, um zu schießen. Und dann wandte er sich mit einer reuevollen Stellungnahme an die Familie des Todesopfers.

»Meine Gedanken und mein Handeln waren falsch. Sie haben dazu geführt, dass ich gemeinsam mit Markus H. Herrn Dr. Walter Lübcke umgebracht habe. Meine Gedanken ließen mich falschen Leuten folgen«, sagte Stephan Ernst.

Das Geständnis endete mit den Sätzen, dass er wisse, dass es »unentschuldbar« sei, was er ihnen angetan habe; dass die Familie »immer mit dem Schmerz« leben müsse, den er und sein Kamerad verursacht hätten. Was sie getan hätten, sei falsch, feige und grausam gewesen. Es tue ihm leid, betonte er schluchzend. Niemand solle sterben, weil er eine andere Meinung, Religion oder Herkunft habe. Er übernehme die Verantwortung für den Tod Walter Lübckes. Zugleich versicherte mein Mandant, alle

Fragen der Familie beantworten zu wollen. Nach dem letzten verlesenen Satz des Geständnisses war ich erst mal erleichtert.

Die Angehörigen des Opfers ließen daraufhin erkennen, dass sie dem Schuldeingeständnis des Todesschützen Glauben schenkten. Das war sehr wichtig. Zu meiner großen Überraschung trat der Sprecher der Familie Lübcke sogar vor die Presse und tat dies öffentlich kund. Es war mehr, als ich erwartet hatte. Allerdings kolportierten die Medien meist nur seine deutliche Kritik an der Lebensbeichte meines Mandanten.

»Es ist für die Familie kaum zu verkraften, dass der Hauptangeklagte sein Geständnis mit ausufernden Erklärungen zu einer schweren Kindheit und zur Radikalisierung durch den Mitangeklagten H. verbindet, so als ob es normal sei, dass diese Umstände in eine so schreckliche Tat münden.« Der Angeklagte sei nicht das Opfer, betonte der Familiensprecher. »Opfer ist Dr. Walter Lübcke, Opfer sind seine Frau, seine Söhne und die gesamte Familie.«

Nichts anderes hatten wir behauptet. Natürlich wollten wir aus Stephan Ernst kein Opfer machen, das wäre absurd gewesen. Dennoch spielt der Werdegang bei jedem Menschen eine Rolle, wenn es um die Beurteilung seiner Taten geht. Viele Kommentatoren nahmen das, wie es *Die Zeit* formulierte, »Geständnis 3a« mit Skepsis auf, und auch das Gericht und die Bundesanwaltschaft äußerten Zweifel. Bei den Senatsmitgliedern bin ich mir sicher, dass lange Zeit zwei unterschiedliche Standpunkte vorherrschten; die Minderheitsfraktion glaubte meinem Mandanten, die anderen drei Richter senkten allerdings den Daumen.

Auch an den folgenden Sitzungstagen wurde mein Mandant mit Fragen bestürmt. Die neuerliche Einlassung blieb nicht gänzlich frei von Widersprüchen. Dazu war der ganze Sachverhalt auch zu komplex. In dem Zusammenhang wollten die Richter des fünfköpfigen Strafsenats wissen, warum der Angeklagte überhaupt eine Waffe mit sich geführt hatte.

Zunächst äußerte mein Mandant, sie hätten den CDU-Politiker nur einschüchtern und vielleicht einen Warnschuss abgeben wollen. Erst auf hartnäckige Nachfrage räumte er ein, dass er im Fall des Falles direkt auf Lübcke zielen sollte.

An dieser Stelle hakte der Vorsitzende Sagebiel nach.

»Warum haben Sie denn geschossen? Was haben Sie dabei gedacht?«

Stephan Ernst entgegnete, dass er sehr »aufgedreht« gewesen sei. Ihn habe auch die forsche Reaktion Lübckes überrascht, als dieser die Angreifer aufgefordert hatte zu verschwinden.

Viele Fragen drehten sich um Details: »Von wo sind Sie auf die Terrasse der Lübckes gekommen?«, »Welchen Weg wählte Ihr Mitangeklagter?«, »Wer erreichte zuerst den Tatort?« …

Mitunter reagierte Stephan Ernst unsicher. So genau konnte er sich nicht mehr an alles erinnern. Zunächst vermochte er auch nicht, den folgenden Widerspruch aufzulösen: Wegen der zur Tatzeit im Ort stattfindenden Kirmes hatte der jüngere Sohn von Walter Lübcke auf der ersten Etage des Anwesens einen Fluter aufgestellt, um das Grundstück zu beleuchten und Wildpinkler vom Gelände abzuhalten. Folglich galt es zu klären, ob der mutmaßliche Komplize Markus H. über den beleuchteten Vorgarten zum Tatort gelaufen oder aus der Dunkelheit aufgetaucht war.

Bald stand für mich fest, dass ich der Sache selbst nachgehen musste. Die Fotos aus der Ermittlungsakte über die örtlichen Gegebenheiten im Anwesen der Familie Lübcke führten in die Irre, weil sie eine weitaus größere Entfernung zum Tatort auf der Terrasse nahelegten, als es tatsächlich sein konnte. Vielleicht wäre es dem mutmaßlichen Komplizen Markus H. gar nicht möglich gewesen, als Erster an den Tatort auf der Terrasse zu gelangen. Sollte dem so gewesen sein, würde mein Mandant falschliegen; unsere neue Aussage wäre keinen Pfifferling mehr wert. Deshalb wollte ich dieser Angelegenheit auf den Grund gehen. Wenn Stephan Ernst in diesem Punkt falschlag, dann würden seine Angaben in sich zusammenfallen wie eine bröcklige Mauer.

Deshalb schickte ich dem Anwalt der Familie, Professor Holger Matt, eine Mail, in der ich mit gebotener Höflichkeit um einen Ortstermin im Hause Lübcke bat. Mir ging es vor allem darum, den Garten und die Wege zur Terrasse abzuschreiten, die Distanzen abzumessen und die Zeiten zu stoppen. Große Hoffnung machte ich mir nicht, dass die Familie mir diesen Wunsch erfüllen würde. Nur zu gut erinnerte ich mich an den ergreifenden Auftritt des jüngeren Sohnes des Opfers im Zeugenstand. Die Befragungen lagen gerade einmal ein paar Tage zurück.

Jan-Hendrik Lübcke schilderte, wie er in jener Juninacht gegen 0:30 Uhr seinen leblosen Vater auf der Terrasse entdeckte.

»Ich dachte, er schläft. Das war nicht seine Art«, erzählte der Sohn.

Als der Vater auf seine Weckrufe nicht reagierte, versuchte Jan-Hendrik Lübcke, ein Lebenszeichen auszumachen. Keine Reaktion. Zunächst dachte er an einen Herzinfarkt. Er wählte den Notruf der Feuerwehr. Ein Sanitäter gab ihm Tipps, um den Vater zu reanimieren. Der Sohn bemerkte Blut auf dem Terrassenboden. Dass Walter Lübcke einem Verbrechen zum Opfer gefallen war, ahnte er da noch nicht. Zunächst ging die Familie von einem medizinischen Notfall aus, bis die Ärzte im Krankenhaus die Kripo einschalteten.

Der Mord an seinem Vater habe die Familie »innerlich zerrissen«, bekundete Jan-Hendrik Lübcke mit leidvoller Miene.

»Was Mörder mit ihrer eigenen Familie machen, liegt in ihrem eigenen Ermessen. Wir werden damit niemals fertigwerden, was unserem Vater angetan wurde.«

Vieles sei immer noch so weit weg, gewährte der Sohn emotionale Einblicke in seine Gemütslage.

Der Vater wollte im Jahr seines Todes in den Ruhestand treten, mehr Zeit mit seinen Söhnen, den Enkelkindern und seiner Frau verbringen. Die Mutter habe es als Ehepartnerin »noch härter« getroffen, berichtete Jan-Hendrik Lübcke. Seinen Vater schilderte der Zeuge als »weltoffenen Menschen«. Walter Lübcke habe vor allem für Werte gestanden, denen zufolge »alle Menschen gleichbehandelt werden sollten«.

Ein wahrlich emotionaler Moment. Als Vater zweier heranwachsender Kinder konnte ich seinen Schmerz, seine Trauer in jeglicher Hinsicht nachvollziehen. Als Mensch gingen mir seine Worte unter die Haut. Als Anwalt aber galt es zu handeln. Ich wollte versuchen, das Unmögliche möglich zu machen, um einen Ortstermin auf dem Anwesen der Lübckes zu erhalten. Natürlich war hier der Wunsch der Vater des Gedankens. Realistisch betrachtet, standen meine Chancen denkbar ungünstig. Es gab keinen ersichtlichen Grund, warum die Familie des Opfers dem Anwalt des Täters helfen sollte. Ehrlich gesagt, habe ich nicht wirklich geglaubt, dass die Angehörigen von Walter Lübcke zustimmen würden. Trotzdem habe ich angefragt; wir hatten ja nichts zu verlieren.

Nach einigen Tagen erhielt ich eine überraschende Nachricht vom Nebenklagevertreter Professor Matt. Er habe mit seinen Mandanten gesprochen, und diese hätten nach längerem Überlegen meinem Ansinnen zugestimmt. Nach wie vor wolle die Familie Lübcke erfahren, was sich in der Tatnacht tatsächlich abgespielt habe. Vor diesem Hintergrund kamen die Söhne und die Mutter zu einem ungewöhnlichen Entschluss: nämlich den Verteidigern des Hauptangeklagten die Tore zu öffnen und sie auf ihr Grundstück zu lassen.

Erfreut sicherte ich zu, die Medien außen vor zu lassen. Auch wollte ich mir nur Notizen machen und Abmessungen durchführen. Dabei ging es vor allem darum, mir ein Bild von dem Laufweg des Mitangeklagten zu machen. Wenn Markus H. wirklich mit dabei gewesen war, musste er von vorne in den Vorgarten des Anwesens gelaufen sein. Zuletzt führte eine Anhöhe auf die Terrasse, auf der Walter Lübcke in jener Nacht gesessen und eine Zigarette geraucht hatte. In der Hauptverhandlung hatte ein Ermittler berichtet, dass man schon sportlich sein müsse, um da einfach so hochzukommen. Markus H. war alles andere als ein

Athlet, eher korpulent. Das passte nicht zu der Annahme des Polizeibeamten. Solche Unsicherheitsfaktoren wollte ich vor Ort überprüfen – und wenn möglich ausschließen.

Ein Samstag im Spätsommer 2020. Mit meinem Kollegen Jörg Hardies, den ich zwischenzeitlich als zweiten Verteidiger mit ins Boot geholt hatte, steuerte ich das Haus der Lübckes an. Auf der zweistündigen Fahrt deklinierten wir nochmals die ungeklärten Punkte durch. Um kein Aufsehen zu erregen, parkte ich das Auto etwas weiter entfernt von der Villa. Als wir uns dem Anwesen näherten, stellte ich gravierende Abweichungen zu den Bildern aus der Akte fest. Inzwischen umgab ein mannshoher Gitterzaun das Gelände und die Hofeinfahrt. Die Zufahrtsstraße wurde durch einen Streifenwagen gesichert, nach einer kurzen Personenkontrolle durften wir durch.

Am Eingang empfingen uns die beiden Söhne des getöteten Regierungspräsidenten. Freundlich distanziert ließen sie uns ein. Die Witwe Lübcke zog sich ins Haus zurück, als wir uns der Terrasse näherten. Es war nachvollziehbar, dass sie unseren Besuch nur schwer ertragen konnte. Meinen Dank für die große Geste nahmen die Söhne in der Hoffnung entgegen, dass dieser Ortsbesuch mithelfen könne, das Tatgeschehen weiter aufzuklären.

»Wir wollen wissen, was und wie es geschehen ist. Deshalb sind Sie hier«, erklärte Jan-Hendrik Lübcke. Ich versprach ihm, alles zu tun, damit die Wahrheit ans Licht komme.

»Sie haben die Einlassung meines Mandanten vernommen. Er ist bereit, auch weiterhin alle Fragen zu beantworten, die sich Ihnen stellen.«

Und so begann die Recherche am Tatort. Akribisch ging ich den möglichen Weg ab, den mein Mandant genommen haben wollte. Über die Wiese, an der Giebelseite entlang in den Garten und hinauf zur Terrasse. Dabei stoppte ich die Zeit. Stephan Ernst hatte sich von rechts seinem Opfer genähert. Nach seiner Aussage hatte er den längeren Weg beschritten und war erst kurz nach seinem Freund auf der Terrasse eingetroffen. Die

Einschusswunde hatte sich an der rechten Schläfe seines Opfers befunden.

Danach folgte ich dem Weg, den sein mutmaßlicher Komplize genommen hatte – durch den Vorgarten die kleine Anhöhe hinauf. Mitunter nahmen wir ein Maßband zur Hand, um Entfernungen und Distanzen exakt einzugrenzen.

Der Ortstermin währte etwa eine Dreiviertelstunde. Dann wuchs meine persönliche Überzeugung, dass mein Mandant die Wahrheit gesagt hatte, und mein Verdacht erhärtete sich, dass beide Tatverdächtige sich von zwei verschiedenen Seiten angeschlichen hatten und auf der Terrasse Walter Lübcke angetroffen hatten. Unsere Recherchen vor Ort widerlegten mein zeitweiliges Misstrauen. Das war ein beruhigendes Gefühl.

12 Ein DNA-Gutachten und ein Kassenzettel

Der 7. Januar 2016 sollte für den irakischen Flüchtling Ahmad E. in einem Albtraum enden. Nach seiner Flucht vor der Terrormiliz Islamischer Staat aus seiner Heimatstadt Falludscha lebte der 22-jährige Sänger und Schauspieler in der Erstaufnahmeeinrichtung in Lohfelden im Landkreis Kassel.

In den Abendstunden machte sich Ahmad E. zur nahe gelegenen Tankstelle auf, um Zigaretten zu holen. Der Weg führte ihn einige Straßen weit. Während er auf seinem Handy Nachrichten eintippte, vernahm er hinter sich eine männliche Stimme, die ihn auf Deutsch laut anbrüllte. Er schaute sich kurz um, erkannte schemenhaft die Umrisse eines Radfahrers, wich ihm aus und blickte wieder auf sein Handy. Da traf es ihn wie ein Schlag, und er stürzte auf die Wiese neben dem Bürgersteig. Wütend schrie er dem Radfahrer hinterher, doch der kümmerte sich nicht darum und verschwand.

Verzweifelt versuchte Ahmad E., sich wieder zu erheben, doch es wollte ihm nicht gelingen. Der Iraker kroch die Straße weiter entlang, um eines der vorbeifahrenden Autos anzuhalten. Schließlich stoppte ein Wagen, der Fahrer rief den Notarzt. Die folgenden medizinischen Untersuchungen ließen auf ein Verbrechen schließen, denn der Radfahrer hatte dem jungen Migranten eine sichelförmige Stichwunde von viereinhalb Zentimeter Tiefe direkt neben der Wirbelsäule zugefügt. Die Klinge hatte unter anderem zwei Nervenstränge durchtrennt, was zu zeitweiligen Lähmungserscheinungen in den Beinen führte. Allerdings bestand laut den Ärzten keine Lebensgefahr.

Bei seiner Vernehmung konnte das Opfer den Täter nicht genau beschreiben. Anfangs sprach Ahmad E. von einem blonden Radfahrer, dunkel gekleidet, eher groß, mit kurzen Haaren. Tage später änderte er seine Aussage: Der Moment, als er den Radfahrer gesehen habe, sei zu kurz gewesen, um genaue Angaben machen zu können, gab er zu Protokoll. Weder Kleidung noch Haarfarbe vermochte das Opfer zu bestimmen. Vom Phänotyp her sei der Täter Europäer gewesen.

Die Ermittlungen zu dem Messerattentat liefen lange Zeit ins Leere – bis zu jenem 25. Juli 2019, als Stephan Ernst unter Mordverdacht im Fall Walter Lübcke verhaftet wurde. In einem Kellerregal seines Hauses entdeckten die Ermittler ein Klappmesser der Marke MP9. Eine Massenware, nichts Besonderes. Die Klinge wies äußerst geringe DNA-Spuren auf, die nicht von meinem Mandanten stammten.

Die Bundesanwaltschaft beauftragte eine wahre Koryphäe mit den Analysen zu den Funden. Dr. Harald Schneider leitet die Fachgruppe Biologie im Hessischen Landeskriminalamt (LKA). Dem DNA-Experten eilt in der Branche ein exzellenter Ruf voraus. Die Expertisen des Molekularbiologen lösten 20 ungeklärte Mordfälle aus längst vergangenen Zeiten, sogenannte Cold Cases. Der Molekularbiologe gilt in Justizkreisen quasi als unfehlbar. Ein eloquenter Analytiker, der sich gut in der Öffentlichkeit verkauft und höchst professionell im Gerichtssaal auftritt.

Kurz vor der Jahrtausendwende waren die ersten, teils lange zurückliegenden Sexualmorde dank verfeinerter Genspuren-Analysen aufgeklärt worden. Die DNA-Analyse, die Verfolgung der Erbinformation in der Desoxyribonukleinsäure, gilt heute als schärfste Waffe der Kriminaltechnik. Ihre Erfolgsbilanz ist beeindruckend. Seit 1998 konnten Ermittlungsbehörden bundesweit rund 1500 Tötungsdelikte, 2500 Sexualstraftaten und zahllose Wohnungseinbrüche klären, weil Täter in kleinsten Spuren von Blut, Sperma, Speichel, Haut oder Haaren ihre persönlichen Körperdaten hinterlassen hatten. Ganze Abteilungen arbeiten heute bei den Kriminalämtern des Bundes und der Länder in diesem Bereich.

Dr. Schneider gehört zu den Top Five, wenn es darum geht, auch aus kleinsten genetischen Fetzen noch Personentreffer herauszufiltern. In einem Interview mit der *Hessischen/Niedersächsischen Allgemeinen* im Jahr 2017 beschrieb Schneider die Fortschritte der modernen DNA-Technik. Heute könne man »mikroskopisch kleine Blut-, Sekret- und Hautabriebspuren untersuchen. Auch geringste, mit früher üblichen Verfahren nicht analysierbare Spuren können für eine molekularbiologische Untersuchung verwendet werden.«

Keine Frage, dem hessischen Molekularbiologen eilte der Ruf voraus, ein Ass in seinem Job zu sein. Sein Urteil ließ vor Gericht keine Zweifel zu. Fehlerhafte Analysen genetischer Spuren am Tatort gab es bei ihm nicht. Nach der Festnahme meines Mandanten übernahm Schneider zwei Aufgaben: Zum einen sollte er ein Gutachten zu den beiden Hautschuppen anfertigen, die Kriminaltechniker auf dem Hemd des ermordeten Kasseler Regierungspräsidenten Walter Lübcke entdeckt hatten. Zum anderen sollte der LKA-Abteilungsleiter die winzigen DNA-Partikel untersuchen, die sich auf dem beschlagnahmten Klappmesser meines Mandanten gefunden hatten. In seinem Behördengutachten vom 12. März 2020 kam der Sachverständige zu einem vernichtenden Ergebnis: Die genetischen Partikel wiesen äußerst seltene Merkmale, sogenannte Allele auf, die zu einem Iraker passen könnten. Zwar führte er in seiner Expertise an, dass die aufgefundenen DNA-Überreste für eine eindeutige Bestimmung der Person nicht ausreichten; dennoch schloss Schneider nicht aus, dass die Spuren zu dem verletzten Flüchtling Ahmad E. passen könnten. Die Gesamtschau spreche daher für eine Täterschaft von Stephan Ernst, so das Fazit in seinem schriftlichen Gutachten.

Anderthalb Monate später konstruierte die Bundesanwaltschaft in der Anklage gegen Stephan Ernst den vagen in einen dringenden Tatverdacht um. Noch heute überkommt mich die Wut, wenn ich an diesen zusammengeschusterten Vorwurf denke. Der Anklage zufolge stimmte das Verletzungsbild mit der Klinge des Messers überein. Auch passe das bei Stephan Ernst beschlagnahmte Fahrrad vom Typ her zu jenem des damaligen Messerstechers. Dies legten angeblich Aufnahmen aus Überwachungskameras nahe, die seinerzeit die Flucht des Täters dokumentiert hatten. »Zwar lässt die Bildqualität nicht die sachverständige Feststellung zu, dass dieses Fahrrad mit dem bei der Tatausführung identisch ist. Jedoch wurden keine abweichenden Merkmale gefunden«, schlussfolgerte die Bundesanwaltschaft in der Anklageschrift. Was sollte das heißen: keine abweichenden Merkmale? War es nun das Rad meines Mandanten oder nicht? Eine Antwort blieben die Strafverfolger aus Karlsruhe während des gesamten Prozesses schuldig.

Mit den fragwürdigen Vermutungen und Annahmen ging es weiter. Laut Vermerken der Kriminalermittler lag der Tatort auf dem kürzesten Arbeitsweg, den mein Mandant von seinem Wohnort zum Arbeitsplatz nehmen konnte. Zur Tatzeit hatte Ernst zwar Urlaub; da er sich aber in der Gegend auskannte und auch im Winter häufig das Fahrrad benutzte, schien aus Sicht der Ankläger klar zu sein, dass mein Klient im Januar 2016 auf den irakischen Flüchtling hinterrücks eingestochen hatte. Tatmotiv: der offenkundige Ausländerhass.

Unter der Rubrik »nicht wesensfremde Tatausführung« erinnerte die Bundesanwaltschaft zum Schluss noch daran, dass Stephan Ernst sich bereits 1995 auf einer öffentlichen Toilette von hinten an einen türkischen Imam herangeschlichen und ihn mit

Messerstichen schwer verletzt hatte. Dies alles zusammen sollte aus Sicht der Bundesankläger ausreichen, um meinem Mandanten einen weiteren Mordversuch anzuhängen.

Dabei hatte das irakische Opfer meinen Klienten bereits im Ermittlungsverfahren auf Lichtbildvorlagen gar nicht wiedererkannt. Die Beschreibung des Täters wechselte; mal war er blond, mal hatte der Messerstecher schwarze Haare. Augenfarbe unbekannt. Diesen Umstand ließ die Bundesanwaltschaft in ihrer Anklage wohlweislich nur als Randnotiz in den Anmerkungen anklingen.

Eines war klar: Der Vorwurf des versuchten Mordes, sollte er sich bewahrheiten, würde meinem Mandanten unweigerlich die Sicherungsverwahrung einbringen. Und nichts anderes hatte die Bundesanwaltschaft im Sinn.

Im Gegensatz zum Lübcke-Attentat hatte Stephan Ernst in Gesprächen mit mir diese Anschuldigungen stets zurückgewiesen. Der sonst so kontrolliert auftretende Mandant geriet bei meinen Besuchen im Untersuchungsgefängnis regelrecht in Rage.

»Das ist erstunken und erlogen! Jetzt wollen sie mir alles im Raum Kassel anhängen. Herr Kaplan, wenn ich auch das getan hätte, würde ich es Ihnen sagen. Ich habe ja nichts zu verlieren«, beteuerte Stephan Ernst.

Ich glaubte ihm. Was aber nützte das Wort eines einschlägig vorbestraften, gewaltbereiten Rechtsextremisten gegen das Votum des hessischen Genspuren-Papstes Dr. Schneider?

Nun ist es so, dass nur wenige Strafkammern und Senate mit dem DNA-Beweis sonderlich vertraut sind. Deshalb kommt den jeweiligen Sachverständigen auch so viel Bedeutung zu. Da machte der Frankfurter OLG-Senat nach meinem Eindruck keine Ausnahme. Die Richter schienen nicht sonderlich bewandert in der Genspuren-Thematik. Sollten sie aber dem Votum Schneiders folgen, wäre es um meinen Mandanten geschehen. Eine Sicherungsverwahrung schien dann unausweichlich zu sein.

Mein neuer Co-Verteidiger Jörg Hardies schätzte die Sachlage dann auch völlig korrekt ein.

»Mustafa, du weißt schon, dass das kein Kampf auf Augenhöhe ist? Dr. Schneider ist der Goliath, und wir sind David.«

Das Gericht, die Bundesanwaltschaft, die Opferfamilien sowie deren Anwälte, die Öffentlichkeit und die Presse waren uns ohnehin nicht wohlgesonnen. Eher im Gegenteil. Als ob das nicht schon genug wäre, stand nun auch noch die DNA-Ikone Schneider im gegnerischen Lager.

Kein Zweifel, es musste etwas geschehen, andernfalls wäre es das gewesen. Bereits bei der Lektüre des Gutachtens sprangen mir etliche Schwachstellen ins Auge. Dabei bin ich wahrlich kein Molekularbiologe. Da waren beispielsweise jene DNA-Merkmale, die auf einen Iraker hinweisen sollten. Solch ein Befund erschien mir fragwürdig. In vielen Verfahren hatte ich mit DNA-Beweisen zu kämpfen. Aber nirgends war mir ein Gutachter begegnet, der die Herkunft der Person aufgrund eines Genspurenfundes auf ein Land eingrenzen konnte. Würde man der Analyse des hessischen LKA-Abteilungsleiters folgen, wären die Kriminalbiologen in der Lage, anhand aufgefundener DNA-Partikel am Tatort zu sagen, der Partikel stamme von einem Deutschen, einem Engländer, Türken oder Araber. Das war mir neu und nährte zugleich meine Skepsis.

Der Reporter Dietmar Seher von der News-Plattform *t-online.de* sollte später meine Zweifel bestätigen. In einem Interview schränkte Dr. Dirk Porstendörfer, Sachverständiger für forensische DNA-Analytik beim LKA in Nordrhein-Westfalen, die Chancen einer genauen Herkunftsbestimmung mittels Genspurenanalyse ein: »Zur Bestimmung der biogeografischen Herkunft untersuchen wir DNA-Marker, die sich in der frühen Vergangenheit bei den verschiedenen Populationen regional unterschiedlich entwickelt haben. Dies war möglich, weil die Menschen ortstreu waren und sich Populationen wenig miteinander vermischt hatten. Bei den Menschen der Neuzeit ist das anders;

Menschen sind mobiler, Populationen vermischen sich. Sie können heute einen Mitteleuropäer vor sich stehen haben, dem sie seine afrikanische DNA nicht ansehen und der sich darüber auch gar nicht bewusst ist. Wenn wir heute also diese DNA-Marker untersuchen, können wir streng genommen nur Aussagen über die geografische Herkunft der frühen Vorfahren eines Spurenverursachers machen. Eine Aussage über die Herkunft der heute lebenden Person ist folglich sehr unscharf und immer mit Vorsicht zu bewerten.«

Auf die Reporterfrage, ob man denn nicht zumindest grobe Aussagen treffen könne, erwiderte der DNA-Experte aus NRW: »Allgemein kann man sagen: Je größer die vorherzusagende Herkunftsregion ist, desto sicherer ist eine Einschätzung. Ob jemand aus Afrika, Europa dem Fernen Osten stammt, ist also relativ sicher festzustellen. Je konkreter, sprich kleiner die Herkunftsregion einzugrenzen ist, desto schwieriger bzw. ungenauer wird die Vorhersage. Aufgrund genetischer Unterschiede zu sagen, ob jemand aus Kroatien oder aus Mitteleuropa kommt, ist folglich schon schwieriger, eine konkrete Vorhersage zur Herkunft aus bestimmten Regionen innerhalb Deutschlands ist nahezu unmöglich.«

Glaubt man diesen Erläuterungen, so ist es sehr fraglich, ob es einem Molekularbiologen anhand einer winzigen genetischen Spur gelingen kann, diese einem Iraker zuzuordnen. Eigentlich war das unmöglich. Dr. Schneider hingegen vermochte diesen wundersamen Schluss in seinem Gutachten zu vollziehen. Meine Skepsis war geweckt.

Da fanden sich aber noch weitere Schwachpunkte. Nirgends konnte Dr. Schneider in seiner DNA-Analyse zur Messerattacke auf Ahmad E. beziffern, wie hoch die Wahrscheinlichkeit war, dass die winzigen Anhaftungen auf dem Messer zu dem irakischen Migranten passten. Im Idealfall gehen Rechtskommentatoren bei Einzelspuren von einem Verhältnis von 1 zu 30 Milliarden aus. Das heißt, die Möglichkeit, dass die sichergestellte DNA auf den Angeklagten oder das Opfer zutraf, war milliardenfach höher als umgekehrt. Im Gutachten fand sich kein Wert, keine Zahl, nichts. Allein mein laienhaftes Verständnis in dieser Causa förderte derart viele Widersprüche zutage, dass ich genug Angriffsstellen fand, um den renommierten LKA-Molekularbiologen im Zeugenstand ins Schwitzen zu bringen.

Darauf allein wollte ich mich aber nicht verlassen. Dafür stand zu viel auf dem Spiel. Ich machte mich auf die Suche nach sachkundiger Unterstützung, die es mit Dr. Schneider aufnehmen konnte. Also hängte ich mich ans Telefon, um ein Gegengutachten erstellen zu lassen. Doch keiner der ausgewiesenen Experten traute sich, gegen den berühmten DNA-Analytiker im Prozess anzutreten. Es hagelte nur Absagen. Langsam, aber sicher begann ich zu verzweifeln. Mir gingen so allmählich die Ideen aus. Wir wussten nicht, wie es weitergehen sollte. Da fiel mir ein inzwischen pensionierter Vorsitzender Richter einer großen Strafkammer im Rheinland ein, der mit seinem Fachwissen in der Materie auch Vorträge an der Uni hätte halten können.

Der Mann hatte sich als Autodidakt derart tief in das Thema hineingearbeitet, dass er sich unter seinen Kollegen einen Namen als ausgewiesener Genspuren-Fuchs gemacht hatte. Es ging so weit, dass der Jurist in einem Urteil, das vom Bundesgerichtshof (BGH) im Rahmen einer Revision überprüft wurde, derartig komplexe Ausführungen zur DNA-Causa nebst rechtlicher Belehrung gemacht hatte, dass ihn der zuständige Strafsenat in Karlsruhe gar nicht verstand. Die BGH-Richter mussten eigens einen Sachverständigen beauftragen, der ihnen die Ausführungen des rheinischen Kollegen erläutern sollte. Der Jurist, der in diesem Buch nicht namentlich genannt sein will, schien mir bestens geeignet zu sein, um das verheerende Gutachten von Dr. Schneider zu widerlegen.

Wir kannten uns aus etlichen Strafverfahren. Stets habe ich ihn als fairen Prozessleiter empfunden, auch wenn er einem meiner Mandanten mal fünf Jahre Haft verpasst hatte. Auf sein Wort konnte man sich verlassen. Es stellte sich einzig die Frage, wie man den Pensionär erreichen konnte. Als er noch als Richter amtierte, hatte ich seine Durchwahl in seiner Dienststelle gehabt. Nun brauchte ich seine private Telefonnummer. Letztlich bat ich einen Kollegen des ausgeschiedenen Landgerichtsvorsitzenden, mir den Kontakt zu verschaffen. Nach zwei Stunden meldete er sich bei mir telefonisch.

»Herr Kaplan, Sie brauchen Hilfe bei einem DNA-Gutachten. Was kann ich tun?«

Die Frage vertrieb sofort meine miese Laune, die sich während der vorhergehenden Tage, als nichts zu klappen schien, angestaut hatte. Geradezu euphorisch schilderte ich dem ehemaligen Richter den Fall.

»Sie wissen ja, dass ich im Fall des getöteten Regierungspräsidenten Walter Lübcke den mutmaßlichen Todesschützen vertrete. Könnten Sie sich dennoch vorstellen, mir zu helfen? Ich hätte natürlich Verständnis dafür, wenn Sie Nein sagen. Aber ich könnte wahrlich die Unterstützung eines Fachmanns gebrauchen.«

Die Antwort fiel kurz und bündig aus.

»Herr Kaplan, ich habe schon davon gelesen, dass Sie den Angeklagten Ernst vertreten. Generell habe ich kein Problem damit, Ihnen zu helfen, aber ich will anonym bleiben.«

Mein Herz machte Luftsprünge. Gleich am Nachmittag fuhr ich mit meinem Kollegen Jörg Hardies zu dem pensionierten Richter und übergab ihm das DNA-Gutachten des LKA-Abteilungsleiters Dr. Schneider sowie die entscheidenden Passagen aus der Ermittlungsakte.

»Okay«, sagte unser heimlicher Helfer, »ich brauche etwa eine Woche.«

Er hielt Wort. Der ehemalige Kammervorsitzende erschien an einem Herbsttag 2020 in unserer Kanzlei und brachte gleich seine Gutachterkritik mit. Das Testat zerpflückte die Expertise des Sachverständigen der Bundesanwaltschaft in allen wichtigen

Punkten. Fehlerhafte Bewertungen, krasse Mängel bei der DNA-Methodik, belegt durch Quellenangaben aus der Fachliteratur und Anmerkungen – das war ein echtes Pfund.

Bis heute weiß niemand, dass ein richterlicher Pensionär mir ein veritables Gegengutachten an die Hand gegeben hatte. Sein Resümee fiel eindeutig aus: Die Analyse von Dr. Schneider sei absolut unwissenschaftlich. Nach Auffassung unseres anonymen Sachverständigen hätte der Molekularbiologe des LKA in Hessen zwangsläufig sagen müssen, dass keine Verbindung zwischen dem Opfer und dem Messer meines Mandanten bestand. Und zwar allein schon aus dem Grund, dass nicht klar war, um welche Spurreste es sich auf dem Messer meines Mandanten handelte. Es hätte alles Mögliche sein können: Spucke, Fettgewebe, Hautschuppe, Sperma, Blut oder irgendetwas anderes. Die minimalen Anhaftungen hätten auch bereits bei der Produktion der Stichwaffe entstehen können. All das aber kümmerte Dr. Schneider nicht. Vielmehr trug der Molekularbiologe in seiner Expertise nur Vermutungen vor, die er zu einer »Gesamtschau« zusammenfügte, in der mein Mandant der Täter sein sollte.

Das Gegengutachten lieferte uns reichlich Zündstoff, um den DNA-Papst im Zeugenstand ein wenig zu grillen, wenn er erneut seine »Gesamtschau« darstellen wollte. Auf dieser Basis brachten wir als Verteidigerteam den hochgelobten hessischen Genspuren-Experten ins Schwimmen, als dieser bei seinem Auftritt vor Gericht seine Untersuchungsergebnisse vortrug.

Schneider schien an jenem Novembertag bestens vorbereitet. Zunächst einmal präsentierte er eine PowerPoint-Präsentation zum Attentat auf Walter Lübcke. Beredt dozierte der Sachverständige über genetische Merkmalsysteme, Längenmorphysmen, Teilprofile, Minimalspuren und den Verwässerungseffekt, der sich einstellen könnte. Für ihn bestand kein Zweifel, dass die auf dem Hemd des erschossenen Regierungspräsidenten aufgefundenen Hautschuppen von meinem Mandanten stammten, berichtete seinerzeit die *hessenschau.* Diese Partikel hatten die Molekularbiologen im LKA auf verschiedene genetische Merkmale hin, die bereits erwähnten Allele, untersucht. Neun von sechzehn möglichen waren auswertbar – eine Minimalspur –, doch groß genug, um beim Abgleich mit der DNA-Datenbank des Bundeskriminalamts zu einem Treffer zu führen: Stephan Ernst.

Da mein Mandant auch freiwillig eine Speichelprobe abgegeben hatte, konnten weitere Vergleiche gezogen werden. Stephan Ernst war als Attentäter überführt. Wie gesagt: Nur einer von 30 Milliarden Menschen wies diese spezielle genetische Kombination auf. Den Anklägern und Nebenklägern genügte dies. Mir war das nicht neu; wir hatten dem auch nichts entgegenzusetzen. Schließlich hatte mein Mandant das Attentat auf den CDU-Politiker längst eingeräumt.

Dann wurde es aber spannend. Der Sachverständige sollte sich zum Anschlag auf den irakischen Flüchtling Ahmad E. äußern. Stammten nun die DNA-Spuren auf dem Messer meines Mandanten vom Opfer oder nicht? Eloquent erläuterte der Molekularbiologe die Probleme bei der Analyse in dem Fall. Gänzlich festlegen könne er sich nicht, räumte Dr. Schneider ein. Dazu seien die Partikel zu gering gewesen. Erneut folgte das Argument mit der »Gesamtschau«. Schneider wollte nicht ausschließen, dass die an der Klinge festgestellten Blutreste von dem Opfer stammten. Auf eine Wahrscheinlichkeit mochte sich der Gutachter jedoch nicht festlegen. Erfolglos drangen Gericht und Bundesanwaltschaft gleich mehrfach auf ihn ein, einen exakten Wert zu nennen. Schneider war klug genug, sich dem zu verweigern.

Entspannt wartete ich auf meine Stunde, die dann am Nachmittag kam. Zunächst ging es um die Analysemethode. In seinem Vortrag hatte er stets von Blutresten gesprochen. Später rückte er davon ab, weil ich ihn entsprechend in die Mangel nahm.

»Die ganze Zeit war von Blutresten die Rede. Wie sicher sind Sie, dass es sich bei den aufgefundenen Partikeln um Blut handelt?«, fragte ich ihn.

Da begann Schneider schon zu schwimmen. Letztlich räumte der Analytiker ein, dass er sich nicht sicher sei.

»Es kann alles Mögliche sein, aber Blut ist das Gängigste.«

Schließlich musste er zugeben, dass seine Angaben über Blutreste rein spekulativ gewesen waren. Bis heute ist unklar, ob die Anhaftungen von Hautresten, Fettgewebe, Blut, Schweiß oder anderen Sekreten herrührten. Dazu befragt, gestand der Gutachter ein, dass die Spurmenge viel zu gering gewesen sei, um diese Frage beantworten zu können. Nun hatte ich ihn am Wickel.

»Sind Sie der Meinung, dass Ihr Gutachten tatsächlich wissenschaftlichen Standards entspricht? Oder handelt es sich nicht vielmehr um ein Gefälligkeitsgutachten für die Bundesanwaltschaft?«, fragte ich ihn sehr provokativ.

Es war ja schließlich kein Geheimnis, dass die Drähte zwischen den Bundesanklägern in Karlsruhe und Gutachtern jeglicher Couleur sehr kurz sind.

Schneider verwahrte sich gegen solche Unterstellungen. Immer wieder versuchte er, seine Analyse zu erklären, aber ich schnitt ihm das Wort ab.

»Warten Sie erst mal ab, bis ich meine Fragestellung wirklich abgeschlossen habe.«

Der Zeuge musste schlucken. Jeder spürte sein Unbehagen. So etwas war er nicht gewohnt. Üblicherweise lauschten die Prozessbeteiligten andächtig seinen Ausführungen. Da gab es keine Methodenkritik. Schneiders Votum galt. Nichts anderes kam infrage. Entrüstet fixierte er mich, wenn ich einen neuen verbalen Pfeil abschoss. Da kam doch tatsächlich ein kleiner Türkenanwalt und stauchte eine solche Koryphäe zusammen. Irgendwann konnte der Sachverständige nicht mehr an sich halten. Er brüllte. Ich konterte. Es wurde immer lauter. Am Ende aber stand fest, dass Schneiders Gutachten auf denkbar wackeligen Füßen stand. Nach längerer Vernehmung gab der LKA-Abteilungsleiter klein bei.

»Ich habe nie behauptet, dass die Spur auf dem Messer die Spur des Geschädigten ist«, räumte er ein.

Nun war die Katze aus dem Sack.

Auch wenn die Medien diese überraschende Entwicklung nicht detailliert wiedergegeben haben: Der 21. Hauptverhandlungstag endete mit einem Punktsieg für die Verteidigung von Stephan Ernst. Es gab keinen DNA-Beweis, der meinen Mandanten des versuchten Mordes an dem irakischen Flüchtling Ahmad E. überführte.

Der weitere Prozessverlauf sollte unsere Linie bestätigen: Stephan Ernst hatte stets beteuert, dass er mit dem Angriff auf Ahmad E. auch deshalb nichts zu tun habe, weil er das Messer erst Wochen nach dem 6. Januar 2016 in einem Fachladen in der Kasseler City gekauft habe. Mein Kollege Hardies und ich fuhren dann zu dem von unserem Mandanten angegebenen Laden. Allerdings hatte das Geschäft längst dichtgemacht. Deshalb stellten wir in der Hauptverhandlung einen Beweisantrag, um die damaligen Inhaber ausfindig zu machen. Vielleicht konnten sich die früheren Betreiber noch daran erinnern, wie, wann und an wen sie das Klappmesser seinerzeit verkauft hatten. Auf unser Begehren hin ließ die beisitzende Richterin Miriam Adlhoch die zuständigen Kriminalbeamten die gesamte Akte nach dem Namen der Ladeninhaber durchforsten. Dieser Schritt bescherte uns das entlastende Indiz: In dem Wust der 100 000 Seiten füllenden Ermittlungsakte fand sich ein Vermerk über einen USB-Stick, den die Ermittler in einem Rucksack meines Klienten sichergestellt hatten. Auf dem Speichermedium hatten die Ermittler eine Quittung über den Kauf eines Klappmessers entdeckt. Kaufpreis: 12,50 Euro. Das Datum zeigte den 30. Januar 2016 an, also gut drei Wochen nach der Attacke auf den irakischen Asylbewerber.

Das Ergebnis der Ermittlungen teilte der Senat an einem Sitzungstag im Herbst mit. Alle Verfahrensbeteiligten erhielten eine Kopie der Quittung. Um zu beweisen, dass dieser Beleg echt war, wurden die einstigen Besitzer des Fachgeschäfts vernommen. Zum Glück hatten die Zeugen fein säuberlich Unterlagen aus ihrer damaligen Geschäftstätigkeit aufgehoben. Zur Überraschung aller fand sich hier auch das Gegenstück zu der Messerquittung. Alles passte zusammen. Das beschlagnahmte Messer konnte nicht die Tatwaffe sein.

Die Bundesanwaltschaft und der Anwalt von Ahmad E. erwiesen sich als schlechte Verlierer. Ohne rot zu werden, behaupteten sie tatsächlich, dass der Kaufbeleg vom 30. Januar 2016 den Kauf irgendeines MP9-Messers belege. Die Quittung beweise aber keineswegs, dass es sich um jene Waffe handele, die beim Angeklagten sichergestellt worden sei. Was für ein Unfug! Wer schafft sich schon ein Messer für 12,50 Euro gleich mehrfach an? Und zu welchem Zweck? Weshalb sollte Stephan Ernst die vermeintliche Tatwaffe behalten, das zweite unproblematische MP9-Messer hingegen entsorgt haben? Das ergab alles keinen Sinn.

Mal anders überlegt: Was hätte die Bundesanwaltschaft gesagt, wenn sich auf dem Kaufbeleg nicht das Datum 30. Januar 2016, sondern beispielsweise November oder Dezember 2015 befunden hätte? Die Antwort liegt doch auf der Hand: Die Bundesanwaltschaft hätte kurz und trocken behauptet, dass der Kaufbeleg zweifelsfrei den Kauf des vermeintlichen Tatmessers beweise.

Grundsätzlich hege ich einen Riesenrespekt vor der Arbeit der Staatsanwältinnen und Staatsanwälte. Stets stehen sie vor der Herkulesaufgabe, einen Berg von Akten wegarbeiten zu müssen. Gleichzeitig sitzen sie aber auch zwischen allen Stühlen: Polizeibeamte, Verteidiger, Gerichte, Opferanwälte – alle zerren an ihrer Robe. Was sich die Bundesanwaltschaft jedoch im Zusammenhang mit dem Anklagevorwurf gegen meinen Mandanten zum Nachteil des Ahmad E. erlaubt hat, war ein Skandal. Offensichtlich wollte man unter allen Umständen die maximale Anklage gegen Stephan Ernst aufrechterhalten – mit dem Ziel, dass das Gericht am Ende die Sicherungsverwahrung aussprechen würde. Das funktionierte allerdings nur dann, wenn Stephan Ernst auch wegen der Messerattacke auf Ahmad E. verurteilt werden würde.

Aus meiner Sicht hatten die Bundesankläger ganz klar gegen den im Paragrafen 160 der Strafprozessordnung festgeschriebenen Grundsatz verstoßen. Dort heißt es in Absatz 2, dass die Staatsanwaltschaft »nicht nur die zur Belastung, sondern auch die zur Entlastung dienenden Umstände zu ermitteln und für die Erhebung der Beweise Sorge zu tragen« und diese später gleichermaßen zu berücksichtigen hat. Wie sonst lässt sich erklären, dass den Bundesanklägern und ihrer ganzen Ermittlerschar nicht aufgefallen sein soll, dass der Kaufbeleg des MP9-Messers zeitlich nach dem Attentat auf den irakischen Flüchtling lag?

Jedenfalls war ich heilfroh, als die Quittung mit dem entlastenden Datum 30. Januar 2016 auftauchte. Als Verteidiger spricht man von einem Knock-out-Sieg – technischer K. o. in der letzten Runde. Ich war mir bewusst, um was es da für den Mandanten ging: um die Sicherungsverwahrung – und damit die Aussicht, im Knast zu sterben – oder um die Chance auszusteigen. Aufzutauchen aus dem braunen Sumpf und die Möglichkeit zu haben, in 15 oder 20 Jahren noch einmal ein neues Leben anzufangen. Ein derartiger Punktsieg in diesem wichtigen Verfahren war einfach ein tolles Gefühl. An dieser Stelle muss ich mich ausdrücklich bei meinem Co-Verteidiger Jörg Hardies bedanken. Durch den plötzlichen Wegfall von Hannig musste sich mein Kollege kurzfristig in den Fall einarbeiten. Rechtsanwalt Hardies ist ein hervorragender Strafverteidiger und hat in wenigen Wochen mehr erreicht als Rechtsanwalt Hannig in einem Jahr. Ohne ihn hätte ich es nicht geschafft.

13 Rückschläge

Als Boxer willst du gewinnen. Du willst dem Gegner den entscheidenden Punch versetzen, ihn besiegen. Du willst die Arme hochreißen und jubeln. Als Strafverteidiger geht es dir ähnlich. Klar möchtest du im Prozess punkten. Du willst es der Staatsanwaltschaft und dem Gericht zeigen, dass sie sich geirrt haben, dass der Mandant zu Unrecht angeklagt wurde. Und du, der Anwalt, paukst ihn gekonnt heraus. Freispruch in allen Anklagepunkten. Der Mandant schaut dich bewundernd an. Und du selbst denkst: Wow, Mustafa, als Anwalt hast du echt was drauf. Weitaus mehr als im Boxring.

Auf solche träumerischen Momente folgt meist schnell die Ernüchterung. Tags darauf sitze ich, der »Superanwalt«, dann in der nächsten Hauptverhandlung und sehe hilflos zu, wie mein Klient ordentlich verknackt wird. Ein echter Tiefschlag. Nicht dass etliche der Delinquenten den Schuldspruch nicht auch verdient hätten, aber für mich als Verteidiger wirkt das Urteil allzu oft wie eine Niederlage. Natürlich habe ich alles versucht, um das Unheil abzuwenden, habe die nötigen strafprozessualen Register gezogen. Aber es hat nicht gereicht.

Häufig genug hat es auch aus dem Grund nicht gereicht, dass man als Anwalt im Strafverfahren gleich auf zwei Gegner trifft: den Staatsanwalt und den Richter. Beide glauben mir und meinem Mandanten kein Wort, längst haben sie sich ihre Meinung nach Aktenlage gebildet und lassen jeden meiner Beweisanträge wie ein havariertes Schiff an einer Klippe zerschellen. Zwei gegen einen. Fairness darf man als Boxer im Ring erwarten, aber nicht immer als Anwalt im Gerichtssaal.

Offiziell lässt die Justiz viele Mythen um ihre Behörden ranken. So bezeichnet das Justizportal Niedersachsen die Staatsanwaltschaft nach wie vor als »objektivste Behörde der Welt«. Demnach haben die Ankläger in jedem Strafverfahren be- und entlastende Beweise zu sammeln. Die Realität sieht oft anders aus. Nicht nur mir drängt sich der Eindruck auf, dass manche Strafverfolger auf Teufel komm raus die Dinge so hinbiegen, dass die Verdachtslage zu einer Anklage reicht. Als Anwalt steht man da trotz immenser Gegenwehr häufig auf verlorenem Posten.

Zwar besteht die Möglichkeit, im sogenannten Zwischenverfahren per schriftlicher Stellungnahme an das zuständige Gericht darauf hinzuarbeiten, dass die Anklage nicht zugelassen wird, mithin ein Prozess nicht stattfindet. Tatsächlich aber führt dieses Unterfangen eher selten zum Erfolg. In den meisten Justizbezirken sitzen Richter und Staatsanwälte eng beieinander. Man kennt sich und wähnt sich meist auf derselben Seite. Also blitzt der Verteidiger mit seinem Antrag ab.

Die lokalen Gerichtsreporter, die meist nur am ersten Prozesstag der Anklageverlesung folgen und an ein, zwei weiteren Sitzungstagen erscheinen, schlagen sich überwiegend auf die Seite des Gerichts und der Staatsanwälte. Eine Anklage reicht in ihren Augen fast schon zum Schuldspruch.

Häufig stehen die Journalisten unter zeitlichem Druck, weil die Verlagshäuser immer mehr Personal einsparen. Nur wenige ausgewiesene Profis unter ihnen kennen sich mit den strafprozessualen Usancen aus, schildern die Dinge so, wie sie sind, und behandeln die Verteidiger nicht wie Störenfriede, die lediglich das Verfahren torpedieren wollen. Oft genug gelten wir Anwälte in der medialen Öffentlichkeit als die Advokaten der Bösen, die mit allen Mitteln die vermeintlich gerechte Strafe für den Angeklagten verhindern wollen.

Damit will ich sagen, dass im Alltag eines Strafverteidigers Rückschläge und Niederlagen zum Job gehören. Mitunter geht es nicht um Recht und Wahrheit, sondern auch darum, wer was glaubt oder vermutet. Das Strafgesetzbuch lässt viele Interpretationen zu. Wer meint, die Richter bewegten sich in einem engen Korsett aus Paragrafen, das ihnen keinen Spielraum bei der Entscheidungsfindung im Verfahren lässt, der irrt.

Das fängt beispielsweise bei der Art der Vernehmung durch das Gericht an. An den Themenschwerpunkten der Befragung der Zeugen ist häufig abzulesen, wohin die Reise gehen soll. Stets tauchen bei mir in solchen Momenten dieselben Fragen auf: Welche Stoßrichtung verfolgt der oder die Vorsitzende? Wie fair geht die Strafkammer mit meinem Mandanten und mir als Verteidiger um? Welche Punkte aus der Beweisaufnahme nimmt das Gericht auf? Und welche Aspekte werden im Urteil nicht berücksichtigt? Kurzum, wem schenkt das Gericht Glauben?

Manchmal erinnert mich der Verlauf eines Strafprozesses an einen Blick in die Glaskugel eines Wahrsagers. Jedes kleinste Zeichen, jede Andeutung, jeden Hinweis durch das Gericht versuche ich zu deuten, um überraschende Rückschläge zu vermeiden. Vieles lässt sich aber schlichtweg nicht verhindern, auch wenn man die Niederlage kommen sieht.

Im Prozess um das tödliche Attentat auf den Kasseler Regierungspräsidenten kam es für uns am 20. Hauptverhandlungstag knüppeldick. Der Senat entließ den mitangeklagten Neonazi Markus H. aus der Untersuchungshaft. Aufgrund der bisherigen Beweisaufnahme sei der einstige Kameradschaftsführer nicht mehr dringend verdächtig, meinem Mandanten bei dem Anschlag geholfen zu haben. Auch eine Mittäterschaft schloss der Senat aus.

Zugleich zweifelten die Richter erheblich an der Glaubwürdigkeit meines Klienten. Zur Begründung verwiesen sie auf die unterschiedlichen Geständnisse von Stephan Ernst. Auch die letzte Einlassung vor Gericht wurde als »in hohem Maße inkonsistent« bezeichnet. Gerade in Bezug auf den Tatbeitrag von Markus H. seien seine Angaben auch auf Nachfrage auffallend »detailarm« gewesen. Der Senat deutete an, dass mein Mandant seinen einstigen Kumpel aus reinem Kalkül belastet habe. Mit seiner Aussage habe Stephan Ernst demzufolge versucht, eine drohende Feststellung der besonderen Schwere der Schuld oder eine Anordnung der Sicherungsverwahrung zu verhindern.

Zum Beleg ihrer Annahme wiesen die Richter auf das Handy des Mitangeklagten Markus H. hin. Zur Tatzeit sei von diesem Mobiltelefon eine Chatnachricht versandt worden; das Gerät sei aber nicht in Tatortnähe eingeloggt gewesen.

Gewiss konnte man den Fall so sehen. Genauso gut sprachen etliche Argumente gegen die Begründung der Richter. Die Sache mit der Chatnachricht bewies meiner Meinung nach gar nichts. Das Handy hätte auch jemand anders benutzen können, um etwa Markus H. ein Alibi für die Tatnacht zu verschaffen.

Und dann die Kritik an der vierten Einlassung meines Mandanten. Alles Mögliche konnte man Stephan Ernst vorhalten, aber nicht, dass seine letzte Aussage zum Tatgeschehen keine detaillierten Angaben enthielt. Im Gegenteil. In allen Einzelheiten hatte er den Ablauf geschildert: wer in welchem Moment vor dem Todesschuss Walter Lübcke bedroht und beschimpft hatte; aus welcher Richtung sich die Angeklagten angeschlichen hatten; wie die Vorgespräche zum Attentat verlaufen waren. Wenn diese Schilderung detailarm sein sollte, wüsste ich nicht, wie ein detailreiches Geständnis auszusehen hätte. Aber wie eingangs bereits dargestellt, verweise ich auf ein altes Sprichwort: Vor Gericht und auf hoher See ist man in Gottes Hand.

Nicht dass ich religiös wäre, aber an dem Satz ist etwas dran. Es war reine Ermessenssache. Die Richter aber ließen Markus H. frei.

Die Aufhebung des Haftbefehls gegen den Mitangeklagten hatte sich ein Stück weit vorher angedeutet. Ich kannte den Vorsitzenden Richter Sagebiel bereits aus anderen Prozessen. Mir war klar, dass der Senat der Haftfrage großes Gewicht beimaß. Pflichtgemäß forderte Sagebiel die Prozessbeteiligten zu Stellungnahmen auf. Doch jedem im Saal war klar, dass die Richter ihre Auffassung nicht mehr ändern würden. Oberstaatsanwalt Killmer widersprach den Vorstellungen des OLG-Senats. Trotz der konträren Aussagen meines Mandanten müsse H. wegen Beihilfe zum Mord weiter im Untersuchungsgefängnis verbleiben und letztlich auch deswegen verurteilt werden, so sein Credo. Der Nebenklägervertreter Professor Matt vertrat die Ansicht, dass Markus H. gar als Mittäter anzusehen sei. Die Aussage meines Mandanten sei schlüssig, befand der Opferanwalt. Wir äußerten uns zur Überraschung vieler Prozessbeobachter nicht zu dem Sachverhalt.

Keine Frage, der richterliche Beschluss stellte für uns eine herbe Niederlage dar. Der Senat machte deutlich, dass er meinem Mandanten nicht glaubte. Die letzte geständige Einlassung wurde erheblich in Zweifel gezogen. Die Ermittlungen und die bisherige Beweisaufnahme hatten keine objektiven Indizien erbracht, dass Markus H. mit Stephan Ernst in jener Juninacht am Tatort gewesen war. Nirgends hatten sich Spuren gefunden.

Im Ermittlungsverfahren hatte die Ex-Freundin den Neonazi belastet und manche Schilderungen meines Klienten zum »Ober und Unter«-Verhältnis zwischen beiden Angeklagten bestätigt. Bei ihrem Auftritt im Zeugenstand stellte sich aber heraus, dass die ehemalige Partnerin offenbar gelogen hatte. Widersprüchliche Äußerungen legten nahe, dass die Zeugin den Strafprozess gegen den mitangeklagten Rechtsextremisten nutzen wollte, um in einem zeitgleich laufenden Zivilprozess das alleinige Sorgerecht für das gemeinsame Kind durchzudrücken.

Somit blieb nur die Aussage meines Mandanten, die den Mitangeklagten belastete. Stephan Ernst war die einzige Person, die seinen einstigen Gesinnungsgenossen als Mittäter geoutet hatte. Letztlich lief es auf eine Glaubensfrage hinaus: Stimmte die letzte Version meines Mandanten über die Tatabläufe, oder traf die

Darstellung nicht zu? Der Senat votierte für Letzteres. Für Ernst war das ein Schlag ins Kontor. Die vierte Tatbeichte im Prozess hatte den Senat nicht überzeugt. Das Gericht hielt sich an die Variante vom Alleintäter Ernst, somit kam die Beihilfe für Markus H. nicht mehr in Betracht. Übrig blieben nur noch minderschwere Waffendelikte.

Die richterliche Sichtweise nahm uns jegliche Erfolgsaussichten auf ein strafprozessuales Gegenfeuer. Der Senat hatte sich seine Meinung gebildet. Eine Stellungnahme, so scharfzüngig und klug auch immer sie gewesen wäre, hätte nichts an dem Entschluss der Richter geändert. Es war die Mühe nicht wert.

Mit bleichem Gesicht rang Stephan Ernst neben mir um Fassung, als der Senat die Entlassung seines einstigen braunen »Kameraden« aus der U-Haft verkündete. Da kam jener Mann frei, der beim Attentat auf Walter Lübcke für Stephan Ernst mutmaßlich eine Schlüsselrolle spielte. Hämisch grinsend schaute sich Markus H. im Sitzungssaal um.

»Herr Kaplan«, raunte mir Stephan Ernst zu, »der Typ ist bestens in der Szene vernetzt. Der kann jederzeit veranlassen, dass man meiner Familie was antut.«

Beschwichtigend redete ich auf ihn ein: »Keine Sorge, das wird er nicht wagen. Den haben die Sicherheitsbehörden ständig auf dem Kieker, glauben Sie mir.«

Ganz so sicher war ich mir da nicht, aber was sollte ich anderes sagen?

Niedergeschlagen sackte mein Mandant in sich zusammen. Nun schien klar zu sein, dass es Spitz auf Knopf stand.

»Die Richter glauben mir nicht, Herr Kaplan. Die wollen mir nicht glauben, weil ich früher gelogen habe«, stammelte Stephan Ernst in einem fort.

In der Mittagspause gingen wir runter in die Vorführstelle. Tief Luft holend, versuchte ich, meinen Mandanten zu beruhigen.

»Herr Ernst, der Beschluss hatte sich die letzten Sitzungstage schon angedeutet. Das hebt zwar nicht unsere Chancen, und uns geht es doch auch nicht darum, dass Ihr früherer Freund verurteilt wird. Sie haben zuletzt wahrheitsgemäße Angaben gemacht. Wir haben keinen Einfluss darauf, wie Ihre Einlassung von den anderen Prozessbeteiligten gewürdigt wird. Außerdem wissen Sie wie ich auch, dass der Senat Sie für den Tod von Walter Lübcke zur Rechenschaft ziehen wird.«

Stephan Ernst schaute mich zweifelnd an.

»Wenn die mir doch sowieso nicht glauben, dann macht es doch auch keinen Sinn, weiterhin alle Fragen zu beantworten. Was bringt das schon?«

Zornig wandte er seine Augen ab und fixierte die Tür hinter mir.

Was sollte ich ihm entgegnen? Nun waren wir an einem Punkt angelangt, an dem mein Mandant zum ersten Mal unsere Strategie infrage stellte – und damit auch das Vertrauen in mich und mein Können. Hier wäre nun ein Psychologe gefordert gewesen und nicht ein Jurist. Als Strafverteidiger aber muss man häufig genug beide Rollen besetzen. Anwalt und Menschenversteher in einem. Ermutiger, Hoffnungsschöpfer, vielleicht auch ein Stück weit geistiger Beistand, um den Mandanten wieder aufzurichten. Eines war deutlich geworden: An diesem 20. Sitzungstag drohten uns die Felle wegzuschwimmen. Die Situation erinnerte mich an einen Trainer am Boxring, wenn der Schützling nach Punkten weit hinten liegt und angeschlagen in die Ecke wankt. Dann ist der Coach als Motivator gefragt.

So war es auch hier. Gestenreich beschwor ich meinen Mandanten, trotz aller Rückschläge nicht von unserer Linie abzuweichen. »Herr Ernst, ich verstehe Ihre Verärgerung darüber, dass das Gericht Ihnen nicht glaubt. Aber sehen Sie es mal so: Sie haben zunächst ausgesagt, den Mitangeklagten herausgehalten zu haben, weil Ihr Anwalt Ihnen das nahegelegt habe. Später haben Sie die falsche Behauptung aufgestellt, der Mitangeklagte habe geschossen. Diesmal auf Anraten von Rechtsanwalt Hannig.

Sie kennen doch den Spruch: Wer einmal lügt, dem glaubt man nicht, selbst wenn er die Wahrheit spricht. Ist es wirklich so eine große Überraschung, wenn die Richter Ihnen nichts mehr glauben?«, fragte ich ihn. Er schwieg.

»Bleiben Sie bitte dabei, auch weiterhin alle Fragen zu beantworten.«

Stephan Ernst lenkte ein. Zustimmend nickend erhob er sich.

»Okay, Herr Kaplan, ich vertraue Ihnen, so machen wir das.«

Die Krise schien überwunden.

Das zeigte sich spätestens, als Irmgard Braun-Lübcke im November 2020 in den Zeugenstand gerufen wurde. Fast jeden Gerichtstermin hatte die Witwe des erschossenen Regierungspräsidenten bisher wahrgenommen. Dunkel gekleidet, bemüht um einen sachlichen Ton, gewährte Frau Braun-Lübcke den Zuhörern Einblicke in ihre Gemütsverfassung.

Die Zeugin wirkte zunächst sehr gefasst, sehr diszipliniert. Ihre Worte gingen jedem Anwesenden zu Herzen. Noch immer könne sie den Tod ihres Mannes nicht fassen, berichtete Irmgard Braun-Lübcke. »Ein perfider Mord, auch unser Leben ist zerstört. Ich weiß nicht, wie wir es schaffen, je wieder zurück ins Leben zu finden.« Aus ihren Schilderungen sprach unendliche Trauer. So etwas ließ niemanden kalt.

Drastisch wurde mir erneut vor Augen geführt, dass neben mir der Mann saß, der das ganze Leid angerichtet hatte, und zwar aus unbändigem Fremdenhass. Verstohlen schaute ich zu Stephan Ernst hinüber und dachte darüber nach, ob es das wirklich wert war. Der Angeklagte saß mit unbewegter Miene da und hörte zu. Doch ich kannte ihn inzwischen so gut, dass er mich nicht täuschen konnte. Innerlich wühlten ihn die Worte der Witwe Braun-Lübcke zutiefst auf.

Während ich zwiespältigen Gedanken nachging, hätte ich beinahe einen der Schlüsselmomente des gesamten Prozesses verpasst. Oberstaatsanwalt Killmer erkundigte sich bei der Zeugin, ob sie noch Fragen zum Tathergang habe. Das hatte sie. Sehr entschlossen auftretend trug Irmgard Braun-Lübcke einen ganzen Fragenkatalog vor: »Hat mein Mann dem Angeklagten Markus H. ins Gesicht gesehen? Hat er Stephan Ernst gesehen? Was ist wirklich gesprochen worden? Gab es noch ein Gespräch? Konnte er noch weggehen? Warum konnte er sich nicht wehren? Wie war die Konfrontation? Wie, wann hat man ihn berührt? Ich will diese volle Wahrheit. Es würde uns helfen, das alles zu verarbeiten.« Durch die verschiedenen Geständnisse, die mein Mandant im Verfahren abgegeben habe, sei all das nicht geklärt.

Plötzlich wachgerüttelt, blickte ich meinen Mandanten an. Der wirkte sichtlich betroffen. »Wollen Sie antworten?«, raunte ich ihm zu.

Stephan Ernst nickte.

»Wenn nicht jetzt, wann dann, Herr Kaplan? Das haben wir ja besprochen.«

Ich drückte den Mikroknopf und bat ums Wort.

»Die Zusage gilt nach wie vor«, ließ ich verlauten. »Mein Mandant will auch neue Fragen in diesem Verfahren beantworten. Er möchte Ihnen noch etwas sagen.«

Dann übergab ich an Stephan Ernst, ohne genau zu wissen, was nun kommen würde.

Mit Tränen in den Augen schaltete er sein Mikrofon an: »Es tut mir leid. Es tut mir leid, dass Sie im Herzen Kummer haben Tag für Tag. Es tut mir unendlich leid.«

Sein Schluchzen durchdrang den ganzen Saal.

Irmgard Braun-Lübcke zögerte keinen Moment und wandte sich Stephan Ernst zu.

»Sagen Sie uns die Wahrheit! Nur das kann uns noch helfen. Mein Mann, der Papa, der Opa kommt nicht mehr zurück. Wenn Sie die Situation selbst erlebt hätten, ich weiß nicht, was Sie alles wissen wollten.«

Stephan Ernst wich ihrem Begehren nicht aus, und in der Folgezeit wurde uns eine Liste mit acht Fragen zum Tatgeschehen und den Umständen übermittelt. Nun läuft es den üblichen

Formen der Strafprozessordnung zuwider, dass der Angeklagte einen Fragenkatalog der Opferfamilie beantwortet, doch in diesem Fall geschah genau das.

Normalerweise übernimmt das Gericht die Verhandlungsführung, aber hier hatten alle das Gefühl, dass es genau richtig war, anders zu verfahren. Für die Lübckes war es enorm wichtig. Nichts quält die Opferfamilien mehr als die Frage nach dem Warum. Überdies hatte ich das Gefühl, dass es auch meinem Mandanten ein Bedürfnis war, direkt Frau Braun-Lübcke Rede und Antwort zu stehen.

In den meisten Fällen stoppt ein Verteidiger seinen Mandanten, wenn er Gefahr läuft, sich selbst zu belasten. Aber dieses Mal griff ich nicht ein. Die Angehörigen hatten ein Recht darauf, zu erfahren, was an jenem Tag des Verbrechens tatsächlich geschehen war.

Stephan Ernst lieferte Antworten. Anfang Dezember, am 35. Sitzungstag, schaltete mein Mandant sein Mikro wieder ein. Spürbar aufgewühlt begann er zu reden. Nach einer weiteren Entschuldigung für seine Tat machte er deutlich, dass es so gewesen sei, wie er es schon berichtet habe, dass er selbst sich von der Giebelseite der Terrasse genähert habe und Markus H. von vorne gekommen sei.

Frau Braun-Lübcke fragte: »Stimmt das so? Lügen Sie mich nicht an! Ist das die Wahrheit?«

Ernst bejahte.

»War der Angeklagte H. wirklich dabei? War er vor Ort?«, hakte sie nach.

»Ja, er war vor Ort.«

Das war kein Kreuzverhör, sondern eher eine Bitte, ein Durchdringen, ein Hilferuf, um genau zu erfassen, was wirklich geschehen war. Frau Braun-Lübcke erschien es sehr wichtig, dem Todesschützen ins Gewissen zu reden, dass er die Wahrheit sagte.

Stephan Ernst schluckte mitunter, bevor er wieder ansetzte: Ja, Walter Lübcke habe dem Angeklagten Markus H. ins Gesicht gesehen, drei Mal. Er habe auch ihm selbst in die Augen geblickt, als er ihn mit dem Revolver bedroht habe. Nochmals schilderte Stephan Ernst den verbalen Schlagabtausch mit dem späteren Opfer. »Zeit zum Auswandern!«, soll Markus H. gebrüllt haben. Walter Lübcke habe sie aufgefordert zu verschwinden, und er, Stephan Ernst, habe gerufen: »Für so einen wie dich gehe ich jeden Tag arbeiten!« Das Opfer habe nirgendwohin flüchten können, führte mein Mandant aus.

»So, wie wir ihn antrafen, sitzend, hatte er keine Gelegenheit mehr. Es sollte ja schnell gehen.«

Stephan Ernst weinte, als er das Geschehen nochmals schilderte. Manche Kommentatoren sprachen von einem inszenierten Gefühlsausbruch, aber ich war mir sicher, dass seine Reue echt war.

Prozesspause. Anschließend bat Irmgard Braun-Lübcke meinen Mandanten um weitere Antworten.

»Wenn Sie uns wirklich helfen wollen, bitte ich Sie ganz inständig, präzise und eindeutig die Wahrheit zu schildern. So, wie es wirklich war.«

Im Rückblick muss ich zugeben, dass mich ihr Wunsch auf dem falschen Fuß erwischte. Zunächst einmal schritt ich ein, bat darum, erst alle Fragen prüfen zu können, bevor wir etwas dazu sagen wollten. Mit dem Vorschlag kam ich aber dem Vorsitzenden gerade recht: Wenn wir schon »schonungslose Ehrlichkeit« angekündigt hätten, bestehe dazu keine Notwendigkeit, erwiderte Richter Sagebiel. Das Argument leuchtete ein, somit beugte ich mich und ließ die Familie Lübcke gewähren. Nach und nach machte mein Mandant Angaben zu insgesamt 24 unklaren Punkten, die der Nebenklagevertreter aufrief.

Die 25. Frage stellte wieder Irmgard Braun-Lübcke.

»Ist es wirklich wahr, dass mein Mann in der letzten Sekunde seines Lebens in das Gesicht von Markus H. geblickt hat?«

Stille.

»Ja.«

»Wirklich?«

»Ja.«

Im Nachhinein konnte ich mit dem Verlauf dieses Verhandlungstages zufrieden sein. Mit der neuerlichen Aussage meines Mandanten geriet der OLG-Senat wieder in Zugzwang. Aber selbst das für ein Strafverfahren ungewöhnliche Zwiegespräch zwischen der Witwe Lübcke und dem Angeklagten Ernst konnte den Senat nicht umstimmen. Die Richter sprachen Markus H. bei der Urteilsverkündung vom Vorwurf der Beihilfe zum Mord frei. Im Gespräch mit dem Nachrichtenmagazin *Der Spiegel* erläuterte ich erneut unsere Verteidigungslinie: Wie das Strafverfahren gegen den Mitangeklagten Markus H. ende, sei weder für meinen Mandaten noch für seine Verteidigung von Bedeutung. Es gehe ausschließlich darum, »wahrheitsgemäße Angaben zur gemeinsamen Vorbereitung und der gemeinsamen Tatausführung« zum Mord an Walter Lübcke zu machen. »Damit die Familie Lübcke mit dem Verlust des Ehemannes und des Vaters vielleicht irgendwann abschließen kann. Am heutigen Tag hat Herr Ernst erneut seinen Beitrag dazu geleistet.« Ein kleiner Punktsieg, der aber angesichts weiterer Rückschläge nicht viel zählte.

So warf uns vor allem der Auftritt des psychiatrischen Gutachters Norbert Leygraf schwer zurück. Der renommierte Essener Forensiker bescheinigte in seinem Gutachten, dass von meinem Mandanten weiterhin ein großes Gefahrenrisiko für seine Umwelt ausgehe. Ginge es nach seinem Votum, gliche Stephan Ernst einer tickenden Zeitbombe; es bestünde die Gefahr, dass er jederzeit wieder zuschlagen könnte, wenn er jemals wieder freikäme. Der gutachterliche Tenor fiel äußerst negativ aus: Die Reue meines Mandanten sei nur gespielt. Das Attentat auf Walter Lübcke wertete der Sachverständige als Ausdruck der Persönlichkeit meines Mandanten – ein »grundlegender und stabiler Wandel« sei nicht zu erkennen. Zugleich deutete Leygraf die Bereitschaft zum Ausstieg aus der braunen Szene über das Aussteigerprogramm IKARus als reine Farce. Sein Fazit: Die »Abkehr vom rechtsradikalen Gedankengut« sei zweifelhaft und von »allenfalls recht kurzfristiger Natur gewesen«. Der Hass auf Ausländer habe sich bei meinem Mandanten »tief eingeschliffen«. Leygraf sprach von »deutlich dissozialen Verhaltensweisen«, die Stephan Ernst bereits als junger Mann an den Tag gelegt habe. Nach dem Rohrbombenanschlag auf eine Flüchtlingsunterkunft habe das damalige Gericht dem Täter einer Borderline-Störung attestiert und dies strafmildernd bewertet. Eine falsche Einschätzung, konstatierte der psychiatrische Gutachter. Mein Mandant sei voll schuldfähig.

Hinweise auf eine psychische Erkrankung schloss Leygraf aus. Allenfalls ließen sich »schizoide Persönlichkeitszüge« beobachten, die aber keinesfalls pathologisch seien. Stephan Ernst zeige sich nach außen emotional kühl, sei »innerlich aber empfindsam gegenüber persönlichen Kränkungen und tatsächlichem oder vermeintlichem Unrecht«. Derartiges trage er lange mit sich herum und fantasiere dann über »Gegenaktionen«.

Der Psychiater zog ein denkbar schlechtes Resümee. Bei Stephan Ernst sei ein »Hang zur Begehung schwerer Straftaten« zu erkennen. Mit dieser Einschätzung lieferte der Sachverständige dem Gericht und der Anklage die nötige Munition für eine Sicherungsverwahrung nach der zu erwartenden Haftstrafe, sollte mein Mandant wegen des Mordes an Walter Lübcke und dem Mordversuch an dem irakischen Migranten Ahmed E. für schuldig gesprochen werden.

Wenn es nach mir gegangen wäre, hätte es nie eine psychiatrische Untersuchung gegeben. Das Gutachten hatte eine denkbar unglückliche Vorgeschichte. Zunächst einmal hatte mein Mandant auf Geheiß seiner ersten beiden Verteidiger drei falsche Geständnisse abgelegt. Dann hatte Anwalt Hannig auch noch zugelassen, dass Stephan Ernst durch Leygraf auf seinen Geisteszustand mit Blick auf die Frage der Schuldfähigkeit untersucht wurde. Eine Vorgehensweise, die dem kleinen Verteidiger-Einmaleins völlig widersprach. Das war ein kapitaler Fehler. Auf diese Weise ließ man Stephan Ernst in sein Verderben rennen. Völlig unvorbereitet hatte der Angeklagte sich an zwei Tagen im Januar 2020 von dem versierten Forensiker analysieren lassen.

Norbert Leygraf ist so etwas wie der Lieblingsgutachter der Bundesanwaltschaft. Häufig trat er in der Vergangenheit in Verfahren auf, in denen es um islamistischen oder rechtsextremen Terror ging. Zuletzt hatte er den Attentäter von Halle, der bei seinem Anschlag auf eine Synagoge zwei Menschen tötete, als voll schuldfähig eingestuft. Zwar diagnostizierte der Gutachter eine komplexe Persönlichkeitsstörung bei dem Angeklagten, dennoch schloss er eine psychische Erkrankung aus. Vielmehr sei ihm das Unrecht seiner Taten stets bewusst gewesen, sagte Leygraf im Prozess in Magdeburg.

Entsprechend negativ fiel auch die Analyse des psychiatrischen Sachverständigen bei Stephan Ernst aus. Wenn es nach mir gegangen wäre, hätte ich meinen Mandanten nie explorieren lassen. Da konnte man nur verlieren. Allein schon die kriminelle Biografie des Angeklagten mit allen seinen fremdenfeindlich motivierten Gewaltverbrechen sprach gegen ihn. Darüber hinaus hatten die Ermittler auch noch im Zuge seiner Verhaftung ein ganzes Waffenarsenal im Haus entdeckt. Aus Verteidigersicht machte es keinen Sinn, den Klienten unter diesen Umständen guten Gewissens einem durch die Ankläger beauftragten Psychiater zu überantworten, der ihm ohnehin nur ein miserables Attest ausstellen würde.

Bundesanwaltschaft und Gericht wollten es amtlich durch einen Experten bestätigt wissen, dass Stephan Ernst das Attentat auf Walter Lübcke begangen hatte, weil er ein gefährlicher Mensch sei. Wenn man dies weiß, kann man seinen Mandanten doch nicht sehenden Auges ins offene Messer laufen lassen. Viel besser wäre es gewesen, den Angeklagten nicht analysieren zu lassen, sodass der Sachverständige seine Expertise lediglich auf die Aktenlage und die Beobachtungen im Prozess hätte stützen können. Auf diese Weise wäre der Beweiswert gesunken, weil die

Schlussfolgerungen des Gutachters einzig auf Sehen und Hörensagen beruht hätten. Folglich wäre seiner Analyse weit weniger Gewicht zugekommen als jetzt, da er meinen Mandanten zweimal im Gefängnis besucht und ihn stundenlang befragt hatte. Zudem hätte sich dadurch die Chance ergeben, meinen Mandanten von einem anderen Sachverständigen untersuchen zu lassen, dem man mehr vertraute. Diese Möglichkeit war uns durch die Fehler meiner Vorgänger genommen.

Für uns blieb nur eines übrig: diesen Prozesstag schnell abzuhaken. Hier war nichts mehr zu holen, ein langatmiges Kreuzverhör hätte alles nur noch schlimmer gemacht. Gegen einen der führenden psychiatrischen Sachverständigen der deutschen Justiz kann man nur verlieren – es sei denn, man kann Anhaltspunkte für grobe Schnitzer geltend machen. Die Blöße gab sich Leygraf allerdings nicht. Natürlich hätten wir ein methodenkritisches Gegengutachten beantragen können. Die Erfolgsaussichten tendierten allerdings gegen null. Also haben wir es unterlassen.

Das Verfahren neigte sich dem Ende zu. Stephan Ernst, der nach außen hin meist mit stoischer Miene dem Prozessverlauf folgte, hatte eine Riesenangst vor einem Schuldspruch im Zusammenhang mit dem angeklagten Mordversuch an dem irakischen Flüchtling Ahmad E. Bei ihm äußerte sich dies auf eine besondere Weise. Viele Menschen verfallen unter Druck in Hektik. Geriet mein Mandant in Panik, wirkte er wie im Stand-by-Modus. Stephan Ernst fuhr alles komplett herunter. Er dimmte seinen innerlichen Aufruhr, wurde ganz ruhig und versuchte, kontrolliert zu agieren und sich wieder zusammenzunehmen. Er stellte sachliche Fragen, als wolle er sich an das drohende Unheil herantasten.

Mir konnte er aber nichts vormachen. Es war spürbar, wie seine Gedanken rasten. Kein Brüllen, kein Schreien, kein Schimpfen, einzig der fragende Blick, die immer wiederkehrende Furcht, dass er für ein Verbrechen verurteilt werden sollte, das er seinen Beteuerungen zufolge nicht begangen hatte.

»Herr Kaplan, ich habe den Mann nicht angegriffen. Ich habe damit nichts zu tun.«

Ich glaubte ihm.

»Keine Sorge«, versuchte ich, ihn wieder aufzurichten, »das Gericht kann Sie nicht wegen des Mordversuchs an dem irakischen Flüchtling verurteilen. Wir haben die Quittung für den späteren Ankauf des Messers, und das DNA-Gutachten zu der Messerattacke auf das Opfer taugt nichts. Es gibt keinen Beweis dafür, dass Sie die Tat begangen haben.«

So zuversichtlich ich mich in seiner Gegenwart in dieser Causa gab, hundertprozentig sicher war ich mir beileibe nicht, ob der OLG-Senat trotz der dürftigen Beweislage in unserem Sinn entscheiden würde.

Die letzten Tage in dem Verfahren zogen sich. Für meinen Mandanten begann eine Zeit zwischen Hoffen und Bangen, in der er bei mir, seinem Anwalt, ein wenig Halt suchte. Und da war es wieder, dieses komische Gefühl: Ein Ex-Neonazi, der einen redlichen Politiker aus purem Fremdenhass erschossen hatte, bat mich um seelische Unterstützung. Und ich gewährte sie ihm. Welch ein Widerspruch. Auf der einen Seite tat ich meine Pflicht als Rechtsanwalt, andererseits war ich ein gebürtiger Türke mit einem deutschen Pass, der einen Ausländerfeind vertrat. Ich muss ehrlich gestehen, dass mir dieser Gegensatz während des ganzen Prozesses immer wieder im Kopf herumspukte. Mitunter irritierte er mich auch, hielt mich aber letztlich nicht davon ab, meine Pflicht zu tun. Die Situation war komplex genug. Da brauchte mein Mandant nicht auch noch einen Anwalt, der sich unsicher zeigte und ihn im Stich ließ. Also habe ich es bis zum Ende seriös durchgezogen.

14 Der Schuldspruch und ein Angebot

Wochenlang hatte ich an meinem Plädoyer gearbeitet. Ich war die Akten nochmals durchgegangen, hatte meine Notizen aus den Verhandlungstagen und Protokolle über Aussagen nebst Beweisanträgen geprüft, sofern sie sinnvoll waren. Tag und Nacht hatte ich mich in der Adventszeit vorbereitet. Es ging um eine klare Struktur, um die stimmige Reihenfolge der wichtigen Punkte, um einen verständlichen Duktus bis hin zur Klimax.

Dann aber geschah wieder Überraschendes: Der Senat erteilte uns in der Sitzung am 14. Januar 2021, in der ich meinen Schlussvortrag halten sollte, einen rechtlichen Hinweis. Demnach behielten sich die Richter die Entscheidung vor, über meinen Mandanten die Sicherungsverwahrung nach Verbüßung der Haftstrafe zu verhängen. Meine Gedanken rasten: Lediglich ein Vorbehalt, das war ein deutliches Zeichen, wohin die Reise gehen sollte. Die Anordnung der Sicherungsverwahrung unmittelbar mit Urteilsverkündung war somit vom Tisch. Das bedeutete zugleich aber auch, dass der Senat beabsichtigte, meinen Mandanten nicht wegen des Mordversuchs an dem irakischen Migranten Ahmad E. schuldig zu sprechen. Stephan Ernst sollte eine allerletzte Chance erhalten. Das war mal eine gute Nachricht.

Der Richterspruch eröffnete meinem Mandanten die vage Möglichkeit, nicht sein restliches Leben hinter Gittern verbringen zu müssen – vorausgesetzt, er würde sich nicht noch einmal etwas zuschulden kommen lassen. Auch wenn er wegen Mordes an Walter Lübcke zweifelsohne eine schwere Strafe erhalten würde. Das war doch immerhin eine Perspektive.

Aber hatte ich womöglich irgendetwas bei dem rechtlichen Hinweis übersehen? Versteckte sich hinter dem richterlichen Hinweis womöglich eine rechtliche Falle? Mein Kollege Hardies und ich wollten ganz sicher gehen und alle rechtlichen Eventualitäten noch mal durchgehen. Das war aber nur »zu Hause« möglich, wie wir scherzhaft unser Büro inzwischen nannten. Also schaltete ich das Mikrofon an und stellte den Antrag, die Sitzung für heute zu unterbrechen, damit wir das Ganze noch mal überdenken konnten. Gegebenenfalls, so führte ich aus, müsse ich mein Plädoyer nochmals überarbeiten. Der Sitzungsvertreter der Bundesanwaltschaft, Oberstaatsanwalt Killmer, konnte oder wollte meine Lage nicht verstehen und bestand darauf, dass ich hier und jetzt meinen Schlussvortrag halten sollte.

»Herr Oberstaatsanwalt Killmer, keine Sorge, Sie werden meinen Schlussvortrag früh genug hören. Das verspreche ich Ihnen! Aber nur nicht heute«, erwiderte ich in einem leicht aggressiven Ton.

»Wieso nicht heute?«, hakte er nach.

»Sagen Sie mal, haben Sie meinen Ausführungen eben nicht zugehört? Soll ich wirklich alles noch mal wiederholen?«, fragte ich spöttisch.

Killmer wollte noch etwas erwidern, aber der Vorsitzende schnitt ihm das Wort ab.

»Ich kann den Verteidiger doch nicht zwingen, heute zu plädieren«, meinte er.

Damit war alles gesagt. Ich hatte mich durchgesetzt und Zeit gewonnen, um meinen Schlussvortrag an die neue Situation anzupassen.

Manche Branchenkenner werten das Plädoyer immer als die Königsdisziplin im Strafprozess. Ich bin da eher skeptisch. Kein vernünftiger Strafverteidiger hegt die Hoffnung, allein mit seinem Schlussvortrag seinen Mandanten aus dem Schlimmsten herauspauken zu können – und sei dieser noch so brillant formuliert. So etwas passiert nur in Hollywoodstreifen wie *Die Jury*, in denen der Anwalt Jake Tyler Brigance, gespielt von Matthew McConaughey, seinen schwarzen Mandanten Carl Lee Hailey (Samuel L. Jackson) mit den letzten eindringlichen Sätzen seines Plädoyers zu einem Freispruch vom Mord an den Vergewaltigern seiner kleinen Tochter verhilft. Das sind Märchen, die sich im Kino gut machen, aber nichts mit der Realität in deutschen Gerichtssälen gemein haben.

Oft verhält es sich so, dass die Richter bereits ihre mündliche Urteilsbegründung formulieren, bevor die Schlussvorträge gehalten wurden. Wenn man als Verteidiger monatelang in der Hauptverhandlung nichts gemacht hat, dann hilft auch kein dramatischer Appell zum Abschluss, um das Ruder noch einmal herumzureißen. Das funktioniert nicht. Natürlich stellt ein gut vorgetragenes Plädoyer eine wichtige Formalie dar, um noch mal auf wichtige Punkte in der Beweisaufnahme hinzuweisen und die eigene Rechtsauffassung deutlich zu machen – aber auch nur, wenn man während der Hauptverhandlung das Gericht zum Nachdenken gebracht hat.

Im Zusammenhang mit der Arbeit an meinem Plädoyer im Fall Stephan Ernst begann ich, mich mit einer neuen Idee zu beschäftigen. Bei meinen Recherchen zu ähnlich gelagerten Kapitalverbrechen, die von Rechtsextremisten begangen worden waren, stieß ich auf einen interessanten Artikel. Der Beitrag handelte vom Schuldspruch im Prozess gegen den Attentäter, der die Kölner Oberbürgermeisterin Henriette Reker während einer Wahlkampfveranstaltung fünf Jahre zuvor in Köln-Braunsfeld mit einem Stich in den Hals beinahe umgebracht hätte.

Der Düsseldorfer Staatsschutzsenat unter der späteren niedersächsischen Justizministerin Barbara Havliza kam seinerzeit zu einem interessanten, aber wenig beachteten Urteil. Zwar wurde der Messerstecher Frank S. wegen Mordversuchs zu 14 Jahren Haft verurteilt. Das Gericht sah auch das erste Mordmerkmal der Heimtücke erfüllt. Im Gegensatz zur Bundesanwaltschaft hatte der Senat des Oberlandesgerichts allerdings die niedrigen Beweggründe negiert. Begründung: Die Besonderheiten der Täterpersönlichkeit sprächen gegen diese Annahme.

Die Journalistin Beate Lakotta hatte dies in einem Beitrag auf *Spiegel Online* prägnant auf den Punkt gebracht. Erneut war es der Essener Gutachter Norbert Leygraf gewesen, der den Angeklagten auf seine Schuldfähigkeit untersucht hatte. Vor Gericht hatte der forensische Psychiater Frank S. für voll schuldfähig erklärt, auch wenn er ihm eine narzisstisch-paranoide Persönlichkeitsstörung bescheinigte – eine »schwere Persönlichkeitsstörung«, führte die Senatsvorsitzende in der Urteilsbegründung aus, die »maßgeblich für den Tatentschluss war«.

Vieles in der Vita des Reker-Attentäters glich auffallend jener meines Mandanten. Von den Eltern vernachlässigt, Außenseiterdasein – ein Mann, der sich ständig benachteiligt fühlte, impulsiv, leicht kränkbar, in ständiger Grundspannung. Ähnlich wie mein Mandant war auch der Kölner Attentäter als Jugendlicher in rechtsextreme Kreise abgeglitten und hatte Straftaten begangen. Nach einigen Jahren im Gefängnis hatte sich Frank S. wieder so weit gefangen, um ein bürgerliches Leben als Maler zu beginnen. 2012 verlor er seine Stelle. Danach lebte er von Hartz IV und fühlte sich ausgegrenzt. Das Internet mutierte zu seinem einzigen wichtigen emotionalen Bezugspunkt, und genauso wie bei meinem Mandanten avancierte es auch bei dem Kölner Attentäter zur Radikalisierungsmaschine. Krude Verschwörungstheorien bildeten den ideologischen Schmierstoff. Auf diese Weise sei der Angeklagte »zu einem verzerrten Weltbild« gelangt, befand die Vorsitzende Richterin Havliza seinerzeit bei der Urteilsbegründung.

Frank S. habe nicht aus Mordlust oder Habgier gehandelt, er habe keine persönlichen Vorteile aus seiner Tat gezogen, so die Richterin weiter. Henriette Reker sei für ihn aber auch kein entmenschlichtes, anonymes Opfer gewesen, was man in anderen Fällen politisch motivierter Gewalt durchaus schon als niedrigen Beweggrund gewertet habe. Vielmehr meinte Frank S. Henriette Reker persönlich. »Er sah in ihr die Repräsentantin der von ihm missbilligten Flüchtlingspolitik der Bundesrepublik«, erläuterte Havliza. »Er fand es zwar nicht ehrenhaft, eine körperlich unterlegene Frau anzugreifen. Andererseits glaubte er, durch seine Tat eine Vielzahl von Straftaten durch Ausländer zu verhindern, und auch, dass Deutschland in ein Chaos stürzt.« Er habe seine Tat im »vermeintlichen Allgemeininteresse« begangen.

In der Folgezeit machte ich mich auf die Suche nach dem schriftlichen Urteil des Oberlandesgerichts Düsseldorf gegen den Reker-Attentäter. Der Richterspruch fand sich merkwürdigerweise nirgends in Fachforen im Internet. Schließlich wurde mir das Urteil von der Pressestelle des OLG zugeleitet. Die Lektüre brachte mich ein gutes Stück weiter. Auf dieser Basis baute ich mein Plädoyer auf. Der Düsseldorfer Schuldspruch ist insofern bemerkenswert, als die ähnlichen Lebensläufe von Frank S. und meinem Mandanten offenkundig waren. Und wenn man die Tatmotivation bei beiden verglich, erkannte man signifikante Übereinstimmungen.

In dem Kontext inspirierten mich insbesondere die Düsseldorfer Ausführungen zu den Mordmerkmalen. Gemäß Paragraf 211 des Strafgesetzbuches kann ein Täter, der einen anderen Menschen unter anderem aus niedrigen Beweggründen oder heimtückisch tötet, nicht mehr wegen Totschlags verurteilt werden. Für erwachsene Angeklagte sieht der Gesetzgeber dann in aller Regel eine lebenslängliche Haftstrafe wegen Mordes vor. Das heißt: Normalerweise wird der Delinquent oder die Delinquentin erst nach 15 Jahren wieder in die Freiheit entlassen. Geschah die Tat auf besonders grausame oder perfide Weise, kommt die besondere Schwere der Schuld ins Spiel. Eine Entlassung ist erst nach Verbüßung von 20 Jahren hinter Gittern wahrscheinlich.

Die Frage der Mordmerkmale spielt insofern bei vielen Prozessen zu einem Kapitalverbrechen eine wichtige Rolle – natürlich auch im Fall Lübcke. Aus Sicht der Bundesanwaltschaft hatte mein Mandant aus niedrigen Beweggründen gehandelt. Zudem soll er die Arg- und Wehrlosigkeit des CDU-Politikers Walter Lübcke ausgenutzt und somit das Merkmal der Heimtücke erfüllt haben.

Das Düsseldorfer Urteil gegen den Reker-Attentäter lieferte mir allerdings einige wichtige Argumentationsstränge, um die Dinge anders zu bewerten. Interessanterweise hatte der rheinische Staatsschutzsenat zwar den Reker-Attentäter wegen Mordversuchs verurteilt und sah auch den Punkt der Arglosigkeit als erfüllt an. Aus Sicht des Gerichts lagen die niedrigen Beweggründe allerdings nicht vor. Die Bundesanwaltschaft hatte dies bejaht, der Senat nicht.

Vielmehr machte man eine narzisstisch-paranoide Persönlichkeitsstörung für den Anschlag auf die spätere Kölner Oberbürgermeisterin verantwortlich. Beeinflusst durch die rechte Hetze im Netz, habe der Angeklagte seine Tat im »vermeintlichen Allgemeininteresse« als Fanal gegen eine liberale Flüchtlingspolitik begangen. Als damalige Sozialdezernentin stand Henriette Reker für den Refugees-Welcome-Kurs der Merkel-Regierung. Die parteilose Politikerin geriet zum Feindbild. Getrieben von unbändiger Wut, fokussierte der Attentäter seinen Ausländerhass auf diese Person. Dieser Umstand veranlasste die Richter in Düsseldorf dazu, dem Angeklagten ein Jahr Strafrabatt zu gewähren.

Augenfällig erschienen mir die weitreichenden Parallelen zum Attentat auf den Kasseler Regierungspräsidenten Walter Lübcke. Der psychiatrische Gutachter hatte meinem Mandanten auch eine Persönlichkeitsstörung attestiert, wenn auch keine krankhafte. Stephan Ernst hatte sich ebenfalls durch rechte Gräuelpropaganda im Netz infizieren lassen; sie nährte seinen Hass auf die Polit-Elite, die in seinen Augen »Volksverrat« beging. Auch er hatte sich in den Wahn hineingesteigert, einen der Protagonisten der merkelschen Flüchtlingspolitik zu bestrafen. Der Politiker Walter Lübcke baute sich bei ihm zu demselben Feindbild auf wie seinerzeit Henriette Reker in der Wahrnehmung des Attentäters in Köln. Beide hatten irrigerweise geglaubt, etwas Gutes zu tun, indem sie ein Attentat auf eine Führungsfigur der deutschen Flüchtlingspolitik verübten.

Jedem normal denkenden Zeitgenossen ist klar, wie falsch und furchtbar so eine Vorstellung ist. Eine demokratische Gesellschaft löst politische Streitigkeiten in einem friedlichen Diskurs. Mord, Totschlag, Hass, Intoleranz gegen Andersdenkende haben bei uns in Deutschland keinerlei Berechtigung. Insofern konnte ich alle verstehen, die meinem Mandanten quasi die Pest an den Hals wünschten. Aber ich fungierte ja nicht als Sprachrohr öffentlicher Vorverurteilung, sondern war sein Anwalt. Daher gab es für mich keinen Zweifel, dass ich jede rechtliche Möglichkeit ausschöpfen würde, meinen Mandanten bestmöglich zu verteidigen. Durch das Düsseldorfer Urteil tat sich eine Lösung auf, eine Alternative, eine Option, den drohenden Schuldspruch wegen Mordes an Walter Lübcke abzuwenden.

Wenn man die Misshandlungen in Stephan Ernsts Kindheit und Jugend, den durch seinen Vater geschürten Ausländerhass und die als »Schlüsselerlebnisse« fungierenden islamistischen Mordvideos als Auslöser einer rechtsextremen Gesinnung in Zusammenhang stellte; wenn man weiterhin die hetzerischen Einflüsterungen des Mitangeklagten Markus H. berücksichtigte und eine tiefgreifende Persönlichkeitsstörung bei meinem Mandanten konstatierte, entfiel etwa das Mordmerkmal der niedrigen Beweggründe. Zudem ließ sich im Rahmen dieser Gesamtschau auch das Merkmal der Heimtücke infrage stellen. Vor dem Hintergrund dieser Überlegungen reifte in mir ein kühner Gedanke. Kurz vor Weihnachten begann ich zu schreiben. Auf 81 Seiten stellte ich dar, warum nach meiner Ansicht nur ein Urteil wegen Totschlags für Stephan Ernst in Betracht kommen konnte.

Der 21. Januar 2021 kam mir vor wie das Ende einer langen Reise. Nervös stand ich auf, um zu plädieren. Noch einmal fasste ich das Prozessgeschehen zusammen. Noch einmal kritisierte ich all die vorangegangenen Merkwürdigkeiten, Fehler und Missstände in dem ungewöhnlichen Verfahren: »Lassen Sie noch mal die 40 Hauptverhandlungstermine vor Ihrem geistigen Auge Revue passieren! Hören Sie in sich hinein!« Erneut machte ich deutlich, warum trotz anderslautender Beweise mein Mandant und Markus H. aus unserer Sicht das Lübcke-Attentat gemeinsam geplant und begangen hatten.

Langsam, aber sicher steuerte ich auf den Höhepunkt zu: die Frage der Mordmerkmale. Eingangs führte ich den Prozessbeteiligten und den Zuhörern im Saal nochmals vor Augen, worum es ging.

Heimtückisch handelt nach ständiger Rechtsprechung, wer eine zum Tatzeitpunkt des Angriffs bestehende Arg- und Wehrlosigkeit des Opfers bewusst zur Tat ausnutzt. Arglos ist, wer sich zum Zeitpunkt der Tat eines Angriffs nicht versieht, also die Vorstellung hat, vor einem Angriff sicher zu sein. Es kommt grundsätzlich auf die Lage bei Beginn des ersten mit Tötungsvorsatz geführten Angriffs an.

Wehrlosigkeit sei gegeben, hob ich hervor, »wenn dem Opfer die natürliche Abwehrbereitschaft und -fähigkeit fehlt oder diese stark eingeschränkt ist; eine erfolgversprechende Möglichkeit abwehrender Einwirkung auf den Täter fehlt, wenn die Möglichkeit der Mobilisierung fremder Hilfe oder der Flucht genommen oder gravierend eingeschränkt ist. Arg- und Wehrlosigkeit müssen zusammentreffen, also kumulativ vorliegen. Die Wehrlosigkeit muss die Folge der Arglosigkeit sein.«

An der Stelle holte ich kurz Luft, um dann zu erklären, dass sich mein Mandant und sein mutmaßlicher Komplize in jener Juninacht 2019 von zwei Seiten auf den Terrassenstuhl Walter

Lübckes zubewegt hätten. Stephan Ernst habe demnach den Revolver ohne Umschweife auf den CDU-Politiker gerichtet.

»Herr Lübcke sah beide Angeklagten. Spätestens als Herr Lübcke die Tatwaffe in der Hand des Herrn Ernst realisierte, musste er davon ausgehen, dass es sich um einen bewaffneten Angriff durch zwei Fremde handelte. Ein Angriff, der tödlich ausgehen konnte. Hinzu kam, dass der Angeklagte Ernst zu ihm sinngemäß folgenden Satz sagte: ›Beweg dich nicht!‹ Als Herr Lübcke versuchte aufzustehen, ist Herr Ernst mit der Tatwaffe in der rechten Hand ein, zwei Schritte auf ihn zugegangen, hat ihn mit der linken Hand an der Schulter berührt, runtergedrückt und sinngemäß gesagt, dass er sich nicht bewegen solle. Dann hat Herr Ernst einen Schuss abgegeben und sein Opfer tödlich getroffen.«

Und nun kam ich zum entscheidenden Punkt. Walter Lübcke befand sich damals in einer hilflosen Lage. Somit sei er wehrlos gewesen, räumte ich ein.

»Allerdings war Herr Lübcke zum Tatzeitpunkt nicht arglos: Er sah die Tatwaffe in der Hand meines Mandanten bereits zu Beginn. Beide Angeklagte sprachen ihn mit feindlicher Intention an. Herr Lübcke unternahm zwei Versuche, aufzustehen. Und schließlich gab es kurz vor dem tödlichen Schuss vonseiten meines Mandanten sogar noch eine kurze Berührung an der Schulter des Opfers.«

Zugleich äußerte ich erhebliche Zweifel an der Einzeltätertheorie der Bundesanwaltschaft. Demnach sollte sich mein Mandant ganz nah an der Hauswand an sein Opfer herangeschlichen und geschossen haben.

»Wenn sich Herr Ernst nah an der Hauswand an Herrn Lübcke herangeschlichen und geschossen hätte, wären zwangsläufig Schmauchspuren an der Wand zu finden gewesen. Unmittelbar nach der Tat wurde die Wand auch untersucht. Schmauchspuren fanden sich aber nicht.«

Auch dieser Umstand sprach in meinen Augen dafür, dass

mein Mandant und der Mitangeklagte die Tat gemeinsam verübt hatten.

»Zumindest aber wird man nicht zum Ergebnis kommen, dass die Arg- und Wehrlosigkeit kumulativ vorliegen«, fuhr ich fort. »Die Wehrlosigkeit war eben gerade nicht die Folge der Arglosigkeit.«

Schließlich kam ich zum wesentlichen Punkt: dem Mordmerkmal der niedrigen Beweggründe. Ob das Tatmotiv niedrig sei, »also nach allgemeiner rechtlich-sittlicher Wertung auf tiefster Stufe steht, ist aufgrund einer Gesamtabwägung aller äußeren und inneren für die Handlungsantriebe des Täters maßgeblichen Faktoren zu beurteilen«.

Hierzu folgten dann meine Ausführungen.

»Typisch für niedrige Beweggründe ist eine sogenannte hemmungslose Eigensucht, also ein egoistisches Motiv. Solch ein Motiv lag bei Herrn Ernst allerdings nicht vor. Es ging ihm nicht darum, für sich selbst persönliche Vorteile aus der Tat zu erlangen. So absurd und falsch es auch klingt: Die Tötung des Herrn Lübcke war für Herrn Ernst damals ein politisches Ziel. Er war von dem Irrglauben geleitet, im Allgemeininteresse zu handeln. Gleichwohl lebte Herr Ernst in den letzten Jahren vor der Tat wieder in einer rechtsextremen Blase. In dieser Gemengelage war es für Herrn Ernst nichts Ungewöhnliches, über Ausländer und Flüchtlinge zu hetzen. So abstoßend es auch klingen mag: Für Herrn Ernst und die Menschen um ihn herum war es normal.«

Und nochmals betonte ich, dass mein Mandant in seinem ideologischen Zerrbild glaubte, richtig zu handeln.

Hier begann sie nun wieder, die Gratwanderung meiner juristischen Argumentationskette. Mir war bewusst, dass viele Prozessbeobachter spätestens zu diesem Zeitpunkt meinen Vortrag mit Kopfschütteln quittieren würden. Ein rechter Terrorakt als politisches Ziel? Dieser Faktor sollte den Tod eines verdienten Politikers rechtfertigen? Kurz schaute ich von meinem Blatt auf und erblickte manche empörten Gesichter, ehe ich fortfuhr.

An dieser Stelle kam das Schlüsselerlebnis für das Lübcke-Attentat zur Sprache: jenes Video der Terrormiliz Islamischer Staat von der Enthauptung der skandinavischen Rucksacktouristin Maren Ueland im Dezember 2018 in Marokko. Immer und immer wieder habe sich Stephan Ernst dieses und andere Mordvideos angeschaut und seinen Ausländerhass genährt. Den Groll auf alles Fremde, auf die Zuwanderer habe er auf Walter Lübcke projiziert, referierte ich weiter.

»Herr Ernst verfolgte im Netz und in rechten Foren intensiv, wie Herr Lübcke für seine aus dem Zusammenhang gerissene Rede bei der Bürgerversammlung in Lohfelden zugunsten einer Flüchtlingsunterkunft jahrelang massiv beleidigt und bedroht wurde. Rechte Hassprediger im Netz machten Herrn Lübcke für kriminelle Handlungen verantwortlich, die von Muslimen, Flüchtlingen und Ausländern verübt wurden.«

Anschließend versuchte ich im Plädoyer, dem desaströsen Gutachten des psychiatrischen Forensikers Norbert Leygraf doch einen positiven Aspekt abzugewinnen. Der Gutachter habe bei meinem Mandanten eine schizoide Persönlichkeitsstruktur festgestellt, folgerte ich.

»Aufgrund dessen war Herr Ernst für die Propaganda gegen Herrn Lübcke, die im Netz tobte, besonders empfänglich. Die niedrigen Beweggründe liegen somit nicht vor.«

Und dann folgte der Paukenschlag: »Mit der Tötung von Walter Lübcke hat sich Stephan Ernst somit nicht des Mordes, sondern des Totschlags schuldig gemacht.«

Ein Raunen ging durch den Saal. Das hatte niemand erwartet.

Strafmildernd führte ich weiter an, dass mein Mandant seine Tat gestanden und alle Fragen des Gerichts, der Bundesanwaltschaft sowie der Opferfamilie Lübcke beantwortet habe.

»Wann gab es je etwas Vergleichbares in einem Staatsschutzverfahren?«, fragte ich die Bundesanwälte und das Gericht.

Ferner beantragte ich, meinen Mandanten vom Mordversuch an dem irakischen Migranten Ahmed E. freizusprechen.

Abschließend wandte ich mich an Oberstaatsanwalt Killmer, der in seinem Plädoyer den Wunsch meines Mandanten, in das Aussteigerprogramm IKARus aufgenommen zu werden, als pure Prozesstaktik abgetan hatte. Eine Einschätzung, die mich echt wurmte. Und das sagte ich ihm auch.

»Genau für Menschen wie Herrn Ernst sind die Aussteigerprogramme doch gedacht. Wenn es keine Menschen wie Stephan Ernst gäbe, bräuchten wir auch keine Aussteigerprogramme. In einem rechtstaatlichen Strafverfahren geht es nicht um Rache und Vergeltung. Es geht vielmehr um Wahrheitsfindung, Rechtsstaatlichkeit und Rechtsfrieden. Dies gilt selbstverständlich auch für Angeklagte, denen Verbrechen vorgeworfen werden. Und zwar auch dann, wenn sie selbst den Rechtsstaat missachtet und bekämpft haben. Ganz gleichgültig, ob Herr Ernst am Ende wegen Mordes oder Totschlags verurteilt wird – er wird eine hohe Freiheitsstrafe erhalten.«

Das war's, ich war völlig erschöpft, wie so oft nach den vergangenen 40 Verhandlungstagen. Es erforderte viel Kraft, wenn man stundenlang hoch konzentriert den Verfahrensabläufen folgte; und morgens und abends kamen die Vor- und Nachbereitungen hinzu. Viel Zeit für mein Privatleben blieb in jenen Monaten nicht. Hinzu kamen die mediale Aufmerksamkeit, die Hindernisse und Rückschläge, die uns die ersten beiden Anwälte meines Mandanten eingebrockt hatten. Verteidigen unter besonders schwierigen Bedingungen, so würde ich es auch heute noch nennen.

Die Bundesanwaltschaft sprach im Anschluss von einer gewagten Theorie meinerseits. Auch der Sprecher der Opferfamilie Lübcke kritisierte meinen Schlussvortrag scharf als »unerträglich«. Die Kritik gerade seitens der Angehörigen des getöteten Kasseler Regierungspräsidenten konnte ich verstehen, auch wenn ich sie nicht teilte.

Was sich aber einige ehemalige NSU-Opferanwälte in den sozialen Medien leisteten, spottete jeglicher Beschreibung. Mit gespielter Empörung zogen sie über mich her. So schrieb eine frühere Nebenklägervertreterin auf Twitter: »Normalerweise kritisiere ich selten Kollegen öffentlich und habe mit Sicherheit hier und da auch mal dummes Zeug von mir gegeben, aber das … ist wirklich so ein Unsinn, dass es selbst mir die Sprache verschlägt. Was denkt Ihr, liebe Kollegen?« Auf diese Frage schlug ein Follower vor: »Wäre es im Allgemeininteresse, diesem Kollegen eine Waffe zu zeigen und ihn anschließend damit zu erschießen?«

Nun habe ich grundsätzlich keine Probleme damit, dass man mich wegen meiner Arbeit kritisiert. Aber wenn in Bezug auf mich Erschießungsfantasien ausgelebt werden – und das auch noch öffentlich –, wird damit ganz klar eine rote Linie überschritten. Diese hetzerische Polemik ist schlichtweg unanständig. Natürlich stammte das Erschießungsszenario nicht von besagter Anwältin, aber sie hätte den Schreiber zumindest via Twitter zurechtweisen können. Sie hätte sich von der Gewaltfantasie distanzieren können. Nichts dergleichen geschah.

Das Perverse an diesem Vorgang ist, dass gerade diese Opferanwältin drei Jahre zuvor ebenso rechte Hassmails unter dem Kürzel NSU 2.0 bekommen hatte wie ich selbst auch – wie so viele Anwälte mit Migrationshintergrund. Und nun nutzte ausgerechnet sie die sozialen Netzwerke, um gegen einen Standeskollegen Stimmung zu machen. Was für eine Doppelmoral! Eine Notiz am Rand dieses Prozesses – allerdings eine, die mich maßlos aufgeregt hat.

Acht Tage später sollte das Urteil ergehen. Stephan Ernst wirkte wie erstarrt. Erneut hatte er sich in einen Stoiker verwandelt. Einzig seine zittrige Stimme verriet seine Anspannung. Er glaubte nicht an ein mildes Urteil wegen Totschlags.

»Das wird das Gericht nicht machen. Die werden mich wegen Mordes verurteilen«, sagte er.

»Natürlich kann das passieren, Herr Ernst. Aber dann bliebt uns ja noch immer die Revision«, versuchte ich, ihn zu beruhigen.

»Wie groß stehen in dem Fall unsere Erfolgschancen?«, fragte er mich.

»Schwierig zu sagen. Dafür müssen wir zunächst auf das schriftliche Urteil warten, das wird ein paar Monate dauern«, erwiderte ich bewusst vage.

Mir war klar, dass ich seine Frage nicht erschöpfend beantwortet hatte, aber weiter wollte und konnte ich mich nicht aus dem Fenster lehnen.

Saal 165c. Der Donnerstagmorgen Ende Januar ließ mich ein wenig frösteln. Wieder einmal ging ich mit meinem Kollegen zur Vorführstelle. Stephan Ernst begrüßte uns scheu lächelnd. Auch an diesem Tag trug er seinen schwarzen Anzug, darunter ein weißes Hemd, am Kragen aufgeknöpft, ohne Schlips. Wir blickten uns in die Augen. Wie vorher schon so oft beschäftigte ihn ein Punkt ganz besonders.

»Ich habe Angst, dass sie mir auch den Messerangriff auf den irakischen Flüchtling anhängen wollen.«

Damit standen oder fielen seine Chancen, nochmals irgendwann freizukommen. Seine Augen wurden feucht.

»Heute ist der Tag X. Wir werden gleich sehen, was kommt, Herr Ernst.«

Mit diesen Worten erhob ich mich und ging mit meinem Kollegen schon mal zum Saal. Was hätte ich ihm auch noch groß sagen sollen. Wir hatten alles getan, nun lag das Schicksal meines Mandanten einzig in der Hand des Senats. Schweigend zogen wir unsere Roben an und warteten.

Dann führten die Wachtmeister den Angeklagten in den Saal. Als sie ihm die Handschellen abnahmen, schien es so, als würde er zusammenbrechen. Dann aber fing er sich wieder und setzte sich auf seinen Platz.

»Geht es Ihnen gut, Herr Ernst?«, fragte ich ihn leise.

Seine Antwort fiel denkbar knapp aus: »Ja, ja.«

Kurz vor zehn Uhr traf die Familie Lübcke ein. Der Senat erschien. Alle Prozessbeteiligten erhoben sich. »Im Namen des

Volkes«, begann der Vorsitzende Thomas Sagebiel seinen Schuldspruch, der bei mir gemischte Gefühle weckte. Der OLG-Senat verurteilte Stephan Ernst wegen Mordes an Walter Lübcke, zudem stellte das Gericht die besondere Schwere der Schuld fest. Andererseits aber sprach der Vorsitzende meinen Mandanten vom Vorwurf des versuchten Mordes zum Nachteil des irakischen Flüchtlings Ahmad E. frei. In dem Zusammenhang behielt sich der Strafsenat vor, die Sicherungsverwahrung im Anschluss der verbüßten Haftstrafe zu verhängen. Ein enorm wichtiger Pluspunkt.

Gleichfalls wurden das Geständnis meines Mandanten, die vorgetragene Reue sowie die Entschuldigungen bei der Familie Lübcke als strafmildernd gewürdigt. Dennoch lasse diese Tat wenig Spielraum offen, erläuterte Sagebiel. Noch einmal gingen die Richter ausführlich auf das rechtsextremistische Tatmotiv ein. Stephan Ernst habe seinen Fremdenhass auf Lübcke projiziert, lautete ihr Fazit. Den Mitangeklagten Markus H. sprach der OLG-Senat vom Vorwurf der Beihilfe zum Mord frei. Im schriftlichen Urteil des Oberlandesgerichts Frankfurt heißt es dazu trocken, »dass der Angeklagte Ernst den Angeklagten H. sowohl in seinen Vernehmungen vom 8. Januar 2020 und vom 5. Februar 2020 als auch in der Hauptverhandlung der Wahrheit zuwider belastet« habe. Markus H. kam mit einer Bewährungsstrafe wegen eines Waffendelikts davon. Die Richter ließen kein gutes Haar an den Aussagen meines Mandanten. Weder glaubten sie ihm in Bezug auf Markus H., noch gingen sie davon aus, dass der bekannte Szeneanwalt und Hannig schuld an den falschen Geständnissen seien. Die Staatsanwaltschaft Kassel nahm die Argumentation des Senats dankbar auf und stellte im Frühjahr 2022 das gegen Rechtsanwalt Hannig eingeleitete Ermittlungsverfahren ein. Aus meiner Sicht hatte der Senat den einfachen, den rechtlich weniger angreifbaren Weg gewählt. Anspruchsvoller wäre es selbstverständlich gewesen darzulegen, weshalb sie Ernst glaubten, obwohl er zugegebenermaßen mehrfach gelogen hatte.

Dann wandte sich der Vorsitzende Richter an die Familie Lübcke. »Wir wissen, dass Ihr Verlust kaum zu ermessen ist.« Die Aufgabe des Gerichtes sei es aber gewesen, »hier ein faires Verfahren durchzuführen«. Dabei hätten die Zweifel an der Darstellung meines Mandanten überwogen, dass er mit seinem Freund Markus H. am Tatort gewesen sei.

Mit jedem Wort der dreistündigen Urteilsbegründung löste sich die Anspannung bei Stephan Ernst. Er wirkte wie befreit, streifte seine innerliche Nervosität ab wie einen lästigen Lappen und begann, mit den Fingern auf dem Tisch zu klopfen. Sollte das Urteil Bestand haben, würde er gewiss mehr als 15 Jahre absitzen müssen, wahrscheinlich sogar 20 Jahre. Wer einmal ein Gefängnis von innen gesehen hat, weiß, was das bedeutet. Ein Leben, geprägt von Langeweile, Druck, stetem Zwang und dem wichtigsten Mangel, den ein Mensch ertragen muss: dem Verlust der Freiheit.

Nach der Urteilsverkündung traf ich Stephan Ernst wieder in der Vorführzelle. Trotz der schweren Strafe wirkte er nicht mehr so angespannt. Er lächelte, Freudentränen standen in seinen Augen. Lange schaute mich der große, breitschultrige Mann an, ehe er sich für alles bedankte. Mein Kollege und ich erhoben uns grüßend zum Abschied. Stephan Ernst stand ebenfalls auf, fixierte mich, holte Luft, setzte zum Reden an, hielt dann aber doch noch einen kurzen Moment inne, ehe er nachdenklich bemerkte: »Herr Kaplan, wenn wir zwei uns in der Jugend kennengelernt hätten … wer weiß, wir hätten vielleicht Freunde werden können …«

Dieser letzte Satz traf mich gänzlich unerwartet. Schweigend hörte ich ihm zu, blickte ein wenig konsterniert in der Gegend herum. Diesmal war ich derjenige, der für Außenstehende distanziert und teilnahmslos gewirkt haben muss. Monatelang hatte ich für diesen Mann in der Prozessarena gekämpft, für einen ehemaligen Neonazi und Rechtsextremisten – einen jener Leute, die ich als Privatmensch zutiefst verachte. Und nun stand er da und sprach von Freundschaft mit einem türkischstämmigen Anwalt. Das war mir dann doch zu viel, zu nahe. Merklich ging ich auf Abstand. Gut, ich hatte meinen Job gemacht, aber dadurch wurde man doch nicht direkt zum Freund!

Lange habe ich über diese Situation nachgegrübelt. Ein ehemaliger Neonazi und ein türkischstämmiger Anwalt, das ging doch gar nicht. Außerdem meide ich normalerweise eine zu große Nähe zu meiner Klientel. Von dieser Linie wich ich auch bei Stephan Ernst nicht ab. Allerdings nahm ich mir vor, seinen weiteren Weg zu begleiten. Vielleicht aus reiner Neugier, vielleicht aus der Vorstellung heraus geboren, dass jeder Täter hierzulande nach verbüßter Strafe ein Recht auf Resozialisierung genießt. So auch Stephan Ernst, sinnierte ich auf der Rückfahrt nach dem Urteilsspruch in Frankfurt am Main: Vielleicht ist das der Anfang von etwas Gutem. Vielleicht lernt er endlich aus seinen Fehlern. Vielleicht schafft er den Ausstieg.

Mir fiel in dem Kontext die Debatte um die Freilassung führender Akteure der zweiten Generation der linken Terrorgruppe Rote Armee Fraktion (RAF) ein. Immerhin waren Anführer wie Christian Klar und Brigitte Mohnhaupt wegen der Beteiligung an der Mordserie auf deutsche Wirtschaftsführer wie Hanns Martin Schleyer oder Generalbundesanwalt Siegfried Buback im Herbst 1977 zu langen Haftstrafen verurteilt worden. Nie hatten sie dazu beigetragen, die Taten aufzuklären. Bis heute bleibt unklar, wer aus den jeweiligen RAF-Kommandos Buback oder Schleyer nach dessen Entführung getötet hatte.

Beide RAF-Mitglieder saßen über zwei Jahrzehnte hinter Gittern, ehe sie freigelassen wurden. Zwar hatten sie sich vom bewaffneten Kampf verabschiedet, Reue oder ein öffentliches Schuldbekenntnis äußerten sie niemals. Das ist ja auch nicht erforderlich; der Gesetzgeber fordert keinen Bußgang, wenn der Delinquent seine Strafe abgesessen hat. Dennoch kochten gerade bei Christian Klar die Gemüter öffentlich hoch. Während die einen bemängelten, dass der ehemalige RAF-Terrorist sich nie von seiner linksextremistischen Einstellung gelöst habe, mokierte sich die Gegenseite über eine »hysterische Skandalisierung« der Debatte.

Anfang 2016 berichteten die Medien, dass Klar als Webdesigner für den Bundestagsabgeordneten der Linkspartei, Dieter Dehm, arbeitete. Die CDU sprach von einem Skandal. Dehm aber verteidigte in einem Interview mit der Nachrichtenagentur AFP das Engagement des ehemaligen Mörders. »Klar hat seine Strafe vollständig verbüßt«, betonte der Linken-Abgeordnete. »Ich halte den Gedanken eines Berufsverbots auch für sogenannte Ex-Terroristen mit dem Gedanken der Resozialisierung in einem Rechtsstaat für inkompatibel.«

Man stelle sich nur einmal vor, wenn der ehemalige Neonazi Stephan Ernst nach 15 oder 20 Jahren wegen guter Führung freikäme, er das Aussteigerprogramm erfolgreich absolviert und sein rechtsextremes, ausländerfeindliches Gedankengut abgelegt hätte. Schon jetzt stelle ich mir den empörten Aufschrei aus politisch linksorientierten Kreisen vor. Bei der Vorstellung muss ich ein wenig schmunzeln.

Einerlei, noch ist es nicht so weit. Meinem Mandanten steht ein weiter Weg bevor. Zunächst einmal gilt es, die Entscheidung des Bundesgerichtshofs in dem Fall abzuwarten. Die Bundesanwaltschaft hat beantragt, meinen Klienten auch wegen versuchten Mordes an dem irakischen Flüchtling Ahmad E. zu belangen. Nebenklägervertreter der Familie Lübcke drängen darauf, den Freispruch des Mitangeklagten Markus H. wegen Beihilfe zum Mord an dem Kasseler Regierungspräsidenten aufzuheben. Wir haben gegen das Urteil Revision eingelegt, da wir davon überzeugt sind, dass der Todesschuss auf Walter Lübcke den Tatbestand des Totschlags erfülle.

Frühzeitig hatte ich Stephan Ernst klargemacht, dass er sich ändern müsse, sonst würde er nie mehr freikommen. Inzwischen nimmt mein Mandant an dem Aussteigerprogramm IKARus teil. In dem Informations- und Kompetenzzentrum Ausstiegshilfen

Rechtsextremismus des Hessischen Landeskriminalamts arbeiten speziell geschulte Polizeibeamte mit Verwaltungsfachkräften und Sozialarbeitern zusammen. Bevor das Programm einen aussteigewilligen Interessenten aufnimmt, wird er monatelang durchleuchtet. Die erfahrenen Beamten merken schnell, wenn einer trickst, um sich einzig Vorteile in seinem Strafverfahren zu verschaffen.

Mein Mandant musste anfangs das IKARus-Regelwerk unterzeichnen. Nur wenn der Kandidat alle 16 Bedingungen akzeptiert und sich verpflichtet, alle Auflagen einzuhalten, kommt er ins Programm. Zu den Regeln zählt unter anderem der Abbruch jeglicher Kontakte zur rechten Szene. Zudem darf die Person keine Straftaten begehen. Außerdem muss Stephan Ernst an einem eigens für das IKARus-Programm entwickelten und von erfahrenen Sozialpädagogen durchgeführten Persönlichkeitstraining teilnehmen. Oft ist es ein Langzeitprozess, ehe die Programmteilnehmer es tatsächlich geschafft haben, ihre alten Verhaltensmuster abzulegen. Erst nach einer längeren Prüfphase hat mein Mandant im Oktober 2021 den Status »Aussteiger« erhalten. Bislang scheint er die Kehrtwende zu vollziehen. Ich werde ihn dabei begleiten, solange er auf diesem Weg bleibt. Falls er in seine alten Denkmuster zurückfallen sollte, dann war es das für mich – und auch für Stephan Ernst.

15 Das vorletzte Wort

In jedem Prozess billigt das Gericht dem Angeklagten ein letztes Wort nach den Plädoyers zu. Das Urteil fällt, eine mehr oder minder langatmige Begründung schließt sich an. Und man denkt am Ende: Das war's dann.

Weit gefehlt. Gerade in großen, spektakulären Verfahren bricht nun die Stunde der juristischen Kommentatoren an. So geschehen etwa im NSU-Prozess. Kaum hatte der Vorsitzende Richter des Münchner Staatsschutzsenats, Manfred Götzl, am 18. Juli 2018 die Urteilssprüche gegen die Rechtsterroristin Beate Zschäpe und ihre Mitangeklagten verkündet, da eilten bereits die ersten Opferanwälte schnellen Schrittes nach draußen, um sich mit ernster Miene vor laufenden Fernsehkameras in markigen Vorwürfen zu ergehen: »Wir haben das Vertrauen in die Justiz verloren!« – »Die Justiz beschützt rechte Angeklagte!« – »Merkel hat die Opferfamilien im Stich gelassen!« – »Der Rechtsstaat hat versagt!«

Bis heute kann ich diese Empörung einiger Nebenklägervertreter nicht nachvollziehen. Dieser untaugliche Versuch, den NSU-Prozess herabzuwürdigen, geschah meines Erachtens entweder aus purem bösartigen Kalkül oder aber aus plumper Unwissenheit. Ich kann mich nicht entscheiden, welche Alternative schlimmer ist.

Zu keinem Zeitpunkt oblag dem Staatsschutzsenat des Oberlandesgerichts München die Aufgabe, eine »gesellschaftlich-politische Aufklärungsarbeit« zu leisten, um den aktuellen und zukünftigen »braunen Terrortruppen« im Land das Handwerk zu legen. Im Zschäpe-Prozess ging es – wie übrigens in jedem anderen Strafverfahren auch – vielmehr darum, ob die individuelle Schuld der jeweiligen Angeklagten mit strafprozessualen Mitteln nachgewiesen werden konnte.

Anwälte, die als Nebenklägervertreter im wichtigsten Staatsschutzprozess der letzten Jahrzehnte mitwirkten, hätten eigentlich in der Lage sein müssen, den Opferfamilien die Aufgabe eines Strafverfahrens zu erläutern und sie darauf entsprechend vorzubereiten. In dieser Hinsicht haben einige dieser Anwälte versagt und dadurch meiner Zunft einen Bärendienst erwiesen.

Aus meiner Sicht hat der Senat unter Richter Götzl die unermesslich schwierige Aufgabe des Mammutprozesses mit Bravour gemeistert. Mit welcher Akribie und Detailversessenheit der Vorsitzende dieses Gerichtsverfahren über einen Zeitraum von fünf Jahren geleitet hat, das taugt wahrlich zum Lehrstück für einen funktionierenden Rechtsstaat. Soweit mir bekannt ist, existieren keine vergleichbaren Beispiele aus anderen Ländern. Insofern hat die deutsche Justiz hier einen grandiosen Sieg errungen. In diesem Fall wurde eindrucksvoll unter Beweis gestellt, dass der Rechtsstaat selbst mit seinen gefährlichsten Gegnern fair umgeht. Unser Land gewährleistet selbst all jenen ein rechtsstaatliches Verfahren, die es zerstören wollen – seien es Linksextremisten, militante Islamisten oder rechte Terroristen. Die bekannte Gerichtsreporterin Gisela Friedrichsen schreibt in ihrem Buch *Der Prozess – Der Staat gegen Beate Zschäpe u. a.* auf Seite 301: »Das Niveau des NSU-Prozesses hatte nichts mit den Niederungen der gewöhnlichen Strafjustiz zu tun, an denen man bisweilen verzweifeln kann. Bei mir führte die langjährige Beobachtung des souveränen Vorsitzenden dazu, dass ich mich dabei ertappe, seitdem jeden Vorsitzenden Richter an ihm zu messen.« Ich kann mich dieser Analyse nur anschließen.

Natürlich arbeiten die Mühlen der Justiz mitunter recht fehlerhaft. Als Strafverteidiger könnte ich zahlreiche Fälle nennen, bei denen die Angeklagten trotz widersprüchlicher Beweislage hohe Haftstrafen kassierten, bei denen sich Richter bereits vor dem Prozess schon festgelegt hatten, bei denen Sachverständige für die Ankläger Gefälligkeitsgutachten erstellten, um nur ja weiter im Geschäft zu bleiben, oder bei denen die Polizei aus vagen Indizien eine vermeintlich schlüssige Beweiskette konstruierte. Oft steht man als Anwalt im Gerichtssaal vor dem Abgrund, und nur ein Wunder könnte trotz aller Zweifel an der Schuld des Mandanten einen Freispruch bewirken. Solche Erlebnisse gehören auch zum Alltag der deutschen Justiz.

Und doch würde ich mich immer wieder für dieses Land, für dieses Rechtssystem entscheiden. Ich, der Deutschtürke Mustafa Kaplan, der aus Antakya nach Almanya kam und es hier schaffte, ein Organ der Rechtspflege zu werden. Als Anwalt liebe ich es bis heute, jegliche Ecken, Kanten oder Unebenheiten der deutschen Justiz auszuloten. Dabei konzentriert sich mein Blick stets auf die Interessen meines Mandanten. Das ist mein Job, mein Beruf, meine Profession als Strafverteidiger, als Anwalt.

Diese Auffassung wird beileibe nicht von allen meinen Standeskollegen geteilt. Nachdem am 30. Mai 2017 die Nachricht durchgesickert war, dass Präsident Erdoğan mich in seinem Rechtsstreit gegen Jan Böhmermann beauftragt hatte, überhäuften mich Freunde, Kollegen, Bekannte und Journalisten immer mit derselben Frage: »Warum willst du, Mustafa, die Interessen dieses Autokraten vertreten?« Manche waren schlicht nur neugierig, andere reagierten ablehnend und vorwurfsvoll. Wieder andere erklärten, wie enttäuscht sie persönlich seien. Viele streuten in ihre Fragen derbe Vorwürfe ein. Manches wirkte wie ein unerlaubter Tiefschlag: »Bist du Erdoğan-Anhänger?« – »Stimmt es, dass Erdoğan dir ein Dorf geschenkt hat?« – »Warum machst u das?« – »Willst du als AKP-Abgeordneter für das türkische Parlament kandidieren?« – »Warum bist du der Anwalt von Erdoğan und nicht der von Böhmermann?« – »Wie kannst du Erdoğans Anwalt sein, wenn er unschuldige Menschen wie den Journalisten Deniz Yücel ins Gefängnis steckt?« – »Bist du wirklich so käuflich, dass du für Geld jeden dieser miesen Typen vertrittst?«

Auch wenn ich mich stets darüber wunderte, dass erwachsene Menschen mir solche naiven Fragen stellten, so bemühte ich mich, häufig geduldig und ohne Ironie zu antworten. Mitunter gelang es mir dann doch nicht, die Ruhe zu bewahren. Aber auch das ist menschlich, wenn man versucht, etwas zu erklären, und keiner wirklich zuhört, um einen zu verstehen. Vielmehr hatten sich viele der Fragesteller insgeheim schon vor der Diskussion ein negatives Urteil gebildet, so wie mancher Richter im Strafprozess, ehe die Beweisaufnahme überhaupt begonnen hat.

Gewiss stehen hochrangige Politiker wie Erdoğan, Merkel, Putin, Macron oder Trump als Personen des öffentlichen Lebens häufig in der Kritik. In vielen Fällen sicher zu Recht, wenn man etwa den Sturm auf das Kapitol in Washington am 6. Januar 2021 betrachtet, den Angriffskrieg gegen die Ukraine, der im Februar 2022 begann, oder die zahlreichen Verhaftungen türkischer Dissidenten und Künstler in der Türkei. Dennoch gilt auch für Politiker wie Erdoğan hierzulande der Schutz durch die Grundrechte. Die Grenzen des guten Geschmacks und einer noch akzeptablen Satire, Spott oder Karikatur werden dann überschritten, wenn ein Mensch – und sei er noch so kritikwürdig – im Fernsehen vor einem Millionenpublikum übelst sexistisch beleidigt und in seiner Ehre herabgewürdigt wird.

Ketzerisch, wie ich nun einmal bin, sei folgendes Szenario in den Raum gestellt: Stellen Sie sich vor, ich trete in einer türkischen TV-Sendung auf und stelle einen ranghohen deutschen Politiker mit einem Hitlerbärtchen und in SS-Uniform dar. Darunter bezeichne ich ihn in Reimversen als den ewig geilen deutschen »Kreuzritter« und »Eroberer aller Muslimstaaten«, der am liebsten eine gute deutsche Kuh vögelt. Und im Hintergrund läuft die deutsche Nationalhymne. Fänden Sie das lustig?

Wie würde das deutsche Feuilleton darauf reagieren – ach, überhaupt die gesamte Öffentlichkeit? Ich weiß auch nicht, ob in einem solchen Fall die Bundesregierung in der Türkei presserechtliche Schritte einleiten würde. Bekäme ich womöglich eine Strafanzeige? Der empörte Aufschrei hierzulande würde sicherlich noch bis zum Bosporus hinüberhallen. Und keiner würde diesen Schmierkram als Satire bezeichnen. Und das völlig zu Recht. Es wäre absolut dummes Zeug und hätte nichts, rein gar nichts, mit Satire zu tun.

Unabhängig davon spielt es aus meiner Sicht bei der Übernahme eines Mandats keine Rolle, ob mein Klient beliebt oder unbeliebt ist, ob er meine politische Meinung teilt oder nicht, ob er in den Augen der Öffentlichkeit als »Opfer« oder »Täter«, als guter oder böser Mensch angesehen wird. Es geht ausschließlich darum, ob ich meinem Mandanten helfen kann. Dazu muss lediglich eine vertrauensvolle Zusammenarbeit möglich sein.

Mein Kompass, an dem ich mich seit meinem Jurastudium als Anwalt orientiere, sind die Prinzipien Recht und Gerechtigkeit. Artikel 3 des Grundgesetzes legt fest, dass alle Menschen vor dem Gesetz gleich sind. Dieser Passus unterscheidet nicht nach Geschlecht, Herkunft, Religion, Hautfarbe oder politischer Auffassung. Das Grundgesetz verbietet die Diskriminierung von Menschen. Um es noch deutlicher vor Augen zu führen: Justitia, auch »Göttin der Gerechtigkeit« genannt, trägt eine Augenbinde, um die Unparteilichkeit des Gerichts aufzuzeigen. Justitia richtet also ohne Ansehen der Person. Und das ist auch gut so.

Wenn Gerichte nicht mehr nach Recht und Gesetz entscheiden würden, wenn sie nicht mehr unabhängig und frei von jeglichem staatlichen Diktat handeln könnten, käme dies einer Rückkehr in die dunkelsten Zeiten deutscher Geschichte gleich. Schauprozesse und Willkürurteile wie zu Zeiten des Dritten Reichs wären die Folge, in denen Hitlers richterliche Schergen wie der Vorsitzende des Volksgerichtshofs, Roland Freisler, zahlreiche Unrechtsurteile verhängten und etwa Widerstandskämpfer des 20. Juli 1944 dem Henker übergaben.

Mitte Dezember 2021 schreckte folgende Meldung die Öffentlichkeit auf: Das LKA Sachsen hatte in Dresden mehrere Wohnungen radikaler Impfgegner durchsucht. Die sogenannten Querdenker sollen über den Messenger Telegram Mordpläne gegen den sächsischen Ministerpräsidenten Michael Kretschmer diskutiert haben. Der CDU-Politiker hatte sich schon frühzeitig für schärfere Maßnahmen ausgesprochen, um die explodierenden Corona-Infektionen einzudämmen.

Bei dieser Nachricht denke ich sofort an die Radikalisierung in der digitalen Welt bis hin zu einem Mordkomplott. Mir fällt sofort Walter Lübcke ein. Der hessische Christdemokrat hatte sich während der Flüchtlingskrise für die Aufnahme der Migranten und den verstärkten Aufbau von Aufnahmeeinrichtungen eingesetzt. Sein Kurs, den ich privat vollumfänglich teile, blieb nicht unumstritten. Im Netz war er bereits vor dem Attentat massiv bedroht worden.

Mein Mandant Stephan Ernst gehörte zu den Leuten, die sich nach jener folgenreichen Veranstaltung Lübckes in Lohfelden im Herbst 2015 im Internet in rechten Foren gegenseitig aufhetzten. Da war vom Volksschädling Lübcke die Rede und dass man endlich losschlagen müsse.

Die Hass- und Verschwörungsforen in den sozialen Netzwerken stellen ein großes Übel dar. Der Kampf der Sicherheitsbehörden gegen all diesen Schmutz und die Lügen, die über WhatsApp, Facebook, Telegram oder Signal kursieren, erinnert an den Kampf gegen Windmühlen.

Machen wir uns doch nichts vor: Trotz verschärfter Strafen gegen Hetze und Hass im Internet entlarven die zuständigen staatlichen Stellen nur einen Bruchteil der Verfasser. Viele von ihnen agieren anonym oder nutzen ausländische Server. Wer versucht, die großen Messenger-Dienste zur Mitarbeit bei der Identifikation solcher Hetzer zu veranlassen, läuft immer noch häufig ins Leere oder muss lange auf eine Antwort warten. Gerade in islamistischen und rechtsextremen Milieus dienen die sozialen Netzwerke als Durchlauferhitzer für die Radikalisierung. Hier ist es kein Problem, sich die übelsten Videos über Gräueltaten, über Folter herunterzuladen – oder auch braune Propaganda durch Neonazigruppierungen wie Die Rechte oder die Identitäre Bewegung.

Mein Mandant lebte in dieser virtuellen Hetzer-Welt, er verinnerlichte ihre Botschaften, bis er selbst glaubte, den »Bürgerkrieg« anzetteln zu müssen. In der Nacht auf den 2. Juni 2019 erschoss er den Kasseler Regierungspräsidenten Walter Lübcke auf der Terrasse von dessen Haus. Im Prozess habe ich auf Totschlag plädiert, weil ich der Sachverhaltsschilderung meines Klienten im Gerichtssaal folgte. Der Senat hingegen ging von einem anderen Tatgeschehen aus und verurteilte ihn wegen Mordes. Das nennt man dann »prozessuale Wahrheit«. Im Idealfall stimmen »Wahrheit« und »prozessuale Wahrheit« komplett überein. Oftmals ist es aber leider nicht der Fall. So oder so: Mein Mandant hat sich falsche Ideen zu eigen gemacht und ist falschen Leuten gefolgt – eine fatale Kombination, die einen honorigen Politiker das Leben kostete.

Ich bin zwar kein religiöser Mensch, gleichwohl beschäftige ich mich seit Jahrzehnten intensiv mit den großen Religionen. So heißt es im Koran: »Wenn jemand einen Menschen tötet, so ist es, als hätte er die ganze Menschheit getötet! Und wenn einer einem Menschen das Leben rettet, so ist es, als hätte er die ganze Menschheit gerettet!« (Sure 5, Vers 32).

Dieser Vers des Koran bringt es aus meiner Sicht treffend auf den Punkt. Stephan Ernst hat einem Menschen das Leben genommen und damit gleichzeitig dessen Familie schweres Leid zugefügt. Dafür wird er lange in Haft sitzen. Die Zeit im Gefängnis kann er nutzen, um über seine Tat, die Hinterbliebenen, seine Fehler, seine eigene Familie und die Zukunft nachzudenken. Ich habe ihm versprochen, dass ich auch in der Haft weiter sein

Anwalt bleibe. Aber nur, wenn er sich von seinen alten Denkmustern dauerhaft abwendet.

Stephan Ernst verbindet seine Teilnahme an dem Aussteigerprogramm IKARus mit dem Vorsatz, sich zu bessern und der Gesellschaft etwas zurückzugeben. Vielleicht kann er in dem Aussteigerprogramm dabei helfen, die Hassprediger in der digitalen Welt kriminalistisch noch besser zu verstehen, sodass die Ermittlungsbehörden effizientere Konzepte entwickeln können, um die virtuellen Brandstifter zu fassen. Wer weiß, vielleicht kann Stephan Ernst dabei helfen, dass dadurch zumindest einem Menschen das Leben gerettet wird.

16 Der Lübcke-Attentäter in Haft

JVA Frankfurt. Mindestens einmal im Monat besuche ich Stephan Ernst im Gefängnis. Mitunter telefonieren wir auch, tauschen Neuigkeiten aus, reden über das Leben in Haft, besprechen Probleme. Während ich dieses Buch schreibe, habe ich Stephan Ernst gebeten, einen Fragenkatalog zu beantworten. Ich wollte mir nochmals ein Bild von seiner Person machen, wollte wissen, wie es ihm in der Zelle ergeht, die er für eine lange Zeit nicht mehr verlassen wird. Ich wollte erkunden, ob er tatsächlich durchhält. Er zeigte sich einverstanden, dass ich seine Antworten zusammengefasst veröffentliche. Zum ersten Mal nach dem Schuldspruch Ende Januar 2021 gewährt der einstige rechte Staatsfeind tiefe Einblicke in sein Seelenleben; er schildert seine Erlebnisse hinter Gittern und verleiht der Hoffnung Ausdruck, irgendwann Vergebung für seine Tat zu erlangen.

»Es gibt Höhen und Tiefen, manchmal bin ich auch depressiv«, bekennt Stephan Ernst. »Es fühlt sich manchmal so an, als würde ich den Boden unter den Füßen verlieren. Mein Leben hat sich im Verhältnis zu früher komplett verändert. Ich sitze jeden Tag 22 Stunden in der Zelle. Mein Ziel ist jetzt, das Aussteigerprogramm IKARus erfolgreich zu absolvieren, damit ich der Gesellschaft etwas zurückgeben kann.«

Ich bin mir sicher, dass etliche Leser an dieser Aussage zweifeln werden, weil dieser Satz arg aufgesetzt wirkt, als ob Stephan Ernst nach außen hin gut Wetter machen wollte. Aber dem ist nicht so. Ich denke, mein Mandant hat begriffen, dass ihm keine andere Chance bleibt, als sich von Grund auf zu ändern.

Er lebt damit, dass Mithäftlinge ihn oft als »Nazi« beschimpfen. Bei rechtsextremistischen JVA-Insassen gilt Stephan Ernst als Verräter, weil er im Prozess gegen den mitangeklagten Kameradschaftsführer Markus H. ausgesagt hat.

»Das zieht mich dann runter, denn nach wie vor stehe ich am Pranger«, offenbart er.

Dagegen beobachten manche Vollzugsbeamte irritiert, dass er keine Berührungsängste im Kontakt mit ausländischen Häftlingen zeigt.

»Viele Beamte gehen objektiv mit mir um. Sie behandeln mich fair«, schildert der Lübcke-Attentäter sein Dasein im Gefängnis. »Hier in der JVA führe ich regelmäßig Gespräche mit der Psychologin. Ich habe mich oft mit ihr unterhalten. Das stabilisiert mich. Ich arbeite an mir, damit ich die alten Reflexe erkenne und nicht wieder reinfalle. Ich will keinen Stress, ich will Fuß fassen. Mitgefangene fragen mich, ob ich es bereue. Ich bejahe dies. Es gelingt mir immer mehr, mich mit der Vergangenheit, meiner Vergangenheit, auseinanderzusetzen. Ich bin es vielen Leuten schuldig, der Familie Lübcke, meinem Freund Habil, meiner eigenen Familie. Auch der Gesellschaft gegenüber bin ich das schuldig.«

Gerade seine Frau und die Kinder sind ein starker Rückhalt, betont Stephan Ernst.

»Kurz nach meiner Festnahme wollte ich sie nicht damit belasten. Ich habe versucht, sie von mir wegzustoßen. Ich habe großes Unglück über sie gebracht. Meine Familie hat mich dennoch nicht alleingelassen. Wenn sie mich fallen gelassen hätte, dann wäre mir vieles egal gewesen, ich hätte an Suizid gedacht.«

»Emotional sehr belastend« empfand Stephan Ernst den Staatsschutzprozess in Frankfurt.

»Ich habe ständig das Gefühl mit mir rumgetragen, dass mir nicht geglaubt wird. Ich hatte das Gefühl, dass der Mitangeklagte Markus H. geschont wurde.«

Die ganze Zeit habe ihn die Angst um seine Familie umgetrieben, dass sie angegriffen werden könnte.

Als besonderen Schlüsselmoment bezeichnete mein Mandant den Augenblick, als die Frau des getöteten Regierungspräsidenten, Irmgard Braun-Lübcke, ihn in der Hauptverhandlung direkt angesprochen habe.

»Das hat mich sehr beeindruckt und sehr mitgenommen. Dasselbe galt für die Aussagen der Söhne Walter Lübckes. Das waren einschneidende Momente.«

Nie vergessen wird Stephan Ernst den Tag, an dem die Quittung über den Messerkauf aufgetaucht war – jener Beleg, der dokumentierte, dass er nicht den Angriff auf den irakischen Migranten Ahmad E. verübt hatte.

»Da schöpfte ich ein wenig Hoffnung.«

Das Verhältnis zu mir, seinem Anwalt, schilderte Stephan Ernst als »sehr konstruktiv und vertrauensvoll«.

»Ich fand es sehr bereichernd, ich bin sehr froh, dass Sie mein Mandat angenommen haben. Ihr ethnischer Hintergrund war für mich irrelevant. Ich hatte niemals Probleme damit. Das hat für mich schlichtweg keine Rolle gespielt.«

Und dennoch lebte mein Mandant jahrzehntelang in einer Blase, in der der Fremdenhass ein wichtiger Parameter war. Noch einmal versuchte ich, diesen Widerspruch aufzuklären. Seine Antwort fiel eindeutig aus.

»Alles hat mit dem Verhältnis zu meinem Vater angefangen. Das war der Anfang. Später habe ich es so empfunden, dass türkische Schüler sehr aggressiv waren. Ich fühlte mich ihnen gegenüber ohnmächtig. Ich fühlte mich von ihnen gemobbt. Die Gespräche mit meinem Vater hatten mich in meinem Hass bestärkt. Er hat nicht differenziert. Da hat sich bei mir etwas verfestigt. So hat das begonnen. Bei mir waren das Phasen, in denen ich Kränkungen erlebt habe, die mich emotional haben werden lassen. Ich war dann nicht mehr in der Lage zu differenzieren.«

Später verstärkte die ausländerfeindliche Schulung bei der NPD seine Radikalisierung. Stephan Ernst vertiefte sich in entsprechende Literatur.

»In mir wuchs der Wunsch nach der Volksgemeinschaft.«

Dann folgte der Wechsel zu den militanten Freien Kameradschaften, der Kampf gegen die gegnerische linke Antifa. Spähaktionen bei Antifa-Demos, das Auskundschaften der Adressen von Aktivisten. Stephan Ernst trommelte Leute für eigene Veranstaltungen zusammen, organisierte Flugblatt-Aktionen, prügelte sich mit der Polizei und Linken.

Heute spricht er vom »falschen Weg«.

»Viele der einstigen Kameraden bekämpfen immer noch das demokratische System, obwohl es ihnen alle Möglichkeiten bietet. Ich habe es damals nicht gesehen, habe es verdrängt«, erläutert er. »Ich halte diese Szene für sehr gefährlich. Dort herrscht eine große Gewaltbereitschaft, eine hohe Waffenaffinität. Diese Typen organisieren Schießübungen. Das ist alles auf ihrer Agenda. Diese Leute sind verblendet, ich war es lange Zeit auch.«

Diese Blindheit hat ihn für lange Zeit ins Gefängnis gebracht und der Familie Lübcke ihren geliebten Vater und Ehemann genommen. Stephan Ernst weiß das. Er weiß, dass er mit seiner Schuld klarkommen muss.

»Ich werde nicht den Kopf in den Sand stecken. Ich denke darüber nach, wie ich einen positiven Beitrag für die Gesellschaft leisten kann – über IKARus. Ich würde gerne an einem sozialen Projekt mitarbeiten. Es ist wie ein Abgrund, in dem man sich selbst begegnet und nur noch herauswill. Aber aufgeben werde ich nicht.«

Epilog

Ein Brief an meine Eltern

Liebe Mama, lieber Papa, danke, dass ihr den Mut hattet, mein Dorf Akkerpiç und meine Stadt Antakya zu verlassen und nach Deutschland zu gehen.

Danke, dass ihr die demütigende Tortur ausgehalten habt, euch medizinisch auf eure körperliche Gesundheit untersuchen zu lassen: Augen, Ohren, Zähne, Urin …! Als würde man Arbeitssklaven kaufen oder auf dem Viehmarkt ein Pferd. Wie habt ihr euch bei diesem würdelosen Umgang gefühlt?

Aufgrund eurer wirtschaftlichen Not seid ihr in ein fremdes Land ausgewandert, mehrere Tausend Kilometer von eurer Heimat entfernt – ohne Ausbildung, ohne Geld, ohne Sprachkenntnisse, ohne Kontakte. Wie habt ihr das alles geschafft? Habt ihr im ersten Winter in Deutschland gefroren?

Ihr habt eure Familie verlassen, eure kleinen Kinder, eure Freunde, eure gewohnte Umgebung. In ein Land mit einer anderen Religion, einer anderen Kultur, Geschichte, Tradition, Musik, einem anderen Essen und Klima seid ihr gezogen. War es schmerzhaft für euch, als ihr mich und meine Geschwister in der Türkei zurückgelassen habt?

Ihr seid ausschließlich mit der vagen Hoffnung auf eine bessere Zukunft für euch und eure Kinder weggezogen. Es lebten damals kaum Türken in Deutschland. Es gab keine türkischen Super-

märkte, keine türkischen Restaurants, keine türkischen Ärzte und Anwälte, keine Moscheen. Habe ich euch eigentlich jemals gesagt, wie sehr ich euch wegen eures Muts bewundere?

Was war das Erste, was ihr in Deutschland gekauft habt? Wie genau verlief der erste Kontakt mit euren deutschen Kollegen, Nachbarn, Bekannten? Hattet ihr in den Anfangsjahren deutsche Freunde? Habt ihr uns vermisst?

Danke, dass ihr euch nicht zu schade gewesen seid, körperlich harte Arbeiten anzunehmen. Arbeiten, die viele Deutsche nicht ausüben wollten. Papa, du hast im Schichtsystem bei Ford gearbeitet. Mama, du hast als Putzfrau gearbeitet. Welche gesundheitlichen und psychischen Folgen haben diese Arbeiten bei euch ausgelöst? Seid ihr deswegen zum Arzt gegangen? Wenn ja, wie habt ihr euch verständigt?

Danke, dass ihr Geld beiseitegelegt habt und euch einen kleinen Wohlstand aufbauen konntet.

Seid ihr in deutsche Kinos, Kneipen und Restaurants gegangen? Habt ihr euch zu Karneval verkleidet und mitgefeiert? Kanntet ihr nur eure Arbeit, oder habt ihr auch am gesellschaftlichen Leben teilgenommen?

Danke, dass ihr später mich und meine Geschwister nach Deutschland geholt habt.

Wie groß war eure Freude, als ihr endlich eure Kinder wieder bei euch hattet?

Danke, dass ich als Kind Freitagabend im Fernsehen Väter der Klamotte *schauen, dabei Spaghetti mit Köfte essen und selbst gemachte Ayran trinken durfte. Danke, dass ihr es mir ermöglicht habt, am deutschen Bildungssystem teilzuhaben und Rechtsanwalt zu werden.*

Ist euch eigentlich bewusst, wie groß euer Anteil daran ist?

Danke, dass ich hier im Laufe der Jahrzehnte wunderbare und herzliche Menschen kennengelernt habe und sie inzwischen zu meinen innigsten Freunden zählen kann. Danke, dass Köln und Deutschland meine zweite Heimat geworden sind. Ich muss euch noch fragen, ob ihr eigentlich wisst, dass meine Stadt »Köln« und nicht »Kölün« heißt?

Anne, Baba, ihr lebt seit über 20 Jahren wieder in der Türkei. Habt ihr Deutschland eigentlich jemals als Heimat empfunden? Vermisst ihr »Kölün«?

Danke, dass ihr Deutschland, die erste Heimat meiner Kinder, mitaufgebaut, zu einem bunten Einwanderungsland gemacht und euren Enkeln eine schöne Zukunft ermöglicht habt.

Ich weiß noch so wenig über euch.

Teşekkür ediyorum, Anne! Teşekkür ediyorum, Baba!

Dank

Zunächst einmal möchte ich mich ganz herzlich bei meinem Verlag Piper, meinem Lektor Martin Janik, meinem Redakteur Dr. Thomas Tilcher und meiner Literaturagentin Dr. Hanna Leitgeb bedanken, die mir, einem Nobody als Autor, die Möglichkeit gegeben haben, ein Buch zu veröffentlichen. Ein großes Dankeschön auch an Amanda Dahms für die tollen Fotos. Außerdem bedanke ich mich ganz herzlich bei dem Journalisten Axel Spilcker, der an dem Buch mitgearbeitet hat.

Ein herzliches Dankeschön meinen Freunden Diego, Gladys, Yusuf, Julian, Marc, Fatih, Esin, Muzaffer, Jörg, Ulrike, Martin, Sandra und Harald. Es ist ein schönes Gefühl, sie an meiner Seite zu wissen. Ein großes Dankeschön auch meinen Freunden Sarod und Franz. Unermüdlich haben sie mich aufgebaut, mir ihre Schulter zum Ausheulen angeboten und mich zum Weitermachen ermutigt. Von Beginn an standen sie hinter mir und meinem Buchprojekt.

Ein ganz großes Dankeschön meinen Geschwistern Naciye, Hüseyin und Raziye, meinen Eltern Hayat und Ahmet sowie meiner Nine und meinem Dede. Ohne sie wäre mein Leben nicht so verlaufen, wie es verlaufen ist. Es vergeht kein Tag, an dem ich nicht an sie denke.

Ein ganz herzliches Dankeschön natürlich auch meiner Freundin und Weggefährtin Dilek, die den größten Anteil daran hat, dass ich mich überhaupt entschlossen habe, dieses Buch zu schreiben. Sie war auch die Erste, die mich bereits zu Beginn dazu ermutigt hat, das Buch autobiografisch zu schreiben. Von der ersten vagen Idee im Februar 2021 bis zur Fertigstellung des Buches Anfang 2022 hat sie mich liebevoll unterstützt. Während dieser Zeit *musste* die arme Frau mit mir täglich – oftmals mehrfach – telefonieren und sich die einzelnen Kapitel wieder und wieder anhören. Sie hat sich nicht einmal beklagt. Ich glaube, sie findet mich ganz nett.

Zum Schluss, weil sie mir ganz besonders wichtig sind, ein riesengroßes herzliches Dankeschön meinen beiden Kindern, meinen zwei Lieblingsmenschen. An dieser Stelle erneuere ich mein Versprechen: Es ist schlichtweg ausgeschlossen, dass der Kontakt zwischen ihnen und mir abbricht. Es gibt nichts, was ich ihnen nicht verzeihen würde. Denn sie waren meine größten Lehrmeister: Von ihnen habe ich gelernt, Vater eines Mädchens und eines Sohnes zu sein. Mehr geht nicht.

Und nicht zu vergessen: einen ganz großen Dank auch meinen Leserinnen und Lesern. Ich danke ihnen ganz herzlich, dass sie mir einen Teil ihrer Zeit geschenkt und dieses Buch gelesen haben. Ich bin schon ganz gespannt auf ihre Reaktionen, wenn sie es zu Ende gelesen haben. Vielleicht ist es ja nicht mein letztes Buch, vielleicht sehen wir uns auch in meinem nächsten Buch wieder.

Vielen herzlichen Dank an alle!
Hepinize yürekten teşekkür ediyorum!